모래상자치료사의 연금술

상징 · 변환 · 존재

모래상자치료사의 연금술

상징 · 변환 · 존재

김경희 저

동문사

모래상자의 신비

모래상자치료는 말로 다 전할 수 없는 깊은 마음의 언어를 담고 있다. 상징이 흘러가는 모래의 시간 속에서 우리는 자기 자신과 마주하며, 치유와 변환의 길을 걸어간다. 이 책은 바로 그 여정의 기록이자 안내서이다.

모래상자치료는 인간 존재의 심연과 만나고자 하는 하나의 태도이자 철학이다. 연금술사가 도가니 속에서 납을 금으로 정련하듯, 치료사와 내담자는 모래상자 안에서 감정과 상징의 열기를 함께 견디며 새로운 의미를 빚어낸다. 이 과정에서 치료사는 상징이 발화할 수 있는 공간을 지키는 동반자이자 존재적 촉진자가 된다.

특히 이 책은 각 주제의 이론을 설명하고 실제 임상사례를 제시하고 있으며, 그 사례 속에서 나타난 상징의 의미를 심층적으로 해설한다. 독자는 이 과정을 따라가며 임상 현장에서 상징이 어떻게 살아 움직이고, 치유와 변환을 이끌어 내는지 생생하게 경험할 수 있을 것이다. 사례와 상징 해석의 병행은 이 책의 가장 중요한 특징이자, 독자의 체험적 통찰을 돕는 길잡이가 될 것이다.

따라서 이 책은 모래상자치료사뿐 아니라, 일반 치료사와 예술치료사 등 상징을 다루는 다양한 전문인들에게도 유익한 안내서가 될 것이다. 상징에 대한 연금술적 접근은 분야를 넘어 인간 내면을 탐색하는 모든 치유적 작업에 영감을 줄 수 있기 때문이다.

또한 이 책은 한국모래상자치료의 발걸음을 신화적 서사 속에 위치시키고자 한다. 씨앗이 움트고 나무로 자라 숲을 이루기까지의 과정을 돌아보며, 오늘의 한국모래상자치료가 어떻게 하나의 전통으로 자리매김했는지를 기록했다. 무엇보다 중요한 점은, 이 책이 도라 칼프가 세운 모래놀이치료와 연금술 그리고 분석심리학을 충실히 계승하면서, 그 전통을 현대 심리치료의 언어와 통합해 새롭게 펼쳐 보인다는 데 있다. 전통의 뿌리를 존중하는 동시에, 한국적 임상과 학문의 현대적 흐름 속에서 살아 있는 치료적 방법을 이어가는 것이 이 책의 핵심이다.

한국모래상자치료학회가 창립 20주년을 맞이한 이 시점에서, 지난 시간을 되돌아보며 새로운 길을 열어가는 작업으로 이 책이 탄생하게 되었다. 학문적 담론뿐 아니라, 임상 현장에서 살아 숨 쉬는 상징과 치유의 순간들을 함께 나누고자 한다.

부제의 상징, 변환, 존재는 치료사의 자기 성찰을 강조하는 단어이다. 내담자의 변환은 언제나 치료사의 내적 여정과 맞닿아 있으므로, 치료사의 정련은 필요 충분 조건이다. 독자 여러분이 이 책을 읽으며 자기 내면의 상징을 발견하고, 존재의 변화 가능성을 새롭게 인식하게 되기를 소망한다.

마지막으로, 모래상자치료의 씨앗에서 오늘에 이르기까지 함께 걸어온 치료사 여러분과 동료 분석가님들께 깊은 감사를 드린다. 흔쾌히 출판을 허락해 주신 동문사 사장님, 바쁜 일정에도 시간을 내어 여의도까지 찾아주신 신명선 부장님, 그리고 원고를 세심하게 편집해 주신 이딸기님께도 진심으로 감사드린다. 집필에 온 에너지를 쏟느라 소홀히 했던 가족들에게는 미안함과 동시에 깊은 고마움을 전한다. 더불어 무더운 여름날에 소명을 갖고 이 책을 완성해 준 김경희 융분석가에게 감사를 드린다.

이 책이 세상에 나올 수 있도록 힘과 마음을 보태 주신 모든 분께 다시 한번 고개 숙여 감사드린다.

2025년 10월 가을에

한국모래상자치료융연구원에서

김경희

차례

서문: 모래상자의 신비 _ 5

제1부 모래상자치료의 철학과 상징: 상징의 불꽃을 찾는 여정

제1장 모래상자치료의 연금술: 영혼을 빚는 도가니 _ 15
Ⅰ. 연금술의 역사와 심리학적 전환 _ 17
Ⅱ. 융의 분석심리학과 연금술의 만남 _ 19
Ⅲ. 분석심리학의 개요 _ 22
Ⅳ. 모래상자치료와 연금술의 상징적 대화 _ 34
Ⅴ. 모래상자와 도가니의 상징적 치유 _ 37
Ⅵ. [치료사 성찰] 나의 임상은 어떤 연금술인가? _ 39

제2장 모래상자치료실의 상징성: 성소와 성배 _ 43
Ⅰ. 성소와 성배의 상징성 _ 45
Ⅱ. 성배의 전통과 심리학적 해석 _ 47
Ⅲ. 모래상자의 상징적 변환 _ 51
Ⅳ. 성배로서의 모래상자 _ 54
Ⅴ. 모래상자의 성서적 조명 _ 58
Ⅵ. 모래상자와 성배의 여정 _ 62
Ⅶ. [치료사 성찰] 나는 치료실의 모래상자를 어떤 성배로 경험하고 있는가? _ 63

제3장 모래상자치료의 상징: 자연의 언어와 원소의 비밀 _ 65
Ⅰ. 모래의 자연적 의미와 흙·우주의 근원 _ 67
Ⅱ. 고대 철학에서의 원소론과 상징 _ 69
Ⅲ. 상징과 자연의 존재론적 기반 _ 72
Ⅳ. 모래상자치료에서 '자연 언어'로서의 상징 _ 74

Ⅴ. [치료사 성찰] 나는 어떤 상징에 이끌리는가? _ 76

제4장 상징과 무의식의 언어: 영혼의 심층지도 _ 81
Ⅰ. 분석심리학의 관점에서 본 상징 _ 83
Ⅱ. 마음의 구조와 상징의 장 _ 87
Ⅲ. 네 가지 원형과 모래상자 _ 90
Ⅳ. 개성화 과정의 상징적 여정 _ 94
Ⅴ. 치료사의 상징을 읽는 눈 _ 99
Ⅵ. 치료적 함의 _ 100
Ⅶ. 무의식의 언어 _ 102
Ⅷ. [치료사 성찰] 나는 무의식의 언어를 어떻게 듣고 있는가? _ 103

제2부 모래상자치료의 실제: 상징이 흐르는 임상 현장

제5장 모래상자치료의 장: 첫 세션, 신비의 문 _ 109
Ⅰ. 첫 세션의 의미와 치료사의 준비 _ 111
Ⅱ. 치료사의 마음가짐과 임상적 태도 _ 114
Ⅲ. 치료적 공간의 상징성과 첫인상 _ 116
Ⅳ. 모래상자 공간의 상징적 구조 _ 122
Ⅴ. 치료사의 언어와 침묵 _ 126
Ⅵ. 첫 세션에서 치료사의 침묵 _ 128
Ⅶ. [치료사 성찰] 나는 치료의 첫 만남에서 무엇을 준비하는가? _ 131

제6장 모래상자치료실의 상징물: 무의식의 인형극장 _ 135
Ⅰ. 피규어의 다양성과 원형적 의미 _ 137
Ⅱ. 피규어 선택과 내담자의 심리적 과정 _ 139
Ⅲ. 피규어 배치와 무의식의 드라마 _ 142
Ⅳ. [치료사 성찰] 나는 어떤 공간과 상징을 준비하는가? _ 145

제7장 연금술의 문: 세션 속 흐름과 상징의 변환 _ 149
Ⅰ. 모래상자 세션의 기본 구조 _ 151
Ⅱ. 상징의 흐름과 세션의 전개 _ 158
Ⅲ. 연금술적 변환 단계와 세션의 상징적 대응 _ 161
Ⅳ. 사례로 보는 세션의 상징적 흐름 _ 164
Ⅴ. [치료사 성찰] 나는 세션 속 흐름을 어떻게 지켜보는가? _ 166

제3부 모래상자치료의 연금술: 변환과 통합의 불꽃

제8장 관계와 투사·전이: 영혼의 거울 _ 173
Ⅰ. 관계와 무의식의 투사 _ 175
Ⅱ. 전이의 본질과 유형 _ 180
Ⅲ. 전이와 역전이의 상호작용 _ 187
Ⅳ. 전이·역전이와 연금술적 변환 _ 192
Ⅴ. [치료사 성찰] 나는 관계의 연금술을 어떻게 살아내는가? _ 195

제9장 경험과 통합의 장: 임상가의 변환 _ 199
Ⅰ. 임상 실습의 이론에서 체험으로 _ 201
Ⅱ. 전문가 훈련에서 상징적 체험의 역할 _ 205
Ⅲ. 임상 실습에서 자기 성찰과 치료사의 변환 _ 212
Ⅳ. [치료사 성찰] 나는 실습 과정에서 어떻게 변환되는가? _ 215

제10장 연금술적 상징과 자기 인식: 무의식의 거울 _ 223
Ⅰ. 연금술과 자기 인식의 관계 _ 225
Ⅱ. 연금술적 상징과 무의식의 드러남 _ 229
Ⅲ. 임상에서의 상징 해석과 통찰 _ 233
Ⅳ. [치료사 성찰] 상징을 통해 드러나는 나의 얼굴은 무엇인가? _ 252

제11장 루베도의 불꽃: 전체성의 통합과 치유의 완성 _ 255
Ⅰ. 루베도(Rubedo)의 붉은 빛 탄생 _ 257
Ⅱ. 루베도 상징의 만다라 _ 262
Ⅲ. 루베도 단계의 상징적 통합 _ 265
Ⅳ. 루베도 참여의 존재적 성찰 _ 268
Ⅴ. [치료사 성찰] 루베도의 불꽃 앞에 선 나는 누구인가? _ 271

제4부 치료사의 연금술 여정: 존재, 윤리, 정체성

제12장 치료사의 정련: 감정과 상징의 용광로 _ 277
Ⅰ. 상징적 동반자에서 존재적 촉진자로 _ 279
Ⅱ. 감정의 열기와 상징의 탄생 _ 282
Ⅲ. 침묵과 발화의 상징 언어 _ 286
Ⅳ. 자기 통합과 존재의 재정렬 _ 290
Ⅴ. [치료사 성찰] 나는 용광로를 통과하며 어떻게 변모하는가? _ 293

제13장 치료사의 여정: 존재와 윤리의 통합 _ 299
Ⅰ. 치료사의 존재론적 성숙 _ 301
Ⅱ. 윤리와 자기(Self) 작업 _ 304
Ⅲ. 공동체적 치유자로서의 치료사 _ 307
Ⅳ. 연금술 여정의 내적 변환에서 세계로 _ 311
Ⅴ. [치료사 성찰] 나는 어떤 길을 남기고자 하는가? _ 314

제14장 한국모래상자치료: 하나의 전통으로 _ 319
Ⅰ. 한국모래상자치료의 출현 _ 321
Ⅱ. 한국모래상자치료의 전개 _ 324
Ⅲ. 한국모래상자치료의 연금술 _ 325
Ⅳ. 한국모래상자치료의 정체성 _ 327
Ⅴ. 한국모래상자치료의 사례 _ 329

Ⅵ. 한국모래상자치료: 하나의 전통으로 _ 331
Ⅶ. [치료사 성찰]: 나는 내 치료실 안에서 어떤 전통을 이어가고 있는가? _ 331

• 참고문헌 _ 335

부록 치료사 성찰 모음 — 연금술 여정의 질문 _ 343

• 찾아보기 _ 349

제1부

모래상자치료의 철학과 상징: 상징의 불꽃을 찾는 여정

제1장

모래상자치료의 연금술: 영혼을 빚는 도가니

Ⅰ. 연금술의 역사와 심리학적 전환

연금술(alchemy)은 고대 이집트, 헬레니즘 시대의 알렉산드리아, 이슬람 세계, 그리고 중세 유럽을 거쳐 르네상스에 이르기까지, 수천 년 동안 인간 정신과 문화의 심층을 형성해온 사상적 전통이다. 흔히 연금술은 "납을 금으로 바꾸려는 시도"로 축소되지만, 이는 단지 외형적이고 물질적인 측면에 불과하다. 실제로 연금술은 물질의 변환을 통해 인간 존재와 영혼의 변환을 탐구했던 심오한 상징 체계였다(Eliade, 1962, p. 215).

연금술의 목표는 단순한 금속 변환이 아니라, 자연과 인간의 근원적 통합이었다. 연금술사들은 물질의 변화를 관찰하며 그것을 인간의 내적 성장, 영적 성숙과 연결하였다. 이 과정에서 "원질료(prima materia)"라는 개념이 등장한다. 이는 아직 형태가 정해지지 않은 혼돈의 상태로, 연금술적 작업의 출발점이었다. 흑암과 무규정성 속에 잠재된 이 원질료는, 심리학적 관점에서 볼 때 인간 무의식의 상징적 표현과 유사하다(Jung, 1944/1967, p. 311).

1. 고대와 중세의 연금술

고대 연금술은 이집트의 신비주의, 헬레니즘의 철학적 사유, 그리고 이슬람의 화학적 연구를 토대로 발전하였다. 이집트에서는 금속과 돌에 신성한 힘이 깃들어 있다고 믿었고, 헬레니즘 시대에는 플라톤과 아리스토텔레스의 형상론이 연금술적 사유에 영향을 주었다. 중세 유럽에 들어와서는 연금술이 그리스도의 구원 신학과 결합되면서 종교적·영적 색채를 더욱 강하게 띠게 되었다(Faivre, 1995, p. 87).

특히 연금술사들은 니그레도(Nigredo, 흑화), 알베도(Albedo, 백화), 시트리니타스(Citrinitas, 황화), 루베도(Rubedo, 적화)라는 네 단계를 설정하여, 물질의 변환 과정을 설명했다. 이 네 단계는 단순히 화학적 변화가 아니라, 영혼의 정화와 성숙을 나타내는 상징적 언어였다. 예컨대 니그레도는 죽음과 해체의 과정으로, 인간의 자아가 혼돈과 마주하는 순간을 의미했다. 반대로 루베도는 새로운 탄생과 통합의 상징으로, 궁극적인 자기 실현을 가리켰다.

2. 연금술의 상징성과 내적 의미

연금술의 기록들은 대체로 난해한 상징과 도상으로 표현되어 있다. 『Rosarium Philosophorum(철학자의 묵주: 현자의 장미원)』에 실린 도상들은 태양과 달, 왕과 왕비, 용, 사자 등 다양한 상징물을 통해 무의식의 심리적 변환 과정을 드러낸다(Jung, 1966, p. 42). 이러한 상징들은 인간의 내면적 갈등, 성적 에너지, 생명력, 영적 초월 등을 다양한 방식으로 은유한다.

연금술사들에게 물질의 변환은 곧 인간 영혼의 변화였다. 따라서 연금술은 "자연과 인간, 물질과 정신의 연결을 탐구한 상징적 과학"(Hanegraaff, 2012, p. 137)이라 할 수 있다. 이는 오늘날 심리치료에서 무의식과 의식을 연결하는 작업과 깊은 평행 관계를 가진다.

3. 심리학적 전환: 융의 발견

20세기 초, 융(C. G. Jung)은 연금술을 심리학적 시각에서 재해석하였다. 그는 꿈, 환상, 무의식의 상징을 연구하면서 연금술의 도상들과 놀라운 유사성을 발견했다. 무의식에서 솟아오르는 이미지들이 연금술의 단계적 상징과 일치한다는 사실은, 융에게 연금술이 "무의식의 투사된 드라마"임을 깨닫게 했다(Jung, 1944/1967, p. 289).

융에 따르면 연금술은 중세인들이 무의식을 의식 밖에 투사한 형태였다. 오늘날 분석심리학적 작업에서 무의식과 의식의 만남을 다루듯이, 연금술사들은 실험실에서 물질을 다루면서 자기(Self)와의 만남을 은유적으로 표현했던 것이다. 연금술은 따라서 “현대 심리치료의 상징적 전신”으로 이해될 수 있다(Edinger, 1995, p. 21).

4. 모래상자치료와의 접점

연금술의 상징적 전환은 모래상자치료와 직접적으로 연결된다. 모래상자는 무의식적 재료들이 자유롭게 드러나는 공간이며, 상징을 통해 무규정적 혼돈(원질료)이 형상과 의미로 변환되는 장이다.

이는 곧 연금술의 실험실과 같은 구조를 가진다. 내담자는 모래상자 안에서 자신의 내적 혼돈을 직면하고, 상징적 배치를 통해 새로운 의미를 구성한다. 치료사는 이를 지켜보며 변환의 과정을 동반한다. 결국, 연금술이 물질을 변환시켜 금을 만들어내려 했던 것처럼, 모래상자치료는 인간 내면의 무의식적 혼돈을 ‘심리적 금’으로 전환하는 상징적 여정이라 할 수 있다.

II. 융의 분석심리학과 연금술의 만남

1. 무의식의 언어와 연금술적 상징

융(C. G. Jung, 1875-1961)은 초기 정신분석에서 프로이트와 결별한 후, 무의식의 심층 구조를 탐구하면서 독자적인 분석심리학(Analytical Psychology)을 발전시켰다. 그는 무의식이 단순히 억압된 욕망의 저장소가 아니라,

집단무의식과 원형(archetype)이 자리한 창조적 차원임을 제시했다. 이 과정에서 융은 꿈, 신화, 종교적 도상(圖像), 그리고 연금술 상징들 속에서 공통된 패턴을 발견했다.

연금술사들이 물질의 변환 과정을 도해와 상징으로 표현했던 방식은, 무의식이 상징을 통해 자기 자신을 드러내는 구조와 동일했다. 따라서 연금술은 융에게 있어 단순한 중세의 미신이 아니라, 무의식의 언어가 투사된 역사적 기록이었다(Jung, 1944/1967, p. 289).

2. 무의식의 투사로서의 연금술

융은 대표작 『심리학과 연금술(Psychology and Alchemy)』(1944)에서, 연금술을 "무의식의 투사된 드라마"로 규정하였다. 당시 연금술사들은 자기 심리적 과정을 직접 자각할 언어가 없었기에, 그것을 금속 변환, 도가니, 화학적 혼합의 은유로 표현했던 것이다.

예를 들어, 연금술에서 말하는 *prima materia*(원질료)는 무규정적 혼돈으로, 심리학적으로는 무의식의 원초적 상태를 상징한다. 또한 니그레도(Nigredo)는 심리적 붕괴와 혼돈의 경험을, 알베도(Albedo)는 무의식적 내용이 의식화되며 드러나는 정화의 과정을, 시트리니타스(Citrinitas)는 의식화에 따른 통찰의 과정을, 루베도(Rubedo)는 의식과 무의식의 합일을 통해 자기(Self)에 도달하는 완성을 의미한다(Edinger, 1995, p. 34).

융은 이러한 연금술적 단계가 개성화 과정(individuation process)과 일치한다고 주장했다. 이는 곧 분석심리학의 핵심 목표와 맞닿는다.

3. 개성화 과정과 연금술의 평행 구조

개성화 과정은 인간이 의식과 무의식의 긴장 속에서 자기(Self)를 향해 나아가는 심리적 여정이다(Jung, 1951/1959, p. 437). 연금술의 네 단계는 이 개성화 과정을 상징적으로 비춘다.

- **니그레도**(혼돈): 자아가 무너지고 무의식의 그림자와 직면하는 단계.
- **알베도**(정화): 무의식의 재료가 빛을 받아 의식에 떠오르며, 영적 빛의 체험이 시작.
- **시트리니타스**(확장): 새로운 자각과 통찰이 열리며, 자기(Self)에 대한 인식의 확장.
- **루베도**(통합): 자기(Self)와의 합일을 통해 내적 전체성에 도달.

융은 연금술 도상 속에서 이 심리적 여정을 재발견했고, 이를 통해 분석심리학의 개성화 이론을 더욱 상징적 · 체험적으로 심화시켰다.

4. 심리치료에서 연금술의 의미

융이 연금술을 심리학적으로 재해석한 작업은, 현대 심리치료에서 두 가지 중요한 의미를 가진다.

첫째, 무의식의 상징적 언어를 이해하는 틀을 제공한다. 연금술의 도상과 은유는 내담자의 무의식이 표현하는 상징을 해석하는 풍부한 자원이 된다.

둘째, 심리치료 자체를 변환의 과정으로 바라보게 한다. 치료사는 단순히 증상을 제거하는 기술자가 아니라, 연금술사처럼 내담자의 심리적 금을 정련하는 동반자이다.

이러한 맥락에서 "융의 분석심리학과 연금술의 만남"은 모래상자치료의 철학적 기초가 된다. 모래상자 안에서 일어나는 상징적 변환은, 곧 연금술적 변환의 현대적 재현이기 때문이다.

Ⅲ. 분석심리학의 개요

분석심리학(Analytical Psychology)은 스위스의 정신의학자이자 심리학자인 칼 구스타프 융(Carl Gustav Jung)이 창시한 심리학 체계로, 인간 정신의 깊은 층위와 그 상징적 구조를 탐구하는 학문이다. 이는 프로이트의 정신분석학에서 출발했으나, 인간 정신을 보다 포괄적이고 영적 차원까지 확장하여 이해한다는 점에서 독창적인 흐름을 형성하였다(Jung, 1928/1966, p. 3).

1. 정의와 특징

분석심리학은 인간의 마음을 단순히 병리적 증상이나 억압된 충동의 산물로 보지 않고, 의식과 무의식의 상호작용을 통한 자기(Self)의 실현 과정으로 이해한다. 융은 이를 "개성화 과정(individuation process)"이라 불렀으며, 개인이 무의식의 내용을 의식과 통합해 나감으로써 전체성과 의미를 향해 나아가는 여정을 강조하였다(Jung, 1951/1959, p. 275).

분석심리학의 핵심은 무의식 속에 존재하는 원형(archetype)과 집단무의식(collective unconscious)의 개념이다. 이는 인간이 공유하는 보편적 심리 구조를 설명하며, 꿈, 신화, 종교, 예술에 반복적으로 드러나는 상징을 통해 확인된다. 따라서 분석심리학은 개인적 심리학을 넘어 문화, 종교, 철학을 포괄하는 학제적 성격을 지닌다.

2. 주요 초점

분석심리학은 크게 네 가지 주제에 초점을 둔다.

- **마음의 구조**: 의식, 개인무의식, 집단무의식으로 이루어진 층위적 구조.
- **원형과 상징**: 무의식의 표현으로 드러나는 보편적 심상과 상징의 해석.

- **심리적 유형**: 외향/내향, 사고/감정/감각/직관의 심리 기능에 따른 성격 구조.
- **개성화 과정**: 무의식의 그림자, 아니마/아니무스와의 만남을 거쳐 자기에 도달하는 통합의 길.

이러한 초점은 단순한 병리 이해를 넘어, 인간 정신이 지닌 자기 치유적 · 창조적 가능성을 강조한다는 특징이 있다.

3. 마음의 구조: 의식, 개인무의식, 집단무의식

융(C. G. Jung)은 인간 정신을 하나의 층위적 구조로 이해하였다. 마음은 단순한 의식의 기능에 국한되지 않고, 보다 깊은 무의식의 차원까지 포함하는 다층적 체계다. 그는 마음을 크게 의식(consciousness), 개인무의식(personal unconscious), 집단무의식(collective unconscious)으로 구분하였으며, 이 세 층위가 상호작용하면서 인간의 심리적 삶을 형성한다고 보았다(Jung, 1928/1966, p. 4).

1) 의식(Consciousness): 자아의 세계

의식은 자아(ego)가 중심을 이루는 영역으로, 개인이 자신과 세계를 분별하고 사고 · 감정 · 의지를 조절하는 기능을 담당한다. 의식의 감각과 직관(인식 기능), 감정과 사고 판단 기능 같은 심리적 기능을 통해 현실과 접촉하며, 사회적 적응의 기반이 된다. 그러나 의식은 전체 정신의 일부일 뿐이며, 그 아래에는 훨씬 광대한 무의식의 영역이 자리한다. 융은 의식을 "등잔불에 비친 좁은 원의 영역"에 비유하며, 그 주변의 어둠이 곧 무의식을 의미한다고 설명하였다(Jung, 1964/1989, p. 20).

2) 개인무의식(Personal Unconscious): 망각과 억압의 저장소

개인무의식은 의식에서 배제된 경험, 망각된 기억, 억압된 충동들이 모여 있는 영역이다. 프로이트가 말한 '무의식' 개념과 유사하지만, 융은 보다 확장된 관점에서 이해했다. 개인무의식 속에는 단순히 억압된 충동뿐 아니라, 개인이 겪은 다양한 체험의 흔적이 저장되어 있으며, 이는 꿈, 환상, 실수행위로 드러난다(Jung, 1954/1969, p. 42). 또한 개인무의식에는 콤플렉스(complex)라 불리는 정서적 에너지가 응집된 심리 단위가 존재한다. 콤플렉스는 개인의 의식적 태도와 갈등하며, 때로는 의식을 압도하여 불안, 강박, 정서 폭발로 나타난다.

3) 집단무의식(Collective Unconscious): 원형의 근원

집단무의식은 분석심리학의 독창적 개념으로, 개인의 경험을 넘어 인류가 공유하는 심리적 기반을 의미한다. 융은 이를 "개인적 체험과 무관하게, 모든 인간이 본능적으로 지니는 정신적 구조"라 하였다(Jung, 1951/1959, p. 3). 집단무의식의 핵심은 원형(archetype)이다. 원형은 보편적 이미지와 행위 양식의 틀로서, 신화, 종교, 꿈, 상징에서 반복적으로 나타난다. 예컨대 어머니, 영웅, 그림자, 자기(Self)의 상징은 특정 개인을 넘어 모든 인간 정신 속에서 발견되는 보편적 패턴이다. 집단무의식은 인간 정신의 뿌리이며, 문화와 종교, 예술 속에 그 흔적이 살아 있다.

4) 종합적 이해

융이 제시한 마음의 구조는 단선적 위계라기보다, 의식과 무의식이 끊임없이 상호작용하는 유기적 체계다. 의식은 자아를 중심으로 세계와 소통하지만, 개인무의식은 억압된 기억과 콤플렉스를 통해 의식을 흔들고, 집단무의식은 원형적 힘으로 개인의 삶에 깊은 의미와 방향을 제공한다.

따라서 심리치료는 의식적 자아가 무의식과의 대화를 회복하고, 그 안의 상징을 이해하며, 자기(Self)의 전체성을 향해 나아가는 과정이라 할 수 있다.

4. 분석심리학의 핵심 원형 구조

분석심리학은 인간 정신을 의식과 무의식의 역동적 상호작용으로 이해하며, 그 과정에서 특정한 원형적 구조들이 중요한 역할을 한다. 융(C. G. Jung)은 특히 페르소나(Persona), 그림자(Shadow), 아니마/아니무스(Anima/Animus), 그리고 자기(Self)를 인간 정신의 근본적 축으로 제시하였다. 이 네 가지는 서로 분리된 요소가 아니라, 개성화 과정(individuation process) 속에서 점차 통합되고 균형을 이루며, 인간의 성숙을 이끄는 상징적 힘을 지닌다(Jung, 1951/1959, p. 275).

1) 페르소나(Persona): 사회적 가면

페르소나는 개인이 사회적 맥락 속에서 적응하기 위해 쓰는 '가면(mask)'이다. 그것은 개인의 진정한 내면을 감추면서도 외부 세계와 원활히 관계 맺게 하는 심리적 장치다. 융은 페르소나를 "개인이 수행하는 역할을 사회적으로 인정받기 위해 만들어진 합의된 이미지"라고 정의하였다(Jung, 1928/1966, p. 158). 페르소나는 사회적 삶을 가능하게 하지만, 그에 과도하게 동일시하면 개인은 자신의 내적 본질을 상실하게 된다. 따라서 치료 장면에서 페르소나는 내담자가 보여주는 '겉모습'이나 '역할적 태도'로 드러나며, 그 뒤에 숨은 심리적 진실을 탐색하는 것이 필요하다.

2) 그림자(Shadow): 억압된 자아의 이면

그림자는 자아가 받아들이지 못하고 억압한 측면들의 총체이다. 이는 부정적 · 파괴적 충동뿐 아니라, 자아가 미처 개발하지 못한 가능성까지 포함한다(Jung, 1951/1959, p. 284). 그림자는 타인에 대한 투사로 자주 나타나며, 내담자가 불편해하거나 거부하는 인물상에 자신의 그림자를 비추게 된다. 그림자와 마주하는 것은 고통스럽지만, 자기 이해와 성숙을 위한 필수적 단계이다. 융은 이를 "자아의 빛을 위해 반드시 직면해야 하는 어둠"이라 표현하였다.

3) 아니마/아니무스(Anima/Animus): 내적 반대성

아니마는 남성의 내적 여성성, 아니무스는 여성의 내적 남성성을 뜻한다. 이는 인간 정신이 양극성을 지니며, 무의식 속에서 보완적 반대성을 통해 균형을 이루려는 심리적 구조를 반영한다. 아니마/아니무스는 꿈이나 투사, 대인관계 속에서 강력한 정서적 반응으로 드러나며, 종종 사랑과 증오의 양가적 감정을 유발한다(Jung, 1954/1969, p. 14). 임상적으로 이는 내담자가 경험하는 성별적 편견, 타인과의 관계 패턴, 또는 강렬한 감정적 몰입 속에서 나타나며, 자기 이해를 심화시키는 중요한 통로가 된다.

4) 자기(Self): 중심과 전체성의 상징

자기는 융 심리학에서 가장 근본적인 원형으로, 의식과 무의식을 포괄하는 전체성의 중심을 의미한다. 융은 자기를 "정신 전체의 조화와 균형을 지향하는 궁극적 통일성"으로 설명하였다(Jung, 1951/1959, p. 398). 자기는 종종 만다라, 신성한 아이, 라피스(철학자의 돌)와 같은 상징으로 표현된다. 치료 과정에서 자기 경험은 내담자가 삶의 의미와 방향을 새롭게 발견하는 순간으로 나타나며, 이는 개성화 여정의 핵심 목표라 할 수 있다.

5) 종합적 이해

페르소나, 그림자, 아니마/아니무스, 자기는 각각 독립적인 구조이면서도 연속적인 심리적 여정을 이룬다. 개인은 사회적 가면을 통해 세상과 만나고(페르소나), 억압된 어둠과 마주하며(그림자), 내적 반대성을 통합하고(아니마/아니무스), 궁극적으로 전체성과 만난다(자기). 이 과정은 단선적이 아니라 반복적·순환적으로 전개되며, 분석심리학의 핵심인 개성화 과정의 심리적 지도를 이룬다.

5. 무의식의 주요 기능과 원리

1) 에난치오드로미(Enantiodromia)

'에난치오드로미'는 고대 헤라클레이토스의 철학에서 차용된 개념으로, "어떤 경향이 극에 달하면 반대되는 방향으로 전환된다"는 의미다(Jung, 1951/1959, p. 425). 융은 이를 심리학적으로 확장하여, 의식이 한쪽으로 극단적으로 치우치면 무의식은 필연적으로 반대 방향의 내용이 나타나 균형을 이루려 한다고 설명했다.

- **예**: 지나친 합리주의자는 무의식 속에서 신비적 체험이나 비합리적 충동을 경험할 수 있다.

모래상자 작업에서 내담자는 종종 극단적으로 치우친 상징을 선택한다.

- **예**: 권력과 힘을 상징하는 군인 피규어만 반복적으로 배치하는 내담자가, 어느 순간 무력한 아이 인형을 모래 속에 눕혀놓을 수 있다. 이것은 무의식이 극단의 태도(힘의 과잉)를 균형잡기 위해 반대 상징(약함, 취약성)을 등장시키는 전환이다.

  → 치료사는 이러한 전환을 "에난치오드로미적 상징의 도래"로 이

해하고, 내담자가 새로운 자기를 발견하는 문턱에 있음을 인식할 수 있다.

2) 대극의 원리(Principle of Opposites)

융 심리학의 핵심 전제 가운데 하나는 심리 에너지는 대극(opposites)의 긴장 속에서 발생한다는 것이다(Jung, 1928/1960, p. 75). 의식과 무의식, 남성과 여성, 빛과 어둠, 생명과 죽음처럼 서로 상반되는 원리가 공존하며, 이 긴장이야말로 정신적 에너지의 원천이다.

대극의 원리는 단순한 대립이 아니라, 상호 의존적이며, 통합을 향해 나아가는 변증법적 운동을 내포한다. 따라서 개성화 과정은 대극의 긴장을 견디고, 그것을 상징적 합일(coniunctio oppositorum)로 전환하는 과정으로 이해된다.

모래상자는 작은 세계 안에서 대극이 시각적으로 펼쳐지는 장이다.

- 빛과 어둠(하얀 모래 vs. 검은 돌),
- 삶과 죽음(아이 인형 vs. 해골 피규어),
- 남성과 여성(왕 vs. 여왕 피규어).

이 대극의 배치는 단순한 갈등이 아니라, 심리 에너지의 원천이 된다. 내담자는 대립된 상징을 모두 모래상자에 두는 행위를 통해, 자신 안의 대극을 외부에 표상하고 관계맺기 시작한다. 치료사의 과제는 이러한 대극을 '누가 옳은가'로 재단하지 않고, 통합을 향한 긴장으로 지켜보는 것이다.

3) 보상성(Compensation)

보상성은 의식 편향에 대한 무의식의 응답이다. 보상성은 무의식이 의식의 태도에 균형을 제공하는 기능이다(Jung, 1934/1960, p. 236). 의식이 한쪽으로 편향될수록 무의식은 그 반대의 심리적 태도를 산출한다.

- **예**: 과도하게 자기애적인 의식은 무의식에서 자기 비하적 내용이 드러나며, 절망적인 의식은 무의식에서 희망적 상징이 떠오른다.

이 보상적 기능은 꿈, 환상, 투사를 통해 나타나며, 심리적 자기조절 장치로 작용한다.

보상성은 모래상자치료에서 가장 자주 관찰되는 원리이다.

- **예**: 겉으로는 밝고 유머러스한 청소년이, 모래상자에서는 폐허, 무덤, 전쟁터 같은 어두운 장면을 구성한다.
  이는 의식의 과잉 낙관주의를 보상하기 위한 무의식의 균형 메시지이다.
  → 치료사가 이를 해석하거나 지적하기보다, 내담자가 "이 장면 속에 내가 보지 못한 나의 한 부분이 있구나"라고 경험하게 하는 것이 핵심이다.

4) 보완성(Complementation)

보완성은 보상성과 비슷하지만, 단순한 대극적 균형이 아니라 의식이 다루지 못하거나 미처 알지 못하는 요소를 무의식이 보충하는 기능이다(Jung, 1954/1968, p. 202).

- **예**: 의식이 현실 문제에 몰두하는 동안, 무의식은 미래의 가능성을 예비하거나 잊혀진 창조적 자원을 보완해준다.

보완성은 의식과 무의식이 서로를 "완성하는 기능"으로 작용하여, 인간 정신이 더 풍부하고 전체적으로 발전하도록 돕는다.

보완성은 내담자가 의식에서 미처 다루지 못한 것을 무의식이 보충하는 기능이다.

- **예**: 언어적 표현이 서툰 아동이 모래상자에서 물, 강, 바다를 반복적으로 사용하며 정서를 배치한다면, 이는 언어로 표현되지 못한 감정을 무의식이 보충하는 과정이다.
- 또 다른 예로, 현실에서 돌봄을 받지 못한 아동이 모래상자에서 작은 집, 동물 가족을 만드는 경우, 이는 결핍된 돌봄 경험을 보완하는 무의식의 상징적 표현이다.

이때 치료사는 "네 안에서 부족했던 것이 여기에서 채워지고 있구나"라는 공명적 태도로 동행한다.

5) 예시성(Prospection)

융은 무의식이 단순히 과거의 흔적을 담는 저장소가 아니라, 미래지향적(prospective) 기능을 지닌다고 보았다(Jung, 1945/1960, p. 234). 즉 무의식은 미래 상황에 대비하도록 예시적인 이미지를 제공한다.

- **예**: 청소년이 진로에 대해 불안할 때, 꿈 속에서 새로운 가능성(여행, 새로운 직업, 스승)을 상징적으로 암시할 수 있다. 이는 단순한 보상이 아니라, 미래에 필요한 방향을 미리 제시하는 무의식의 예지적 기능이다.

무의식은 단지 과거의 상처만 드러내지 않고, 때로는 미래의 가능성을 미리 암시한다.

- 예: 절망적 현실 속에서 모래상자에 다리, 문, 길을 놓는 내담자는 아직 의식적으로 자각하지 못한 "앞으로 나아갈 방향"을 무의식이 미리 제시하는 경우이다.
- 또 다른 내담자는 세션 초반에는 무너진 구조물만 만들다가, 몇 달 후 처음으로 작은 싹, 태양, 새를 배치한다. 이는 무의식이 미래의 생명성과 회복 가능성을 예시적으로 드러낸 것이다.

이러한 상징은 치료사에게 "내담자가 아직 절망 속에 있지만, 무의식은 이미 회복을 준비하고 있다"는 신뢰를 갖게 한다.

6) 종합적 이해

- 에난치오드로미는 극단의 치우침이 반대로 돌아선다는 변증법적 원리를,
- 대극의 원리는 의식과 무의식의 긴장 속에서 심리 에너지가 발생한다는 구조적 원리를,
- 보상성은 의식의 편향을 균형잡기 위한 무의식의 조절 기능을,
- 보완성은 의식의 결핍을 보충하는 무의식의 창조적 기능을,
- 예시성은 미래를 향한 가능성을 무의식이 미리 보여주는 기능을 설명한다.

이 다섯 가지는 서로 긴밀히 연결되어 있으며, 궁극적으로는 자기(Self)의 전일성을 향한 심리적 자기조절의 다양한 양상으로 이해할 수 있다.

모래상자치료는 무의식의 다섯 가지 기능을 직접적으로 관찰할 수 있는 장이다.

- 에난치오드로미는 상징의 급격한 반전으로,
- 대극의 원리는 모래상자 안의 양극 배치로,
- 보상성은 의식의 편향에 대한 무의식의 균형 작용으로,
- 보완성은 의식이 다루지 못하는 결핍을 보충하는 상징으로,
- 예시성은 미래 가능성을 암시하는 상징으로 드러난다.

따라서 모래상자는 무의식의 원리들을 가시적이고 체험 가능한 장(場)으로 제공하며, 내담자가 자기(Self)와의 대화 속에서 성장할 수 있도록 돕는 독특한 심리치료적 공간이라 할 수 있다.

6. 분석심리학의 개성화 과정

분석심리학에서 개성화(individuation)는 인간 정신의 중심적 여정이자, 의식과 무의식이 조화를 이루어 전체성(wholeness)에 도달하려는 심리적 과정이다. 융(C. G. Jung)은 이를 "인간이 자기(Self)의 가능성을 실현하고, 고유한 삶의 의미를 완성해가는 길"이라 정의하였다(Jung, 1951/1959, p. 275). 개성화는 단순한 성격 발달이 아니라, 무의식 속에 잠재된 원형적 요소와의 대면과 통합을 통해 이루어지는 변환의 과정이다.

1) 개성화의 정의

개성화는 자아(ego)가 자기(Self)의 중심성에 접근해 가는 길을 말한다. 이는 자아가 무의식의 내용을 점차 의식 속에 받아들이며, 그 과정에서 자아와 무의식이 균형을 이루는 방향으로 나아간다. 개성화는 개인을 사회적 집단 속에서 고립시키는 것이 아니라, 오히려 자신만의 고유한 정체성을 확립함으로써 사회와도 더욱 성숙하게 관계 맺도록 한다(Jung, 1928/1966, p. 173).

2) 주요 단계

개성화 과정은 몇 가지 상징적 단계로 나타난다.

- **페르소나의 탈동일시**: 사회적 가면을 내려놓고, 자기 내면의 진정한 목소리를 발견하는 단계.
- **그림자와의 대면**: 자아가 억압하거나 거부했던 부정적 · 미개발적 측면과 마주하는 과정.
- **아니마/아니무스 통합**: 내적 반대성(남성 안의 여성성, 여성 안의 남성성)을 받아들여 내적 균형을 확립.
- **자기(Self)의 경험**: 만다라, 영웅, 신성한 아이와 같은 원형적 상징을 통해, 삶 전체의 의미와 조화를 발견.

이러한 과정은 단선적이 아니라, 반복적 · 순환적으로 일어나며, 개인이 삶의 위기와 전환기를 겪을 때마다 새로운 깊이를 더한다.

3) 상징과 개성화

개성화는 무의식의 원형적 힘이 상징(symbol)을 통해 의식에 다가올 때 촉진된다. 꿈, 신화, 예술, 종교적 체험은 모두 무의식이 의식과 대화하는 장이며, 내담자는 이를 통해 자기 내면의 변환을 경험한다. 예컨대 꿈에서 만다라가 나타난다면, 이는 자기가 통합의 상징으로 의식에 드러난 사례라 할 수 있다(Jung, 1964/1989, p. 224).

4) 치료적 함의

임상에서 개성화는 단순히 증상을 완화하는 치료 목표를 넘어선다. 치료는 내담자가 자신의 그림자, 아니마/아니무스, 자기 경험을 차례로 통합하도록 돕는 여정이다. 치료사는 해석을 강요하기보다, 상징을 함께 탐색하며 내담자가 자기(Self)와 만나는 과정을 동반한다. 결국 개성화는 심리치료를 "삶의 의미를 찾는 영적 여정"으로 확장한다는 점에서 융 심리학의 독창성을 보여준다.

5) 종합

개성화는 분석심리학의 핵심 개념으로, 인간이 무의식의 원형과 대면하고 이를 의식 속에 통합함으로써 자기(Self)의 중심성을 회복하는 과정이다. 이는 개인의 고립이 아니라, 자기 자신과 세계를 더 깊이 이해하고, 삶의 의미와 전체성을 향해 나아가는 창조적 길이다.

Ⅳ. 모래상자치료와 연금술의 상징적 대화

1. 모래상자치료와 연금술의 원질료

모래상자치료는 내담자가 모래와 피규어를 사용해 자유롭게 장면을 구성하는 과정에서 무의식의 재료가 상징적으로 드러나도록 돕는다. 이러한 무의식적 재료는 연금술에서 말하는 *prima materia*(원질료)와 유사하다. 원질료는 아직 형태를 갖추지 않은 혼돈의 상태이지만, 그 안에는 변환의 잠재력이 내재되어 있다. 마찬가지로, 내담자가 모래상자에 표현하는 장면은 무규정적 혼돈이지만, 그 안에서 심리적 변환이 시작된다.

2. 모래상자치료와 연금술 단계의 평행

연금술의 네 단계는 모래상자치료의 상징적 여정과 구조적으로 평행한다(Edinger, 1995, p. 144).

- **니그레도**(Nigredo, 혼돈과 붕괴)
  초기 세션에서 내담자는 불안, 분노, 슬픔과 같은 감정을 표현한다. 이는 파괴된 도시, 전쟁, 어둠, 죽음의 장면으로 나타난다. 심리적 혼돈이 드러나는 이 단계는 자아가 무너지고 그림자와 직면하는 순간이다.
- **알베도**(Albedo, 정화와 재생)
  점차 물, 강, 빛과 같은 정화의 상징들이 나타난다. 내담자는 심리적 고통 속에서도 새로운 가능성을 찾기 시작한다. 이는 연금술에서 불순물이 제거되고 맑은 상태로 정화되는 과정에 해당한다.
- **시트리니타스**(Citrinitas, 의식의 확장)
  내담자가 황금빛 태양, 길, 나무와 같은 성장의 상징을 배치할 때, 이는 자기(Self)를 향한 새로운 자각과 통찰을 반영한다. 연금술에서 '황화'는 의식의 빛이 넓어지는 단계였다.
- **루베도**(Rubedo, 통합과 완성)
  세션이 무르익으면, 내담자는 조화로운 마을, 가족, 신성한 아이와 같은 통합의 상징을 드러낸다. 이는 무의식과 의식이 합일하며 자기(Self)의 중심성을 경험하는 단계로, 연금술에서의 '적화'와 동일하다(Jung, 1944/1967, p. 311).

3. 모래상자와 도가니

모래상자는 단순히 내담자의 무의식을 표현하는 도구를 넘어, 무의식적 재료가 상징적 형상으로 변환되는 공간이다. 치료사는 이 과정을 해석하려 하지 않고, 상징의 자율적 전개를 존중하며 동행한다. 연금술사가 도가니 속 물질의 변화를 조급히 서두르지 않고 기다린 것처럼, 치료사는 상징이 스스로 변환되도록 인내하며 지켜본다(Kalff, 1980, p. 73).

이러한 태도는 “해석의 치료”가 아니라 “체험의 치료”를 가능하게 한다. 내담자는 상징을 직접 경험하면서 심리적 전환을 체화한다. 상징은 살아 있는 변환의 흐름으로 작동한다.

4. 모래상자치료의 연금술적 사례

한 예를 들어 보자. 내담 아동이 첫 세션에서 모래상자에 “파괴된 성과 괴물”을 배치하였다. 이는 니그레도의 혼돈을 드러내는 상징이었다. 그러나 몇 회기 뒤, 그는 같은 성 옆에 “강과 다리”를 놓고, 성 안에 “왕과 왕비” 피규어를 함께 두었다. 이는 알베도와 시트리니타스의 과정으로, 혼돈 속에서 새로운 질서와 관계의 재구성이 일어나는 모습이었다. 마지막에는 “아이”를 성 중앙에 두었는데, 이는 루베도의 상징, 곧 자기(Self)의 재탄생을 나타내는 것이다.

이처럼 내담자의 상징적 배치는 연금술적 단계와 긴밀히 평행하며, 심리적 변환의 길을 보여준다.

5. 모래상자치료와 연금술적 임상 태도

연금술적 변환 과정은 치료사에게 두 가지 중요한 임상적 태도를 요구한다.

- **기다림과 신뢰**: 상징은 스스로 움직인다. 치료사는 이를 존중하고 조급함을 내려놓아야 한다.
- **동반자로서의 치료사**: 치료사는 변환을 ‘해석’하는 존재가 아니라, 변환이 일어나는 공간을 ‘함께 지키는 증인’이다.

따라서 모래상자치료에서 연금술은 실제 임상에서 상징적 변환을 이해하고 동행하는 철학적 · 실천적 모델이다.

V. 모래상자와 도가니의 상징적 치유

1. 상징의 자율성과 치유력

모래상자치료의 본질은 내담자가 선택한 상징이 스스로 움직이고, 변환을 일으킨다는 데 있다. 상징은 단순한 장식물이 아니라, 무의식적 에너지의 외부적 형상화이다(Jung, 1964, p. 48). 상징이 드러나는 순간, 그것은 이미 내담자의 심리적 전환을 시작한다.

융은 상징을 "말해지지 않는 것을 표현하는 언어"라고 정의했다(Jung, 1966, p. 92). 상징은 의식이 이해하지 못하는 무의식의 깊이를 드러내며, 동시에 의식과 무의식을 연결하는 다리가 된다. 따라서 상징은 눈으로 선택되고 손으로 표현되며 몸으로 체험되면서 그 자체가 치유의 힘을 가진다.

2. 도가니로서의 모래상자

연금술에서 도가니(crucible)는 물질이 정련되는 중심 공간이었다. 납, 은, 수은과 같은 물질은 도가니 안에서 열과 압력을 받으며 새로운 성질을 획득했다. 마찬가지로, 모래상자는 심리적 도가니이다. 내담자의 무의식적 재료가 이 공간 안에서 상징적 장면으로 드러나고, 그 과정에서 정련된다(Kalff, 1980, p. 73).

도가니의 특징은, 그 안에서 일어나는 변화를 연금술사가 조작하지 않고 기다린다는 점이다. 치료사 역시 해석으로 서두르지 않고, 상징이 스스로 변환되는 과정을 인내하며 지켜본다. 이 기다림 속에서 내담자는 상징과 직접 대면하고, 그 변환을 자기 체험으로 받아들인다.

3. 상징적 치유의 사례

예를 들어, 한 청소년 내담자는 초기 세션에서 "혼란스러운 도시와 불타는 숲"을 모래상자에 배치했다. 이는 니그레도의 혼돈을 드러내는 상징이었다. 몇 회기 후 그는 도시 옆에 "강과 다리"를 놓고, 불타는 숲 옆에 "새로운 나무"를 심었다. 이는 알베도의 정화와 시트리니타스의 의식 확장을 보여준다. 마지막에는 "성 안의 아기와 왕·왕비" 피규어를 함께 두었는데, 이는 루베도의 완성과 자기(Self)의 통합을 의미했다.

이 사례에서 중요한 점은, 내담자가 이러한 상징을 말로 설명하지 않았음에도 심리적 변화가 일어났다는 것이다. 상징의 배치 자체가 내담자의 무의식적 전환을 체현했으며, 치료사는 이를 조용히 지켜보았다.

4. 치료사의 태도와 상징적 치유

상징적 치유가 일어나기 위해서는 치료사의 태도가 결정적이다. 치료사는 해석자가 아니라, 상징의 자율성을 지켜보는 증인(witness)이다. 지나친 해석은 상징을 죽이고, 내담자의 체험을 빼앗는다. 반대로, 치료사가 신뢰와 기다림으로 임할 때, 상징은 내담자의 무의식에서 솟아올라 스스로 변환을 만들어낸다(Kalff, 1980, p. 88).

모래상자치료는 언어 중심의 치료와 다르다. 여기서 치유는 상징의 직접적 경험을 통해 일어난다. 이는 연금술사가 물질을 불 속에서 정련하며 그 변화를 신비로 받아들였던 태도와 동일하다.

5. 연금술적 치유의 현대적 의미

모래상자치료에서 연금술은 단순한 은유가 아니다. 그것은 실제 임상 장면에서 상징적 변환을 이해하는 실천적 지도 원리이다. 연금술의 도가니가 물질의 변화를 가능하게 했듯이, 모래상자는 심리적 변화를 가능하게 한다.

이 치유는 분석적 해석보다는 체험적 변환을 강조한다. 내담자는 상징과 만남으로써 말로 설명할 수 없는 깊은 치유를 경험하며, 치료사는 그 과정을 동반한다. 연금술과 모래상자치료는 모두 변환(transformation)이라는 공통된 핵심을 공유한다.

VI. [치료사 성찰] 나의 임상은 어떤 연금술인가?

1. 치료사의 길: 연금술사의 길과 닮은 여정

연금술사는 실험실에서 물질을 다루었지만, 실제로는 자기 자신의 영혼을 정련하고 있었다. 마찬가지로, 모래상자치료사는 내담자의 무의식적 상징을 지켜보지만, 그 과정 속에서 치료사 자신의 내적 세계 또한 시험대에 오른다. 임상은 언제나 일방향적이지 않으며, 내담자의 상징은 치료사의 무의식에도 울림을 남긴다.

치료사는 따라서 단순한 '기술자'가 아니라, 내담자와 더불어 상징적 변환을 겪는 연금술사적 존재이다.

2. 그림자와 마주하는 용기

연금술의 첫 단계인 니그레도는 해체와 어둠의 경험이다. 치료사는 내담자의 니그레도에 동행하는 동시에, 자신의 내적 니그레도를 직면한다. 내담자가 드러내는 혼돈과 절망은, 종종 치료사 자신의 그림자를 흔들어 깨운다.

예컨대, 내담자의 분노는 치료사의 억눌린 분노를 자극할 수 있고, 내담자의 상실은 치료사 자신의 상처를 비춘다. 이때 치료사는 스스로에게 물어야 한다:

나는 내담자의 고통을 어디까지 감당할 수 있는가?
내 안의 그림자를 어떻게 인식하고 있는가?

치료사의 자기 성찰은 단순한 전문성 유지가 아니라, 임상 장면을 지탱하는 존재적 기반이 된다.

3. 상징과 함께 변환되는 치료사

모래상자에서 펼쳐지는 상징은 내담자만을 변환시키지 않는다. 치료사 역시 상징의 흐름 속에서 변환된다. 내담자가 파괴의 장면에서 조화로운 장면으로 나아갈 때, 치료사는 자신도 모르게 희망과 통합의 에너지를 경험한다.

이는 연금술사의 경험과 유사하다. 연금술사는 물질이 변환되는 과정을 지켜보며, 그 변화가 곧 자신의 영혼을 변화시킨다는 것을 깨달았다. 마찬가지로, 치료사는 상징적 치유가 일어나는 과정을 지켜보며, 자신의 내면도 함께 새로워진다.

따라서 치료사의 성찰은, "나는 어떤 기법을 쓰는가?"를 넘어, "나는 어떤 존재로 이 자리에 서 있는가?"라는 질문으로 이어져야 한다. 이는 윤리적 차원을 넘어 존재론적 차원의 물음이다.

4. 성찰 질문

나는 내담자의 상징 앞에서 침묵할 수 있는가?

나는 내담자의 니그레도를 함께 견디며 기다릴 수 있는가?

나는 상징이 나를 변화시키도록 허용하는가?

나의 임상은 어떤 연금술적 과정으로 나를 빚어가고 있는가?

이 질문들은 치료사가 자신의 임상을 단순한 기술적 활동이 아니라, 영적·존재적 연금술로 살아내도록 돕는다.

5. 결론: 임상은 살아 있는 연금술이다

궁극적으로 치료사의 임상은 연금술적이다. 모래상자는 도가니이고, 내담자의 상징은 원질료이며, 치료사는 연금술사이다. 그러나 이 연금술은 내담자만의 것이 아니다. 치료사 역시 그 속에서 정련된다.

따라서 치료사는 자신의 임상을 이렇게 되묻는다:

"나의 임상은 어떤 연금술인가?"

이 물음에 대한 답은 고정된 정의가 아니라, 매 세션마다 새롭게 살아나는 상징적 체험 속에서 발견된다.

제1장 요약 — 모래상자치료의 연금술

이 장은 연금술과 분석심리학, 그리고 모래상자치료가 어떻게 만나는지를 다루며, 상징적 치유와 치료사의 성찰을 강조한다.

1. 연금술의 역사와 심리학적 전환

연금술은 단순히 납을 금으로 바꾸는 시도가 아니라, 인간 영혼의 변환을 탐구한 상징적 전통이었다. 니그레도(혼돈), 알베도(정화), 시트리니타스(의식 확장), 루베도(통합)라는 네 단계는 영적·심리적 변환 과정을 나타낸다. 융은 이를 무의식의 투사된 드라마로 재해석했고, 모래상자는 이러한 연금술적 과정이 현대 심리치료에서 되살아나는 공간이 된다.

2. 융의 분석심리학과 연금술의 만남

융은 연금술 도상 속에서 무의식의 언어와 개성화 과정을 발견했다. 연금술의 원질료(materia prima)와 변환의 단계는 무의식의 상징적 전개와 평행한다.

3. 모래상자치료와 연금술적 변환 과정

모래상자치료는 연금술의 단계와 평행한 심리적 여정을 담고 있다. 내담자는 니그레도의 혼돈에서 시작해, 알베도의 정화, 시트리니타스의 확장, 루베도의 통합으로 나아간다. 상징은 선택, 표현 그리고 체험으로 작동하며, 치료사는 연금술사처럼 기다림과 증인의 태도로 임한다.

4. 모래상자와 도가니의 상징적 치유

모래상자는 심리적 도가니이다. 내담자의 무의식적 재료가 상징으로 드러나고, 그 속에서 치유적 변환이 일어난다. 상징은 이해되기 전에 체험되며, 치유는 해석이 아니라 상징적 경험을 통해 이루어진다. 치료사는 이 자율적 전환을 지켜보는 증인으로서 존재한다.

5. [치료사 성찰] 나의 임상은 어떤 연금술인가?

임상은 내담자만의 변환이 아니라, 치료사 자신의 연금술이기도 하다. 내담자의 상징은 치료사의 무의식을 흔들며, 치료사 역시 변화의 길 위에 선다. 치료사는 "나는 어떤 존재로 이 자리에 서 있는가?"라는 질문을 스스로에게 던져야 한다. 임상은 기술이 아니라 존재의 연금술이다.

핵심 메시지

연금술은 인간 영혼의 변환을 상징적으로 드러낸 전통이며,
융은 이를 분석심리학과 개성화 이론 속에 재발견했다.
모래상자치료는 연금술적 변환이 현대 임상에서 되살아나는 장이다.
치유는 상징의 자율적 체험 속에서 일어나며, 치료사는 증인으로서 동반한다.
치료사 역시 임상 속에서 자신의 내적 연금술을 살아가야 한다.

제2장

모래상자치료실의 상징성: 성소와 성배

Ⅰ. 성소와 성배의 상징성

인류 역사에서 성소(sanctuary)는 언제나 구별된 공간으로 이해되었다. 고대 성전, 수도원의 경당, 선방 등은 모두 인간이 신과 만나는 장소였다 (Eliade, 1959/1998, p. 25). 모래상자치료실도 내담자에게는 일상의 억압과 판단에서 벗어나 자기 영혼을 드러낼 수 있는 성소가 된다. 고대인은 신과 인간이 만나는 장소를 성전이라 불렀고, 중세 수도사는 기도의 방을 성소라 여겼으며, 현대인은 조용한 한 모퉁이에서 잠시 숨 고르며 영혼의 안식을 구한다. 이처럼 성소(sanctuary)는 단순한 장소가 아니라, 인간이 자신의 내면과 신적 차원을 동시에 경험하는 상징적 공간이다.

모래상자치료실은 이러한 성소의 현대적 변환이라 할 수 있다. 상담실의 네 벽은 단순한 구조물이 아니라 내담자의 영혼을 보호하는 울타리이며, 그 안은 삶의 무게와 고통을 내려놓을 수 있는 성소로 전환된다. 내담자는 이곳에서 일상의 언어가 닿지 못하는 깊은 차원과 만난다. 상담실은 성소, 모래상자는 성배라는 명명은 단순한 은유가 아니라 임상 경험에서 체득된 실재적 상징이다.

1. 성소의 상징성 — 보호와 구별의 자리

성소는 무엇보다도 구별된 공간이다. 일상과 단절된 자리에 들어서는 순간, 인간은 다른 차원과 접촉할 준비를 한다. 고대 유대인의 성전, 기독교 수도원의 경당, 불교의 선방이 그러했다. 마찬가지로 내담자가 상담실 문을 열고 들어오는 순간, 그는 세상에서 받은 평가와 압박에서 잠시 벗어나 '있는 그대로의 자신'으로 서게 된다. 이 보호의 감각은 치유의 전제이며, 성소의 본질이다.

2. 성배의 상징성 — 담아내는 그릇

성배는 단순한 그릇이 아니다. 전설 속 성배는 생명수와 구원의 피를 담는 신비의 그릇이다. 융은 성배를 자기(Self)의 상징으로 해석하며, 인간이 전체성으로 나아가는 그릇으로 보았다. 모래상자 역시 내담자의 심연을 담아내는 성배다. 내담자가 모래 위에 놓는 작은 사물들은 단순한 장난감이 아니라, 영혼이 자기 자신을 표현하는 방식이다.

성배가 없이는 성소가 완성될 수 없듯, 모래상자치료실에서 모래상자가 없는 상담실은 상징적 언어가 구체화되지 못한다. 성소는 보호하고, 성배는 담아낸다. 이 두 상징이 만나는 자리에서, 인간 영혼의 치유와 변환이 시작된다.

3. 성소와 성배의 만남 — 모래상자치료의 심층

모래상자는 성소 안에서 기능하는 성배이다. 성배는 단순한 그릇이 아니라, 인간의 고통과 희망을 동시에 담아내는 신비의 상징이다(Sansonetti, 1991, p. 57). 성소가 보호한다면, 성배는 담는다. 모래상자치료실이 성소이고, 모래상자가 성배일 때, 치유의 연금술적 과정이 시작된다.

내담자는 단순히 문제 해결을 넘어 영혼의 변환을 경험한다. 그곳에서 눈물은 기도로 바뀌고, 고통은 상징으로 변환되며, 상징은 다시 치유의 언어로 승화된다. 이때 치료사는 단순한 전문가가 아니라, 성소의 문을 지키는 안내자이자, 성배의 신비를 지켜보는 증인이 된다. 모래상자치료는 연금술의 관점에서 볼 때 인간 영혼이 구원을 경험하는 의례적 장(場)이라 할 수 있다.

II. 성배의 전통과 심리학적 해석

성배(Sanctus Graal)는 인류의 집단적 상상 속에서 가장 신비롭고 매혹적인 상징 중 하나다. 중세 기사들이 목숨을 걸고 찾아 나선 그릇, 수도사와 신비가들이 신성한 비밀로 전해온 그릇, 그리고 현대 심리학자들이 인간 영혼의 무의식적 중심을 해석할 때 떠올린 그 상징이 바로 성배이다. 성배는 단순한 유물이 아니라, 인간이 영적 충만과 구원을 갈망할 때마다 되살아나는 보편적 원형(Archetypal)이다.

1. 중세 전설 속 성배: 구원의 그릇

성배 전설의 기원은 복합적이다. 켈트 신화에서 생명의 가마솥으로 전해지던 상징이 기독교 전통 속에 흡수되어, 최후의 만찬에서 그리스도의 피를 담은 그릇으로 재해석되었다(Eliade, 1959/1998, p. 142). 중세 기사들은 성배를 찾아 떠나는 여정을 통해 자기 정체성을 확인하고, 인간의 한계를 넘어서는 구원을 갈망했다(Barclay, 1976, p. 201)..

성배는 단순한 물건이 아니었다. 그것은 하나님의 은총을 담는 그릇, 곧 인간 영혼이 신과 직접 연결되는 통로였다. 따라서 성배 탐구는 곧 인간 내면의 구원에 대한 갈망을 외화한 집단적 상징이었다.

2. 연금술과 성배: 변환의 도가니

연금술 전통에서 성배는 변환의 그릇으로 이해되었다. 연금술사가 납을 금으로 바꾸는 과정은 단순한 화학적 시도가 아니라, 영혼이 자기(Self)로 정련되는 상징적 과정이었다. 이때 성배는 불순물이 소멸되고 새로운 형태가 탄생하는 도구이자 공간이었다.

연금술 문헌에는 종종 'philosophical vessel(철학자의 그릇)'이라는 표현이 등장한다. 이는 단순한 도가니가 아니라, 영혼의 변환이 이루어지는 신비의 공간을 가리킨다(Edinger, 1995/2005, p. 112). 모래상자치료에서 모래상자는 바로 이 연금술적 그릇, 곧 성배의 현대적 표현이라 할 수 있다. 내담자가 모래상자에 올려놓는 상징물은 불순물처럼 드러난 고통일 수도, 아직 태어나지 않은 황금 같은 잠재력일 수도 있다.

3. 융의 해석: 성배와 자기(Self)

융은 성배를 단순한 전설로 보지 않았다. 그는 성배를 자기(Self)의 상징으로 해석했다(Jung, 1944/1980, p. 230). 성배는 인간이 자기 전체성과 만나는 그릇이며, 무의식과 의식이 결합되는 신비의 자리다.

융에게 있어 성배 탐구는 곧 개성화(individuation) 여정의 은유였다. 기사들이 목숨을 걸고 성배를 찾듯, 인간은 자기 안의 무의식적 중심을 향해 평생을 여행한다. 그리고 그 여정은 언제나 고통과 시련을 동반한다. 하지만 성배를 발견하는 순간, 인간은 자아의 한계를 넘어 자기(Self)와 하나 되는 충만을 경험한다.

4. 성배와 모래상자: 임상적 연결

모래상자는 내담자가 자기 안의 무의식적 중심과 만나는 성배다.

- 어린아이는 모래상자 속에 작은 집을 지으며 안전한 내적 공간을 상징화한다. 그 집은 곧 성배의 상징이 된다.
- 상실을 겪은 성인은 모래 위에 무덤을 만들고, 그 위에 꽃을 심는다. 이는 죽음과 부활을 동시에 담아내는 성배의 상징이다.
- 불안을 겪는 청년은 강과 배를 만들며 건너감을 표현한다. 모래상

자는 두려움을 담아내고, 동시에 그것을 넘어설 가능성을 열어주는 성배가 된다.

이처럼 성배는 모래상자 안에서 단순한 은유가 아니라 구체적인 상징적 행위로 드러난다.

5. 성서적 성배: 보배를 담은 질그릇

성서에서도 성배와 유사한 상징이 반복된다.

- "우리가 이 보배를 질그릇에 가졌으니"(고후 4:7). 평범한 질그릇 속에 하나님의 영광이 담기듯, 모래상자는 평범한 상자 같지만 그 안에 영혼의 보배가 놓인다.
- "나의 잔이 넘치나이다"(시 23:5). 성배는 충만과 은총의 상징이다. 내담자가 모래상자에서 경험하는 것은 고통의 해소를 넘어 영혼의 충만이다.
- "이 잔은 내 피로 세운 새 언약"(눅 22:20). 성배는 언약의 자리, 곧 하나님과 인간의 만남의 그릇이다. 모래상자는 오늘날의 내담자들에게 그러한 만남을 가능케 한다.

6. 성배의 심리학적 의미

성배는 담음과 동시에 변환을 상징한다.

- 담는 그릇: 내담자의 고통과 상처를 그대로 받아들인다.
- 변환의 자리: 그 고통을 새로운 의미와 희망으로 변환시킨다.

심리학적으로 볼 때, 성배는 자기(Self)의 그릇이다. 인간은 자기의 충만을 담아낼 그릇이 없을 때 방황한다. 그러나 성배를 찾는 순간, 영혼은 통합과 평화를 경험한다. 모래상자는 내담자에게 그 성배를 손에 쥐게 하는 체험을 제공한다.

7. 임상 사례와 성배 체험

- **사례 A**: 한 청소년은 모래상자 속에 폐허가 된 도시와 그 중심에 작은 성배 모양의 컵을 놓았다. 그는 "이것만은 깨지지 않았다"고 말했다. 상담 과정에서 이 컵은 그가 지켜야 할 자기의 핵심 가치로 자리 잡았다.
- **사례 B**: 한 어머니는 모래 위에 큰 접시를 두고 그 안에 작은 돌들을 모았다. 그녀는 "내 아이들의 눈물"이라 말했다. 그러나 시간이 지나 그녀는 그 돌 위에 작은 싹을 심었다. 돌(눈물)은 성배에 담겨 새로운 생명으로 변했다.

8. 결론: 성배와 모래상자의 길

성배는 더 이상 중세의 전설 속에서만 존재하지 않는다. 그것은 오늘, 우리 상담실 안에서, 모래상자 위에서 여전히 살아 있는 상징이다. 성배는 내담자의 고통을 담아내고, 그 고통을 빛으로 변환시킨다.

따라서 우리는 말할 수 있다.

- 모래상자는 곧 성배이다.
- 그것은 단순한 치료 도구가 아니라, 영혼의 충만과 구원을 담는 거룩한 그릇이다.
- 모래상자치료는 성배를 찾는 기사도의 여정처럼, 인간이 자기(Self)와 하나님을 향해 나아가는 구원의 여정이다.

Ⅲ. 모래상자의 상징적 변환

모래상자는 단순히 모래를 담아놓은 상자가 아니다. 그것은 인간 영혼이 자신의 내면 세계를 외부로 표현할 수 있도록 돕는 상징적 변환의 그릇이다(Jung, 1964/1990, p. 48). 내담자가 그 속에 놓는 사물과 형상은 무의식이 드러나는 언어이며, 영혼의 깊은 차원을 의식으로 옮겨오는 다리이다.

1. 모래상자의 이중적 성격: 현실성과 상징성

모래상자는 구체적 현실을 담아내면서도 동시에 상징의 세계를 열어준다.

- **현실적 차원**: 모래상자는 원하는 것을 행할 수 있다. 모래를 만지고 피규어를 가져다 꾸미기도 한다. 내담자는 감각을 통해 직접 경험하며 안전감을 느낀다.
- **상징적 차원**: 그 위에 펼쳐지는 장면은 현실을 넘어, 무의식의 깊은 이야기를 드러낸다.

이 두 차원이 동시에 작동하기 때문에, 모래상자는 변환의 그릇으로 기능한다. 현실과 상징, 물질과 정신이 한 자리에서 만나기 때문이다.

2. 연금술적 도가니로서의 모래상자

연금술사는 금속을 도가니에 넣고 불로 정련하며, 불순물을 제거해 새로운 형태를 얻으려 했다. 모래상자는 현대의 심리학적 도가니라 할 수 있다.

- 내담자가 모래상자에 고통의 상징을 놓을 때, 그것은 불순물처럼 드러난다.
- 그러나 치료사의 지지와 성소의 보호 속에서, 그 고통은 상징적 행위를 통해 정화와 변환을 경험한다.
- 연금술의 도가니에서 납이 금으로 바뀌듯, 모래상자에서 내담자의 절망은 새로운 의미와 희망으로 바뀐다(Edinger, 1995/2005, p. 118)..

3. 상징적 변환의 단계

모래상자 안에서의 작업은 연금술의 4단계와 유사하다.

- **니그레도**(흑화): 내담자는 고통과 혼돈을 상징으로 드러낸다. 어두운 색깔, 무너진 건축물, 죽은 나무가 종종 등장한다.
- **알베도**(백화): 상징 속에서 정화의 움직임이 시작된다. 물, 강, 눈, 밝은 빛이 등장하며 새로운 질서가 형성된다.
- **시트리니타스**(황화): 내담자는 삶에 대한 새로운 의미를 발견한다. 태양, 빛나는 동물, 보석 같은 상징이 등장한다.
- **루베도**(적화): 최종적으로 내담자는 통합을 경험한다. 결혼식 장면, 부활, 아이의 탄생 같은 상징이 표현된다.

모래상자는 이 과정을 담아내는 상징적 그릇이다.

4. 성서적 관점에서 본 모래상자

성경 속 그릇과 잔의 상징은 모래상자를 해석하는 데 빛을 준다.

- "너희가 하나님의 성전인 것과 하나님의 성령이 너희 안에 거하시는 것을 알지 못하느냐"(고전 3:16). 모래상자치료실은 성소이며, 모

래상자는 성령이 거하시는 성배이다.

- "나의 잔이 넘치나이다"(시 23:5). 모래상자는 내담자의 고통을 담되, 결국 충만으로 이끈다.
- "이 잔은 내 피로 세운 새 언약"(눅 22:20). 모래상자는 인간과 신의 만남, 자기(Self)와 자아의 통합을 가능케 하는 언약의 잔이다.

5. 심리학적 의의

심리학적으로 모래상자는 투사와 전환의 장이다. 내담자는 자신의 무의식적 내용을 모래 위에 투사하고, 그 과정을 통해 자기 내면을 새로운 시각에서 바라본다. 이때 상징은 단순한 표현이 아니라 자기(Self)와 만나는 매개체가 된다.

모래상자는 또한 경계 공간(liminal space)으로 기능한다(Turner, 1969/2008, p. 97). 현실과 상상, 의식과 무의식, 자아와 자기(Self)가 만나는 중간지대에서 영혼은 변환을 경험한다.

6. 철학적 조명

철학적으로 모래상자는 그릇으로서의 존재론을 드러낸다. 아리스토텔레스가 말한 '형상과 질료'의 개념에서 보자면, 모래상자는 질료를 담는 그릇이자, 형상이 드러나는 장이다. 플라톤적 전통에서는 모래상자가 이데아가 잠시 구체적 형태로 드러나는 무대라 할 수 있다.

이런 맥락에서, 모래상자는 단순한 심리 도구가 아니라, 인간 영혼이 자기 자신을 형상화하고 구원으로 나아가는 존재론적 공간이다.

7. 결론: 모래상자는 변환의 성배

모래상자는 고통을 담아내고, 그 고통을 새로운 의미로 변환한다. 그것은 단순히 치료 장면을 넘어, 인간 영혼이 연금술적 변환과 영적 구원을 경험하는 성배다.

따라서 우리는 말할 수 있다.

- 모래상자는 단순한 상자가 아니다.
- 그것은 인간 영혼의 고통과 희망을 담아내고, 변환하는 살아 있는 성배다.
- 모래상자치료는 이 성배 안에서 이루어지는 치유와 구원의 신비한 여정이다.
- 결론적으로, 모래상자는 상징적 변환의 성배이다.

Ⅳ. 성배로서의 모래상자

모래상자는 임상 현장에서 언제나 성배로 드러난다. 내담자가 자신의 상처와 희망을 동시에 담아내는 그릇이자, 새로운 생명을 길러내는 자리이기 때문이다. 성배가 전설 속에서 기사들을 정화하고 구원으로 이끌었듯, 모래상자는 내담자들의 고통을 정화하며 그들을 자기(Self)의 길로 초대한다.

1. 아동 사례: 상실을 담은 잔

한 아동은 아버지를 잃은 후 깊은 슬픔 속에서 상담에 왔다. 그는 모래상자 속에 작은 인형을 묻고 그 위에 돌을 덮었다. 처음에는 침묵 속에서 무덤을 바라보기만 했다. 그러나 시간이 흐르며 그는 무덤 옆에 꽃을 심고, 작은 새를 놓았다.

- **상징 해석**: 무덤은 상실, 꽃은 부활과 기억, 새는 자유로운 영혼을 상징한다.
- **성배적 의미**: 모래상자는 아이의 눈물과 상실을 담아내는 잔이 되었고, 동시에 희망과 생명을 길러내는 성배로 기능했다.

2. 청소년 사례: 정체성의 여정

한 청소년은 "나는 어디에도 속하지 못한다"고 말했다. 그는 모래상자에 절벽과 바다를 만들고, 그 경계에 홀로 서 있는 소년 피규어를 두었다. 몇 주 뒤 그는 그 절벽 위에 다리를 놓고, 다리 끝에 마을을 세웠다.

- **상징 해석**: 절벽은 고립과 불안, 다리는 연결과 가능성, 마을은 소속과 통합을 의미한다.
- **성배적 의미**: 모래상자는 그가 외로움과 단절을 성배 안에 부어 넣고, 점차 연결과 소속의 가능성을 길러내도록 했다.

3. 성인 사례: 트라우마의 변환

어린 시절 학대 경험이 있는 한 여성은 처음에 모래상자 속에 폭력적인 장면을 재현했다. 군인 피규어들이 마을을 짓밟고, 아이 인형은 모서리에 숨어 있었다. 그러나 시간이 지나면서 그녀는 아이 옆에 보호하는 인물을 두고, 마을 중심에 성을 세웠다.

- **상징 해석**: 군인은 과거의 폭력, 보호자는 자기 안의 새로운 자아상, 성은 내적 안전의 상징이다.
- **성배적 의미**: 모래상자는 그녀의 고통스러운 기억을 성배 안에 담아 정화하고, 새로운 내적 힘으로 변환하는 그릇이 되었다.

4. 부부 사례: 관계의 재구성

부부 상담에서 두 사람은 각기 다른 모래상자를 만들었다. 아내는 모래상자에 거대한 벽을 세우고 그 뒤에 숨어 있는 여성을 배치했다. 남편은 강 건너편에 홀로 있는 남자를 세웠다. 몇 차례의 작업 끝에 두 사람은 모래상자 중앙에 다리를 놓고, 그 위에서 남자와 여자가 만나는 장면을 만들었다.

- **상징 해석**: 벽과 강은 단절, 다리는 화해와 소통, 만남은 관계 회복을 의미한다(Weinrib, 2004, p. 172)..
- **성배적 의미**: 두 사람의 모래상자는 관계적 고통과 단절을 담아내고, 화해와 새로운 연합을 가능케 하는 성배가 되었다.

5. 노년 사례: 삶의 통합

은퇴 후 삶의 의미를 잃은 한 노인은 모래상자 속에 황혼의 태양을 놓고, 그 앞에 나무를 심었다. 그는 "내 인생이 저물고 있다"고 말했다. 그러나 나무에 새들이 모여드는 장면을 추가하며, "그래도 여전히 내 안에는 생명이 있군요"라고 했다.

- **상징 해석**: 태양은 종결, 나무는 지속과 성장, 새는 새로운 가능성을 나타낸다.
- **성배적 의미**: 모래상자는 그의 삶의 끝을 담아내는 성배였지만, 동시에 여전히 남아 있는 생명의 의미를 길러내는 성배가 되었다.

6. 영적 탐구자 사례: 신과의 만남

한 종교적 배경을 가진 내담자는 모래상자 속에 십자가와 빈 잔을 놓았다. 그는 "내 잔이 비어 있습니다"라고 말했다. 이후 세션에서 그는 잔에 물을 채우고, 그 옆에 아이를 놓았다.

- **상징 해석**: 빈 잔은 결핍과 갈망, 물은 성령과 은총, 아이는 새로운 탄생을 의미한다.
- **성배적 의미**: 모래상자는 내담자의 영적 갈망을 담아내고, 그것을 은총과 새 생명으로 변환하는 성배였다.

7. 성배로서 모래상자의 공통적 기능

이 다양한 사례들을 통해 드러나는 모래상자의 성배적 기능은 다음과 같다.

- **담음**: 내담자의 고통, 상실, 불안을 그대로 담아낸다.
- **정화**: 상징적 표현을 통해 억눌린 감정을 해방시킨다.
- **변환**: 고통을 새로운 의미와 희망으로 전환한다.
- **통합**: 삶의 단편적 경험을 하나로 묶어 전체성으로 이끈다.

8. 결론: 임상 속 성배의 재현

임상 현장에서 모래상자는 단순히 그림을 재현하는 도구가 아니다. 그것은 내담자가 자기 영혼의 가장 깊은 상처와 희망을 동시에 담아내는 성배이다. 그리고 치료사는 그 곁에서, 성배가 내담자의 고통을 정화하고 새로운 생명으로 변환시키는 성스러운 과정을 지켜보는 동반자가 된다.

모래상자는 임상 현장에서 살아 있는 성배이며, 인간 영혼을 치유와 구원으로 이끄는 상징적 그릇이다.

V. 모래상자의 성서적 조명

모래상자를 성배로 이해하는 관점은 단순히 심리학적 해석에 머물지 않는다. 성경의 여러 구절과 상징들은 모래상자의 의미를 깊이 조명해준다. 동시에 연금술의 고전인 Rosarium Philosophorum(현자의 장미원)의 도상들은 성배적 변환 과정을 시각적으로 드러낸다. 성서와 로사리움은 서로 다른 전통이지만, 인간 영혼의 구원과 전체성이라는 동일한 목표를 향하고 있다.

1. 성배와 성서: 은총의 잔

성서에는 잔과 그릇의 상징이 자주 등장한다.

- "나의 잔이 넘치나이다"(시 23:5) → 성배는 충만과 은총의 상징.
- "이 잔은 내 피로 세운 새 언약"(눅 22:20) → 성배는 하나님과 인간을 잇는 언약의 상징.
- "우리가 이 보배를 질그릇에 가졌으니"(고후 4:7) → 평범한 그릇 안에 신적 보배가 담긴다는 역설.

모래상자는 이러한 성서적 성배의 이미지와 연결된다. 평범한 나무 상자 속 모래는 질그릇 같지만, 그 안에 내담자의 고통과 희망, 그리고 구원의 보배가 담긴다(Barclay, 1976, p. 203). 모래상자는 곧 은총의 잔이다.

2. Rosarium 제19도 — 삼위일체의 즉위식

Alchemistische Quaternität: die Drei und die Eine
(= Körper und Weiblichkeit).
Rosarium philosophorum (1550)

제19도는 태양 · 달 · 별을 배경으로 왕, 왕비, 그리고 성령의 비둘기가 함께 즉위하는 장면이다. 이는 삼위일체의 완성을 상징하며, 연금술의 최종 결합을 드러낸다.

- **성서적 대응**: "아버지와 아들과 성령의 이름으로"(마 28:19). 삼위일체는 분리된 세 차원이 하나로 통합되는 신비.
- **모래상자적 해석**: 내담자가 모래상자 속에서 상처 · 의식 · 무의식을 통합할 때, 그는 삼위일체적 전체성을 경험한다.
- **성배적 의미**: 제19도의 왕좌는 성배와 같다. 성배 안에서 세 힘이 통합되듯, 모래상자 속에서 다양한 심리적 요소가 하나로 모인다.

3. Rosarium 제20도 — 부활

제20도는 무덤에서 일어난 존재가 왕좌에 앉아 있는 부활의 장면을 보여준다. 이는 연금술의 루베도(Rubedo) 단계, 곧 최종적인 통합과 새 생명의 탄생을 상징한다.

- **성서적 대응**: "그가 살아나셨느니라"(마 28:6). 예수의 부활은 절망을 넘어선 새로운 생명의 시작.
- **모래상자적 해석**: 내담자가 고통과 죽음을 상징으로 담아낸 후, 새로운 의미와 삶의 통합을 경험하는 순간은 곧 부활의 체험이다(Edinger, 1995/2005, p. 241)..
- **성배적 의미**: 성배는 죽음의 피를 담았지만, 동시에 새 생명의 음료를 제공한다. 모래상자는 내담자가 절망을 담아낸 뒤, 부활과 자기(Self)의 충만을 경험하는 성배가 된다.

4. 성소와 성배의 이중 구조: 성전과 잔

성서에서 성전은 하나님과 인간이 만나는 성소였고, 잔은 그 만남의 은총을 담는 성배였다. 로사리움의 도상 또한 이 이중 구조를 반영한다.

- **성소**(Temple): 제19도의 왕좌는 성소와 같다. 삼위일체가 그곳에서 통합을 이룬다.
- **성배**(Cup): 제20도의 부활은 성배가 고통을 은총으로 변환시킨 결과다.

모래상자치료실이 성소로, 모래상자가 성배로 기능할 때, 내담자는 성서와 로사리움이 함께 증언하는 구원의 드라마를 자기 삶에서 재현한다(Jung, 1951/1959, p. 437).

5. 결론: 모래상자는 살아 있는 성배

성서와 로사리움 도상은 서로 다른 언어로 동일한 진리를 말한다.

- 성서는 "잔"과 "성전"의 언어로,
- 로사리움은 "왕좌"와 "부활"의 이미지로,
- 모래상자는 "상징의 장"으로,

모두 인간 영혼이 고통을 담아내고, 은총으로 변환되며, 최종적으로 구원과 전체성에 이른다는 사실을 증언한다.

따라서 우리는 말할 수 있다.

"모래상자는 성배이며, 모래상자치료실은 성소다. 그 안에서 이루어지는 모든 작업은 곧 부활과 구원의 연극이다."

Ⅵ. 모래상자와 성배의 여정

모래상자는 단순한 심리치료 도구가 아니다. 그것은 인간 영혼이 자신의 상처와 희망을 담아내는 성배이며, 모래상자치료실은 그 성배를 지켜내는 성소다.

성배는 고통을 외면하지 않는다. 오히려 그 안에 담아내어 정화하고, 새로운 의미로 변환시킨다. 내담자가 모래 위에 무덤을 만들고, 강을 건너며, 성을 세우는 모든 과정은 단순한 상징적 표현이 아니라, 영혼이 스스로를 치유하는 연금술적 작업이다.

성서는 "나의 잔이 넘치나이다"(시 23:5)라고 노래했고, 로사리움의 제20도는 부활의 장면을 보여주었다. 이 두 전통은 다른 언어로 같은 진리를 말한다. 죽음과 고통을 담아낸 잔이 곧 부활과 은총을 낳는다. 모래상자는 그 살아 있는 잔이다.

임상 현장에서 아동, 청소년, 성인, 노인, 부부, 영적 탐구자 모두가 모래상자 안에서 자기만의 성배를 경험했다. 그들은 고통을 담아내며 동시에 변환을 경험했고, 상징 속에서 새로운 삶의 가능성을 찾았다.

따라서 우리는 확신할 수 있다.

- 모래상자는 성배이다. 고통과 희망, 상실과 부활, 혼돈과 통합을 담는 신비의 그릇이다.
- 모래상자치료실은 성소이다. 영혼이 안전하게 머물며 자기(Self)와 하나님을 만나는 자리다.
- 모래상자치료는 구원의 여정이다. 연금술의 네 단계와 성서의 구원 사건, 로사리움의 도상이 오늘 여기서 되살아나는 여정이다.

결론적으로, 모래상자치료에서 우리는 단순한 심리치유를 넘어선다. 그것은 곧 영혼의 구원과 전체성으로 이끄는 성배의 길이다. 그리고 그 길은 누구나 자신의 삶 속 작은 성소와 성배를 마련할 때 열리게 된다.

VII. [치료사 성찰] 나는 치료실의 모래상자를 어떤 성배로 경험하고 있는가?

- 나는 내담자의 상징을 담아내는 그릇으로서 모래상자를 어떻게 지키고 있는가?
- 모래상자가 성소처럼 작동하는 순간, 나는 어떤 태도로 그 신성한 공간을 동행하는가?
- 치료실의 모래상자는 단순한 도구인가, 아니면 내담자의 영혼이 담길 수 있는 성배인가?

모래상자는 단순한 놀이 공간이 아니라, 내담자의 상징과 영혼을 담아내는 성배가 될 수 있다. 치료사는 이 성배가 비어 있을 때조차 충만한 가능성을 품고 있음을 신뢰해야 한다. 내담자가 상징을 모래 위에 놓을 때, 그것은 단순한 배치가 아니라 삶의 고통과 희망이 담기는 성소적 행위이다. 나는 과연 내 치료실 안에서 모래상자를 단순한 도구가 아닌, 신성한 그릇으로 경험하고 있는가? 이 질문은 치료사로 하여금 '공간을 지키는 자'로서의 자신의 역할을 다시 확인하게 한다.

제2장 요약 — 모래상자치료실의 상징성

1. 핵심 주제

모래상자치료실은 성소, 모래상자는 성배로 이해된다. 성소는 영혼을 보호하는 울타리이고, 성배는 인간의 고통과 희망을 담아내어 새로운 의미로 변환시키는 그릇이다.

2. 전통과 심리학적 의의

- 중세 전설: 성배는 은총과 구원의 상징이었다.
- 융의 해석: 성배는 자기(Self)의 상징이며, 개성화의 여정에서 나타나는 보편적 원형이다.
- 연금술적 관점: 모래상자는 현대적 성배로, 혼돈과 상실을 정화하고 변환하는 도가니로 기능한다.

3. 임상적 의미

아동은 무덤 위에 꽃을 심으며 상실을 부활로 전환했다.
청소년은 절벽과 다리를 통해 고립에서 소속으로 나아갔다.
성인은 폭력의 장면을 보호와 안전의 상징으로 변환했다.
노인은 황혼 속에서도 생명을 발견하며 삶의 통합을 경험했다.
부부는 벽과 강을 다리와 만남으로 바꾸며 관계를 회복했다.
영적 탐구자는 빈 잔을 은총으로 채우며 새로운 탄생을 경험했다.

4. 성서적 · 연금술적 조명

성서: "나의 잔이 넘치나이다"(시 23:5), "우리가 이 보배를 질그릇에 가졌으니"(고후 4:7).

현자의 장미원 Rosarium Philosophorum:

- 제19도(삼위일체의 즉위식) → 전체성의 통합.
- 제20도(부활) → 죽음을 넘어서는 새 생명.

성서와 연금술은 모두 모래상자를 구원의 성배로 증언한다.

5. 결론

모래상자는 내담자의 고통과 상처를 담아내고, 그것을 새로운 의미와 희망으로 변환하는 살아 있는 성배다. 모래상자치료실은 영혼의 성소로서, 인간이 자기(Self)와 하나님을 만나는 신비의 장이다.

핵심 메시지

"모래상자는 성배이며, 그 안에서 영혼은 상실을 부활로, 고통을 은총으로 변환한다. 모래상자치료실은 성소로서, 인간 영혼이 전체성과 구원에 이르는 길을 연다."

제3장

모래상자치료의 상징: 자연의 언어와 원소의 비밀

Ⅰ. 모래의 자연적 의미와 흙·우주의 근원

1. 모래의 상징성과 보편성

모래는 인류의 문화와 상징 속에서 근원적 물질로 자리해 왔다. 흙에서 유래한 모래는 해체와 분해의 결과물이면서도, 동시에 새로운 생명의 토양을 제공한다. 신화와 종교에서 흙과 모래는 인간의 창조, 죽음, 재생을 상징하는 매개물이었다. "너는 흙이니 흙으로 돌아갈 것이다"(창세기 3:19)는 구절은, 흙과 모래가 인간의 근원과 귀환의 상징임을 잘 보여준다.

심리학적으로도 모래는 원초적이고 원형적인 재료이다. 그것은 무수히 작은 알갱이로 이루어져 있으나, 집합되어 새로운 형상을 이룰 수 있다. 이 구조는 무의식의 심리적 원질료와 닮아 있다. 즉, 모래는 분해와 생성, 혼돈과 질서의 상징적 매개체이다(Eliade, 1962, p. 45).

2. 자연 속에서의 모래: 흐름과 시간의 상징

모래는 강과 바다, 바람과 시간의 흐름을 통해 끊임없이 이동한다. 해안의 모래사장은 끊임없이 파도에 씻기며 형태를 바꾸고, 사막의 모래언덕은 바람에 따라 끝없이 이동한다. 따라서 모래는 무상(無常)과 변화의 상징이다.

동시에 모래는 시간을 나타내는 도구로도 사용되어 왔다. 모래시계는 인간이 시간을 가시적으로 체험하는 장치였으며, 이는 모래가 '흐름'과 '순환'을 나타내는 자연의 언어임을 보여준다. 모래시계 속 알갱이 하나하나는 순간의 덧없음을, 전체 흐름은 영속하는 시간을 상징한다(Levi, 1989, p. 78).

3. 모래와 인간의 몸 · 영혼의 연결

철학적으로 흙과 모래는 인간의 육체와 직결된다. 인간은 흙에서 왔으며, 결국 흙으로 돌아간다. 이는 단순히 물질적 차원을 넘어, 인간 영혼이 자연의 순환 속에 포함된다는 것을 의미한다.

심리치료에서 모래가 가진 촉각적 · 감각적 성질은 무의식과 직접 연결된다. 내담자가 손으로 모래를 쥐거나 흘리는 행위는, 언어로 설명할 수 없는 원초적 체험을 일으킨다. 이는 태초의 감각 기억, 몸과 영혼의 깊은 층위에 닿아 있는 체험이다(Winnicott, 1971/2005, p. 30).

4. 모래상자치료에서 모래의 의미

모래상자치료에서 모래는 단순한 재료가 아니라 심리적 변환의 장이다. 내담자가 모래를 보는 순간, 모래에 손을 대는 순간, 무의식적 기억과 감정이 자극된다. 모래는 안정감을 주면서도 유동적인 성질을 지니므로, 내담자는 모래를 통해 자기 내면의 혼돈을 안전하게 드러낼 수 있다.

또한 모래는 '형태 없는 것'을 '형태 있는 것'으로 변환시킨다. 내담자가 모래를 파고, 쌓고, 다루는 과정은 무의식적 재료가 상징적 형상으로 드러나는 연금술적 과정이다(Kalff, 1980, p. 52).

5. 결론: 모래는 근원적 언어

결국 모래는 땅과 흙, 우주의 근원적 물질로서, 인간의 창조와 귀환, 시간과 변화, 감각과 상징을 동시에 품고 있다. 따라서 모래는 단순한 치료 재료가 아니라, 인간과 우주를 연결하는 상징적 언어이다. 모래상자치료는 바로 이 근원적 언어를 통해 무의식과 의식을 연결하는 작업을 가능하게 한다.

Ⅱ. 고대 철학에서의 원소론과 상징

1. 원소론의 철학적 기원

고대 그리스 철학자들은 세계의 근원을 탐구하면서 '아르케(archē, 근원)'를 찾으려 했다. 탈레스는 만물이 물에서 비롯되었다고 보았고, 아낙시메네스는 공기를, 헤라클레이토스는 불을, 엠페도클레스는 흙·물·불·공기의 네 가지 원소론을 제시했다. 이 네 원소론은 이후 아리스토텔레스에 의해 정리되어 서양 사상의 기본 틀이 되었다(Guthrie, 1980, p. 134).

원소론은 단순한 물질적 기초를 넘어, 존재와 생명의 상징적 구조로 이해되었다. 흙은 안정과 물질성, 물은 유동과 감정, 불은 변화와 에너지, 공기는 호흡과 정신을 상징한다. 이러한 사유는 이후 연금술과 심리학, 그리고 현대의 심리치료적 은유로 이어졌다.

2. 흙(Earth): 안정과 형상

흙은 견고함과 생명의 터전이다. 고대 철학에서 흙은 변하지 않는 기초이자 물질적 실체를 나타냈다. 심리적으로 흙은 안정감, 실체감, 자기의 뿌리를 상징한다. 모래상자치료에서 내담자가 산, 집, 성곽과 같은 구조물을 세울 때, 이는 무의식 속에서 자기 구조의 토대를 형성하려는 시도로 볼 수 있다.

3. 물(Water): 감정과 정화

물은 변화와 정화를 상징한다. 헤라클레이토스는 "만물은 흐른다"라고 하며, 존재의 끊임없는 변화를 물에 비유했다. 심리학적으로 물은 감정, 무의식, 생명의 원천이다(Jung, 1951/1959, p. 225). 모래상자치료에서 내담자가 강, 바다, 샘을 배치하는 것은 감정의 흐름을 표현하거나, 무의식적 정화를 상징한다.

4. 불(Fire): 변환과 에너지

불은 파괴와 창조를 동시에 품는다. 고대 철학자들은 불을 변환의 원리로 보았다. 불은 낡은 것을 태우고 새로운 것을 낳는다. 심리적으로 불은 열정, 분노, 창조적 에너지의 상징이다. 모래상자치료에서 전쟁, 용암, 횃불과 같은 불의 상징은 내담자의 내적 갈등이자 변환의 에너지를 드러낸다. 이는 연금술의 연소(Calcination)와도 연결된다(Edinger, 1995, p. 19).

5. 공기(Air): 호흡과 정신

공기는 눈에 보이지 않지만 모든 것을 둘러싼다. 고대인들은 공기를 생명의 호흡이자 정신의 매개체로 이해했다. 심리학적으로 공기는 영감, 자유, 영적 상승의 상징이다. 모래상자치료에서 하늘, 새, 구름, 바람의 상징은 내담자의 정신적 확장과 해방의 욕구를 반영한다.

6. 네 원소의 상호작용과 균형

엠페도클레스와 아리스토텔레스는 네 원소가 사랑과 투쟁의 힘에 의해 결합하고 분리된다고 보았다. 이는 심리적으로 내적 갈등과 조화의 과정을 상징한다. 모래상자치료에서도 내담자가 불 · 물 · 흙 · 공기의 상징을 함께 배치할 때, 이는 내면 요소들이 분리와 통합을 반복하며 균형을 찾아가는 심리적 과정을 드러낸다.

7. 모래상자치료와 원소적 상징의 적용

모래상자치료에서 네 원소는 자주 반복되는 핵심 상징이다.

흙: 모래 자체, 산, 성, 나무, 집
물: 바다, 강, 샘, 비
불: 태양, 횃불, 전쟁, 불타는 집
공기: 새, 바람, 구름, 하늘

내담자가 어떤 원소에 강하게 끌리거나 회피하는지는, 그의 심리적 상태를 보여준다. 예컨대, 물을 반복적으로 강조하는 내담자는 감정의 정화와 흐름을 필요로 할 수 있으며, 불의 상징을 회피하는 내담자는 내적 에너지와 분노를 억압하고 있을 수 있다.

8. 결론: 원소론의 현대적 의미

고대 철학의 원소론은 단순히 과학적 설명이 아니라, 존재와 마음의 상징적 지도였다. 오늘날 모래상자치료에서 네 원소는 내담자의 무의식을 드러내는 보편적 언어로 여전히 살아 있다. 원소론은 내담자의 상징을 이해하는 중요한 틀을 제공하며, 모래상자는 이 원소들이 상징적으로 만나고 변환되는 공간이다.

Ⅲ. 상징과 자연의 존재론적 기반

1. 자연과 상징의 근원적 연결

인류는 태초부터 자연을 통해 자신을 이해하고, 자연의 현상 속에서 의미를 찾았다. 별, 강, 산, 바람은 단순한 환경이 아니라, 인간 존재를 비추는 상징적 거울이었다(Eliade, 1959/1996, p. 98). 자연은 언어 이전의 언어, 곧 존재를 드러내는 기호였다.

이러한 이해는 모래상자치료의 핵심적 기반과 맞닿아 있다. 모래, 물, 돌, 나무 등은 단순한 재료가 아니라 무의식과 의식을 잇는 상징적 매개물이다. 내담자가 자연적 상징을 모래상자에 배치할 때, 그는 자신을 자연의 질서 속에 다시 위치시키며, 상징을 통해 자기 존재의 기반을 재발견한다.

2. 상징은 자연의 언어

융은 상징을 "무의식의 언어이자, 의식과 무의식을 연결하는 다리"라 정의했다(Jung, 1964, p. 41). 그러나 상징은 인간만의 창조물이 아니다. 상징은 자연 속에서 자생한다. 예컨대, 태양은 빛과 생명의 근원으로, 물은 정화와 생명력으로, 땅은 안정과 보호로 인류의 무의식에 새겨졌다.

즉, 상징은 인간이 자연과 맺는 관계 속에서 생겨난 존재론적 기호다. 모래상자치료에서 자연적 상징은 내담자의 무의식이 가장 원초적인 방식으로 자신을 표현할 수 있게 한다.

3. 존재론적 기반과 심리치료

하이데거(M. Heidegger)는 인간을 '세계-내-존재(Dasein)'라 부르며, 인간 존재는 언제나 자연 세계 속에서 드러난다고 보았다(Heidegger, 1927/1962, p. 72). 존재는 고립된 주체가 아니라, 세계와의 상호관계 속에서 이해된다.

모래상자치료는 바로 이 존재론적 관점을 임상적으로 구현한다. 내담자는 모래상자 안에서 작은 세계를 만들고, 그 세계 속에서 자신을 위치시킨다. 이 과정에서 내담자는 자기 존재가 세계와 어떻게 연결되어 있는지를 직관적으로 체험한다.

4. 자연 상징과 치유적 힘

자연의 상징은 단순히 무의식을 표현하는 것에 그치지 않는다. 그것은 치유의 힘을 발휘한다. 내담자가 숲과 강, 하늘과 태양을 배치할 때, 그는 무의식적으로 생명의 질서와 조화를 회복하려는 충동을 표현한다.

상징은 해석을 넘어, 그 자체로 변환을 일으킨다. 자연 상징은 내담자에게 안정과 균형, 그리고 존재의 통합을 가능케 한다.

5. 사례적 이해

한 성인 내담자는 초기 세션에서 모래상자에 "불타는 집과 무너진 다리"를 만들었다. 그러나 몇 회기 뒤 그는 강 위에 다리를 다시 세우고, 집 옆에 나무와 태양을 배치했다. 그는 이 과정을 설명하지 않았지만, 상징은 이미 그의 내적 치유를 말해주고 있었다.

이 장면은 자연 상징이 단순히 외부 사물을 묘사하는 것이 아니라, 내담자의 존재적 변환을 이끄는 매개체임을 보여준다.

6. 결론: 자연과 상징은 존재의 뿌리

상징은 인간의 의식적 발명이 아니라, 자연과 함께 태동한 존재의 뿌리 언어이다. 모래상자치료는 이 언어를 통해 무의식과 의식을 연결하며, 내담자가 자기 존재를 세계 속에서 다시 발견하도록 돕는다. 따라서 모래상자치료는 단순한 심리적 기법이 아니라, 존재론적 회복의 장이다.

Ⅳ. 모래상자치료에서 '자연 언어'로서의 상징

1. 상징은 해석 이전의 체험

모래상자치료의 핵심은 상징이 언어보다 먼저 작동한다는 점이다. 내담자는 자신의 내적 상태를 설명할 언어가 없을 때, 모래와 피규어를 통해 그것을 표현한다. 이는 마치 어린아이가 말을 배우기 전, 몸짓과 표정으로 감정을 드러내는 것과 같다.

상징은 선택되며, 모래상자에 표현되면서 직접 경험된다. 그 경험 자체가 치유적이다. 치료사는 내담자가 배치한 상징을 단순히 분석하는 대신, 그 상징이 가진 자율적 힘을 신뢰하며 지켜본다.

2. 자연 언어로서의 상징의 특징

상징은 다음과 같은 특징을 통해 자연 언어로 기능한다.

- **보편성**: 태양, 물, 땅, 불, 나무 등은 문화와 시대를 초월해 반복된다. 이는 집단무의식 속에 공통된 원형적 상징이 자리하기 때문이다(Jung, 1959/1968, p. 42).
- **체험성**: 상징은 감각적 · 정서적 체험으로 다가온다. 모래를 만지고,

물을 붓고, 피규어를 세우는 행위 속에 치유가 깃든다.

- **자율성**: 상징은 치료사의 의도와 무관하게 스스로 전개된다. 내담자가 반복적으로 특정 상징을 선택하는 것은 의식적 선택이 아니라 무의식의 자율적 흐름이다.

3. 모래상자치료에서 상징의 전개

내담자가 모래상자에서 만들어내는 장면은 곧 하나의 이야기다. 이 이야기는 언어로 말해지지 않지만, 상징이 연결되며 무의식의 드라마를 펼친다.

예를 들어, 내담자가 '무너진 성' 옆에 '다리'를 놓고, 그 위에 '태양'을 배치한다면, 이는 "혼돈에서 질서로, 어둠에서 빛으로 나아가는 과정"을 표현하는 것이다. 내담자가 이 과정을 설명하지 않아도, 상징은 이미 그의 내적 전환을 드러낸다.

4. 치료사의 역할: 증인과 동반자

치료사의 과제는 이 자연 언어를 번역하거나 해석하는 것이 아니다. 오히려 치료사는 상징이 스스로 말하도록 침묵 속에서 증인이 되어야 한다.

융은 "상징은 무의식이 스스로를 치유하는 방식"이라 보았다(Jung, 1964, p. 102). 치료사가 개입을 최소화할수록, 내담자는 상징과 더 깊이 연결되며 자기(Self)와 만날 수 있다.

5. 사례적 적용

한 아동 내담자는 세션마다 모래상자 한쪽에 '강'을 그리고, 반대편에

'성'을 만들었다. 치료사는 왜 강이 반복되는지 질문하지 않았다. 몇 차례의 작업 끝에 아이는 강 위에 다리를 놓고, 성 안에 '가족'을 배치했다. 이때 아이는 말하지 않았지만, 강은 "단절된 관계", 다리는 "새로운 연결", 가족은 "통합"을 상징했다.

여기서 중요한 것은, 상징이 언어 없이도 치유의 과정을 이끌어냈다는 점이다. 상징은 곧 내담자의 무의식이 발화하는 자연 언어였다.

6. 결론: 상징은 무의식의 살아 있는 언어

모래상자치료에서 상징은 해석의 대상이 아니라, 치유의 매개다. 상징은 무의식과 의식을 연결하는 살아 있는 자연 언어이며, 내담자는 이를 통해 자기 존재와 다시 만난다.

치료사의 과제는 이 언어를 억압하거나 번역하려 하지 않고, 그것이 스스로 울려 퍼지도록 지켜보는 것이다. 그렇게 할 때, 모래상자는 무의식이 자기 치유적 언어를 발현하는 신성한 장이 된다.

V. [치료사 성찰] 나는 어떤 상징에 이끌리는가?

1. 상징은 거울이다

치료 현장에서 내담자가 선택하는 상징은 종종 치료사 자신의 무의식에도 울림을 준다. 특정 피규어나 장면이 유독 마음에 오래 남거나, 설명할 수 없는 친근함이나 불편함을 불러일으킬 때가 있다. 이는 단순한 우연이 아니라, 상징이 치료사의 내적 세계를 비추는 거울로 작동하기 때문이다.

연금술사가 도가니 속 물질의 변화 속에서 자기 영혼의 변화를 느꼈듯이, 치료사도 내담자의 상징을 통해 자기 안의 무의식적 재료와 마주한다.

2. 내가 사랑하는 상징, 내가 피하는 상징

치료사는 자신에게 물어야 한다.

나는 어떤 상징에 가장 끌리는가?

나는 어떤 상징을 회피하거나 부담스러워하는가?

예를 들어, 어떤 치료사는 "빛과 태양"의 상징에 강하게 반응하며 희망을 느낀다. 반대로 어떤 치료사는 "어둠, 죽음, 무너진 건물"과 같은 상징에 불안을 느낄 수 있다. 이는 치료사의 삶의 경험, 무의식적 상처, 혹은 아직 통합되지 못한 그림자를 드러낸다.

따라서 상징에 대한 치료사의 감정 반응은, 단순한 직관이 아니라 자기 성찰의 출발점이다.

3. 상징과 나의 내적 여정

내담자가 배치한 상징을 지켜볼 때, 치료사는 종종 자신의 삶과 연결된 의미를 발견한다. 예컨대, 내담자가 다리를 놓는 장면을 만들 때, 치료사는 자신이 잃어버린 관계를 떠올릴 수 있다. 내담자가 숲을 심는 장면을 만들 때, 치료사는 자신의 내적 회복의 욕구를 느낄 수 있다.

이러한 순간은 단순한 전이·역전이가 아니라, 상징적 공명(symbolic resonance)이다. 내담자의 상징은 치료사의 무의식과 공명하여, 양쪽 모두의 성장을 촉진한다.

4. 치료사의 내적 연금술

상징에 대한 나의 반응을 성찰하는 것은 곧 치료사의 내적 연금술이다. 니그레도의 혼돈을 회피하지 않고, 알베도의 정화 과정을, 시트리니타스의 통찰을 거쳐 루베도의 통합으로 나아가는 여정은 내담자만의 것이 아니라, 치료사 자신의 길이기도 하다.

따라서 치료사는 단순히 상징을 관찰하는 외부인이 아니라, 상징의 변환 과정 속에서 자신도 함께 변환되는 참여자이다.

5. 성찰 질문

나는 어떤 상징을 만날 때 기쁨을 느끼는가?
나는 어떤 상징을 만날 때 불안을 느끼는가?
그 상징은 내 삶의 어떤 경험과 연결되어 있는가?
나는 내담자의 상징을 통해 내 안의 어떤 진실을 보고 있는가?

이 질문들은 치료사가 상징과의 관계를 자기 성찰의 도구로 삼도록 돕는다.

6. 결론: 상징에 이끌림은 자기(Self)의 부름

결국, 상징에 대한 치료사의 끌림은 단순한 선호가 아니다. 그것은 자기(Self)가 보내는 신호이자 부름이다. 내가 사랑하는 상징은 나의 가능성을, 내가 두려워하는 상징은 나의 그림자를 드러낸다.

따라서 치료사는 임상 현장에서 상징을 단순히 내담자의 언어로만 이해할 것이 아니라, 자신을 비추는 거울로도 받아들여야 한다. 그렇게 할 때, 치료사는 내담자와 함께 자기(Self)를 향한 길 위에 서게 된다.

제3장 요약 — 모래상자치료의 상징

이 장은 모래상자치료의 철학적 · 자연학적 토대를 탐구하며, 모래와 원소, 상징, 그리고 자연 언어가 어떻게 심리적 치유와 연결되는지를 다룬다.

1. 모래의 자연적 의미와 흙 · 우주의 근원

모래는 해체와 생성, 혼돈과 질서의 이중적 상징을 지닌다. 그것은 시간과 변화, 생명의 순환을 나타내며, 심리학적으로 무의식의 원초적 재료와 닮아 있다. 모래상자치료에서 모래는 단순한 재료가 아니라 심리적 변환이 일어나는 장이다.

2. 고대 철학에서의 원소론과 상징

고대 철학의 네 원소(흙·물·불·공기)는 세계와 인간 존재의 근원을 설명하는 동시에 상징적 구조로 기능했다. 흙은 안정, 물은 감정과 정화, 불은 변환과 에너지, 공기는 정신과 자유를 상징한다. 모래상자치료에서 이 네 원소는 내담자의 무의식이 표현되는 보편적 언어로 반복된다.

3. 상징과 자연의 존재론적 기반

상징은 자연과의 관계 속에서 발생하며, 인간 존재를 드러내는 기호이다. 내담자가 숲, 강, 태양과 같은 자연 상징을 모래상자에 배치할 때, 그는 존재를 세계 속에 다시 위치시키며 자기(Self)와 연결된다. 따라서 모래상자치료는 단순한 심리적 기법이 아니라, 존재론적 회복의 장이다.

4. 모래상자치료에서 '자연 언어'로서의 상징

상징은 해석 이전에 체험으로 작동하며, 무의식이 스스로를 치유하는 언어이다. 내담자가 선택한 상징은 언어로 설명하지 않아도 이미 변환을 일으킨다. 치료사는 해석자가 아니라 상징의 자율적 전개를 지켜보는 증인으로서 동반한다. 상징은 곧 무의식의 살아 있는 언어다.

5. [치료사 성찰] 나는 어떤 상징에 이끌리는가?

치료사가 특정 상징에 끌리거나 불안을 느낄 때, 그것은 자신의 무의식과 그림자를 비추는 거울이다. 상징에 대한 반응을 성찰하는 것은 치료사 자신의 내적 연금술이며, 존재로서의 치료사의 길이다. 상징은 내담자뿐 아니라 치료사에게도 자기(Self)의 부름을 전한다.

핵심 메시지

모래는 자연과 우주의 근원을 담은 상징적 재료이며, 심리적 변환이 일어나는 도가니이다.
고대 원소론은 인간 존재와 마음의 구조를 설명하는 상징적 지도이며, 모래상자치료에서 여전히 살아 있다.
상징은 자연과 함께 태어난 존재론적 언어로서, 무의식과 의식을 잇는 다리이다.
모래상자치료는 상징의 자율적 치유 과정을 존중하는 실천이다.
치료사는 상징을 단순히 해석하는 자가 아니라, 상징과 더불어 변환되는 존재이다.

제4장

상징과 무의식의 언어:
영혼의 심층지도

인간은 삶 속에서 수많은 이미지와 기호에 둘러싸여 살아간다. 그러나 모든 기호가 상징은 아니다. 상징(symbol)은 단순한 표지가 아니라, 의식의 언어를 넘어 무의식의 깊이를 불러일으키는 다의적 표현이다(Jung, 1964/1989, p. 20). 그것은 인간이 직접 설명할 수 없는 어떤 '더 큰 것'을 암시하며, 때로는 영혼의 치유와 변환을 이끄는 징표가 된다. 융은 상징을 "알려진 것과 미지의 것, 의식과 무의식 사이를 연결하는 다리"라고 정의하였다(Jung, 1954/1969, p. 41).

이러한 상징의 언어를 민감하게 읽어내는 능력은 심리치료에서 핵심적이다. 특히 모래상자치료는 상징을 '읽는 눈'을 훈련하는 독특한 공간이다.

Ⅰ. 분석심리학의 관점에서 본 상징

1. 상징의 정의

분석심리학에서 상징(symbol)은 단순히 어떤 대상을 지시하거나 대체하는 기호(sign)와 구별된다. 기호가 이미 알려진 대상을 지칭하는 표식이라면, 상징은 의식적으로 완전히 설명할 수 없는 어떤 심층적 의미를 가리킨다. 융(C. G. Jung)은 상징을 "아직 알려지지 않은 어떤 것, 그러나 심리적으로 결정적인 영향을 미치는 것을 드러내는 표현"이라고 정의하였다(Jung, 1954/1969, p. 42). 다시 말해, 상징은 단일한 의미로 환원되지 않고, 무의식과 의식 사이에서 다의적 의미망을 생성한다.

예를 들어, 꿈에 나타나는 '바다'는 단순히 물리적 의미의 바다라기보다, 의식이 담아낼 수 없는 무의식의 깊이와 무한함을 나타낸다. 바다는 끝없는 가능성과 동시에 두려움을 불러일으키는 심연으로, 개인에게 삶의 방향 전환을 요구하거나 감당할 수 없는 정서를 상징적으로 드러내기도 한다. 따라서 상징은 의식이 이해하기 힘든 심리적 현실을 우회적으로 표현하며, 그 자체가 하나의 치유적 통로가 된다.

분석심리학의 상징 개념은 고정적 해석보다는 열린 해석 가능성을 강조한다. 상징은 개인의 삶의 맥락, 문화적 배경, 집단무의식의 층위에 따라 다양한 의미를 지닌다. 그러므로 치료 현장에서 상징을 다룰 때, 치료사는 '정답'을 제시하는 해석자가 아니라, 내담자가 자신의 경험 속에서 의미를 발견하도록 돕는 동반자가 된다. 이 점에서 상징은 해석이 아니라 체험의 언어로 이해된다.

2. 상징과 무의식

무의식은 언어적 문장으로 직접 자신을 드러내지 않는다. 무의식은 합리적 논리나 명확한 개념 대신, 이미지와 상징을 통해 메시지를 전달한다. 꿈, 환상, 신화, 예술작품, 모래상자체험, 종교적 체험 등은 모두 무의식이 표현되는 방식이다. 이러한 상징적 표현은 종종 비논리적이고 난해하게 보이지만, 오히려 그 속에 인간 정신의 진실이 담겨 있다(Jung, 1964/1989, p. 21).

예컨대, 한 사람이 반복해서 '어두운 숲속을 헤매는 꿈'을 꾼다면, 이는 단순히 숲에 대한 기억의 반영이 아니라, 그 사람의 내적 혼란과 미지의 가능성을 상징할 수 있다. 숲은 무의식의 세계이며, 길을 잃은 경험은 새로운 자아의 방향을 탐색해야 한다는 무의식의 메시지일 수 있다. 이처럼 상징은 무의식의 심층에서 일어나는 변화를 의식에 전달하는 '사자(使者)' 역할을 한다.

모래상자치료는 이러한 무의식의 상징 언어가 직접적으로 드러나는 장이다. 내담자가 모래 위에 배치하는 피규어와 장면은 단순한 놀이가 아니라, 말로 설명되지 않는 무의식의 진실이다. 예를 들어, 한 아동이 성(城)과 용을 배치하고, 그 앞에 작은 기사를 세운다면, 이는 '도전과 성장의 내적 드라마'를 상징적으로 표현한 것이다. 치료사는 이러한 상징을 통해 내담자가 스스로 자신의 내면 이야기를 탐색하고 이해하도록 돕는다.

따라서 상징을 읽는 것은 곧 무의식의 목소리를 듣는 일이다. 분석심리학에서 무의식은 단순히 억압된 충동의 저장소가 아니라, 새로운 가능성과 자기(Self)를 향한 길을 품고 있는 창조적 차원이다(Jung, 1951/1959, p. 275). 상징은 그 창조적 에너지가 의식으로 흘러나오는 길이며, 이를 민감하게 수용하는 것이 치료적 변화를 가능케 한다.

3. 원형과 상징

집단무의식 속 원형(archetype)은 인간 정신의 근본적 구조로, 직접적으로 의식되지 않는다. 그러나 원형은 상징의 형태로 드러나며 개인과 집단의 삶에 강력한 영향을 미친다. 융은 원형을 "인류가 공유하는 경험의 패턴"이라 설명하면서, 그것이 신화, 종교, 예술, 꿈, 놀이 속에서 반복적으로 나타난다고 보았다(Jung, 1954/1969, p. 58).

예를 들어, '영웅 원형'은 모래상자 속에서 다양한 방식으로 나타날 수 있다. 어린아이가 용을 무찌르는 장면, 기사와 괴물의 대결, 혹은 전사 피규어의 배치는 모두 영웅적 여정을 상징한다. 이 과정은 단순히 아이가 전쟁 장난을 하는 것이 아니라, 내면의 불안과 싸우고 성숙을 향해 나아가려는 심리적 움직임을 보여준다.

또한 '어머니 원형'은 모래상자에서 큰 나무, 집, 물, 혹은 어머니와 유사한 피규어를 통해 표현된다. 이는 보호와 양육, 동시에 억압과 속박이라는 양가적 의미를 담는다. 내담자가 모래상자 한가운데 커다란 나무를 배치하고 그 밑에 작은 동물을 두는 경우, 이는 보호와 안식의 공간으로

서의 원형적 어머니의 상징일 수 있다.

상징은 원형을 담는 그릇이자, 원형적 힘을 개인이 체험할 수 있도록 하는 매개체다. 원형은 추상적이지만, 상징은 그것을 구체적 이미지로 드러내어 개인이 경험하도록 한다. 따라서 원형은 보편적이지만, 상징은 언제나 개별적이고 맥락적이다. 동일한 원형이 각 개인의 삶과 무의식 속에서 다양한 상징으로 나타나는 이유가 여기에 있다.

4. 종합적 고찰

분석심리학에서 상징은 단순한 해석의 대상이 아니라, 의식과 무의식을 이어주는 살아 있는 과정이다. 상징은 미지의 것을 드러내며, 무의식의 메시지를 전달하고, 원형적 힘을 구체화한다. 따라서 상징을 읽는 눈은 곧 무의식과 대화할 수 있는 능력이며, 이는 치료사가 갖추어야 할 가장 중요한 자질 중 하나이다.

모래상자치료에서 상징은 더욱 강렬한 힘을 발휘한다. 내담자는 피규어와 모래라는 구체적 재료를 통해 자신의 내적 세계를 형상화한다. 그 과정에서 의식적 삶의 갈등뿐 아니라, 억압된 개인무의식과 집단무의식의 원형적 이미지가 자연스럽게 드러난다. 치료사는 이러한 상징을 해석하기보다, 함께 지켜보고, 상징이 스스로 의미를 드러내도록 기다리는 태도를 지녀야 한다.

상징을 읽는 눈은 분석심리학의 핵심을 이해하는 동시에, 모래상자치료의 본질을 구현하는 길이다. 상징은 무의식의 심연과 맞닿은 창이며, 이를 통해 인간은 자기(Self)를 향한 여정을 걸어갈 수 있다.

II. 마음의 구조와 상징의 장

분석심리학에서 마음은 단순한 단일체가 아니라, 의식, 개인무의식, 집단무의식이라는 다층적 구조로 이해된다(Jung, 1928/1966, p. 4). 이러한 구조는 모래상자치료 과정에서도 그대로 드러난다. 내담자가 모래 위에 배치하는 피규어와 상징들은 의식적 삶의 갈등을 표현하기도 하고, 개인적 경험의 흔적을 상징화하기도 하며, 더 깊은 차원에서는 인류 보편의 집단무의식적 원형이 모습을 드러내기도 한다. 따라서 모래상자치료는 단순히 개인의 심리만을 반영하는 공간이 아니라, 의식과 무의식 전체가 만나는 장(場)이라 할 수 있다.

1. 의식의 표현

의식(consciousness)은 자아(ego)가 중심이 되어 현실을 인식하고 판단하는 영역이다. 모래상자치료에서 가장 먼저 드러나는 것은 내담자의 현실적 삶의 재현이다. 회사 빌딩, 교실, 집, 가족 구성원, 도로와 같은 피규어는 일상적 갈등과 소망을 상징적으로 표현한다.

예컨대, 한 청소년 내담자가 세션마다 교실 책상과 교사 피규어를 반복적으로 배치한 사례가 있다. 이는 단순히 '학교 놀이'가 아니라, 의식적으로 경험하고 있는 학업 스트레스와 교사와의 관계 긴장을 반영하는 상징적 장면이다. 이때 치료사는 내담자가 의식적으로 느끼는 부담감을 재현하는 방식으로 모래상자를 사용하는 것임을 이해하고, 그 의미를 존중해야 한다.

또한, 성인 내담자가 모래상자에 아파트 단지와 자동차를 나열하는 경우, 이는 현실 생활에서의 성취와 안정, 혹은 물질적 욕망에 대한 갈등을 드러낼 수 있다. 의식적 표현은 내담자의 삶의 현재 상황을 반영하기 때문에, 치료사는 이를 통해 내담자의 사회적 적응 상태와 주요 갈등 지점을 파악할 수 있다.

융은 의식을 "좁은 원 안에 비친 등불의 빛"에 비유하였다(Jung, 1964/1989, p. 20). 이처럼 의식은 전체 마음의 일부에 불과하지만, 그 영역은 여전히 개인에게 중요한 현실의 장면을 반영한다. 모래상자는 의식적 삶을 드러내는 동시에, 그 너머의 무의식을 탐색하는 문을 연다.

2. 개인무의식의 투사

의식 아래에는 개인무의식(personal unconscious)이 자리한다. 여기에는 잊힌 기억, 억압된 충동, 의식에서 받아들이지 못한 경험들이 저장되어 있다. 특히 개인무의식 속에서 형성된 콤플렉스(complex)는 강한 정서적 에너지를 지니며, 의식적 삶을 방해하거나 때로는 지배한다(Jung, 1954/1969, p. 42).

모래상자치료에서는 이러한 개인무의식의 내용이 상징적 투사의 형태로 드러난다. 예컨대, 아동이 반복적으로 괴물 피규어를 사용하거나, 모래를 깊게 파서 무너뜨리는 행위를 지속하는 경우가 있다. 이는 단순한 놀이적 행동이 아니라, 내면의 불안과 분노를 상징적으로 배출하는 것이다. 모래를 파괴적으로 흩뿌리는 행위는 언어로 표현되지 못한 정서의 '행동화된 상징'이라 할 수 있다.

한 사례에서, 아홉 살 아동은 세션마다 깊은 구덩이를 파고 그 안에 괴물을 집어넣었다. 그는 "괴물이 나오지 못하게 가둔다"고 말했다. 이는 겉으로는 평온해 보이지만, 내면에 억압된 분노와 두려움이 있음을 보여주는 장면이었다. 시간이 지나면서 그는 괴물을 구덩이에서 꺼내어 강 옆에 두고, 그 곁에 작은 나무와 새를 배치했다. 이는 억압된 그림자를 직면하고 통합하는 방향으로 변환된 상징적 과정이었다.

분석심리학에서는 이러한 과정을 단순히 병리적 증상의 표현으로 보지 않는다. 오히려 무의식이 의식과 대화하려는 자기치유적 시도로 이해한다. 따라서 모래상자 속에서 드러나는 개인무의식의 상징은 내담자가 자신의 억압된 부분을 안전하게 탐색하고 통합할 수 있는 귀중한 기회가 된다.

3. 집단무의식과 원형의 출현

개인무의식을 넘어서는 차원에는 집단무의식(collective unconscious)이 있다. 이는 개인의 경험을 초월하여 인류 전체가 공유하는 심리적 구조이며, 그 핵심에는 원형(archetype)이 자리한다(Jung, 1951/1959, p. 3). 원형은 직접적으로 의식되지 않지만, 상징과 이미지의 형태로 반복적으로 나타난다.

모래상자에서 집단무의식의 상징은 자주 발견된다. 만다라, 태양, 나무, 길, 원형 구조는 모두 보편적 상징으로서, 자기(Self)와의 만남을 암시한다. 내담자가 모래상자의 중심에 원형의 구조를 만들고 그 안에 태양 모양의 피규어를 배치하는 경우, 이는 무의식이 자기를 향한 통합의 과정을 상징적으로 표현한 것이다.

또 다른 사례에서, 한 여성 내담자는 세션에서 반복적으로 길과 다리를 만들었다. 그는 "이 길은 내가 어디로 가야 할지 알려주는 것 같다"고 말했다. 길은 집단무의식의 보편적 상징으로, 삶의 여정과 전환을 의미한다. 다리는 분리된 영역을 연결하는 상징으로, 무의식과 의식, 자아와 자기(Self)를 이어주는 통로라 할 수 있다.

집단무의식의 상징은 종종 내담자에게 강렬한 정서 반응을 불러일으킨다. 만다라를 완성한 후 내담자가 경외감이나 신비감을 경험하는 것은 흔한 사례이다. 이는 상징이 단순한 개인적 표현을 넘어, 인류 보편의 심리적 기반과 연결될 때 나타나는 현상이다.

융은 자기(Self)를 "전체 정신의 중심과 통합을 지향하는 상징"이라 설명하였다(Jung, 1951/1959, p. 398). 모래상자에서 드러나는 집단무의식의 상징은 바로 이 자기와의 접촉을 가능하게 하며, 내담자가 삶의 새로운 의미와 방향을 발견하도록 돕는다.

4. 종합적 고찰

모래상자치료는 단순한 놀이가 아니라, 의식, 개인무의식, 집단무의식이라는 분석심리학적 마음의 구조가 구체적으로 드러나는 장이다. 의식은 현실적 삶의 갈등을 상징적으로 표현하고, 개인무의식은 억압된 감정과 콤플렉스를 상징적 투사를 통해 드러내며, 집단무의식은 보편적 원형의 상징을 통해 자기(Self)와의 만남으로 이끈다.

이 세 층위가 함께 어우러질 때, 모래상자치료는 내담자의 심리적 변환과 통합을 촉진한다. 따라서 치료사는 모래상자 속에서 드러나는 상징을 단순히 해석하기보다, 그것이 지닌 다층적 의미를 존중하고, 상징이 스스로 드러내는 변환의 과정을 함께 지켜보는 존재로 자리해야 한다.

Ⅲ. 네 가지 원형과 모래상자

융 분석심리학의 핵심 구조에는 페르소나(Persona), 그림자(Shadow), 아니마/아니무스(Anima/Animus), 자기(Self)가 있다. 이 네 가지는 단순히 이론적 개념이 아니라, 모래상자치료 속에서 반복적으로 상징적 이미지로 등장하며 내담자의 심리적 여정을 드러낸다. 모래상자는 이 네 원형이 구체적 피규어와 장면으로 가시화되는 독특한 장이 되며, 이를 통해 무의식적 내용이 의식으로 연결되고, 개성화 과정이 촉진된다.

1. 페르소나(Persona): 사회적 가면의 상징

페르소나는 개인이 사회적 관계를 유지하기 위해 착용하는 '가면'이다. 융은 이를 "개인이 수행하는 사회적 역할을 사회적으로 인정받기 위해 만들어진 합의된 이미지"라 설명하였다(Jung, 1928/1966, p. 158). 모래상자에서 내담자가 반복적으로 직장인, 교사, 경찰 등 특정한 역할 피규어를 배치하는 것은 자신이 사회 속에서 수행하는 역할과 동일시된 상태를 반영한다.

예컨대 한 회사원 내담자가 모든 세션에서 양복 차림의 피규어를 중앙에 세워두는 장면이 있었다. 그는 자신의 성격이나 욕망을 드러내기보다, 늘 사회적 이미지와 책임감으로만 자신을 설명했다. 이는 페르소나에 과도하게 동일시되어 '진짜 나'와의 접촉이 약화된 상태를 보여준다. 모래상자 속 반복적 장면을 통해 그는 스스로도 "나는 항상 남들에게 보여주는 모습만 만들고 있다"는 통찰을 얻었다.

치료사는 페르소나를 단순히 부정적으로 다루지 않는다. 페르소나는 사회적 삶에 필수적인 기능이기도 하기 때문이다. 중요한 것은 페르소나와 내적 자아 사이의 균형이다. 모래상자는 내담자가 페르소나에 갇힌 자신을 자각하고, 숨겨진 내적 세계와 만날 수 있는 안전한 공간을 제공한다.

2. 그림자(Shadow): 억압된 자아의 대면

그림자는 자아가 받아들이지 못한 어두운 측면, 억압된 충동과 감정을 가리킨다. 그러나 그림자는 단순히 부정적 측면만이 아니라, 자아가 미처 개발하지 못한 잠재력까지 포함한다.

모래상자에서는 괴물, 전쟁, 무너진 성, 흉측한 동물과 같은 상징으로 그림자가 표현된다. 한 아동은 매번 모래를 깊게 파고 괴물을 가두거나, 병사들이 서로 싸우는 장면을 배치했다. 이는 억압된 분노와 두려움이 상징적 형태로 드러난 것이다. 그러나 시간이 지나면서 그 괴물 곁에 나무와 작은 동물을 두는 변화를 보였다. 이는 그림자를 단순히 파괴적 대상으로만 보지 않고, 그 속에 담긴 에너지를 수용하고 통합하는 과정의 시작이었다.

그림자와의 대면은 치료에서 가장 고통스러운 과정 중 하나다. 내담자는 자신의 부정적 측면을 마주하는 데 두려움을 느끼지만, 이를 회피하면 무의식의 그림자는 더욱 파괴적으로 작동한다. 모래상자는 그림자가 안전하게 드러날 수 있는 상징적 무대를 제공하며, 내담자가 자신의 어둠과 만나고 그것을 삶의 일부로 통합하도록 돕는다.

3. 아니마/아니무스(Anima/Animus): 내적 반대성의 통합

아니마와 아니무스는 각각 남성의 내적 여성성, 여성의 내적 남성성을 가리킨다. 이는 인간 정신이 본질적으로 양극성을 지니며, 무의식 속에서 보완적 반대성을 통해 균형을 이루려는 구조를 반영한다.

모래상자에서 아니마/아니무스는 신화적 커플, 여신상, 전사와 여성 인물의 결합 장면 등으로 표현된다. 예컨대 한 남성 내담자는 매번 여신상을 모래상자의 중심에 두었다. 그는 현실에서 여성과의 관계에 어려움을 겪고 있었는데, 이 상징은 단순한 이상화가 아니라, 그의 내적 아니마가 강렬하게 작동하고 있음을 보여주었다.

또 다른 사례에서, 한 여성 내담자는 반복적으로 전사 피규어를 배치하며 "이 전사가 나를 보호한다"고 말했다. 이는 내적 아니무스의 힘을 빌려 자기 방어와 주체성을 강화하려는 심리적 움직임이었다.

아니마/아니무스와의 만남은 내담자가 자신의 내적 반대성을 인정하고 수용하도록 이끄는 과정이다. 이를 통해 그는 인간 관계에서의 편견과 투사에서 벗어나, 보다 균형 잡힌 자기 이해에 도달하게 된다. 모래상자 속 상징은 이러한 심리적 과정을 체험적으로 드러내며, 내담자가 내적 통합을 경험하도록 돕는다.

4. 자기(Self): 전체성과 통합의 상징

자기는 분석심리학에서 가장 근본적인 원형으로, 의식과 무의식을 포괄하는 전체성의 중심을 의미한다. 융은 자기를 "정신 전체의 조화와 균형을 지향하는 궁극적 통일성"이라 설명하였다(Jung, 1951/1959, p. 398).

모래상자에서 자기의 상징은 다양한 형태로 나타난다. 대표적으로 만다라, 태양, 신성한 아이, 중심 공간이 그것이다. 한 내담자는 여러 세션에 걸쳐 길을 만들고, 마지막 세션에서 중앙에 원형 구조를 두고 그 안에 작은 아이 피규어를 배치했다. 그는 "이 아이가 안전하게 지켜지는 것 같다"고 말했다. 이는 자기(Self)의 출현과 보호의 상징으로 해석할 수 있다.

또 다른 사례에서는, 한 청소년이 모래상자의 중앙에 큰 나무를 세우고, 그 주변을 동물과 사람들로 둘러싸는 장면을 만들었다. 그는 그 나무를 "모두를 지켜주는 나무"라고 설명했다. 이는 자기(Self)가 중심에 서고, 전체가 조화롭게 연결되는 만다라적 구조를 보여주는 장면이다.

자기의 경험은 치료에서 가장 변환적인 순간이다. 내담자는 삶의 의미와 방향을 새롭게 발견하며, 이전까지의 갈등과 고통이 더 큰 전체성 속에 자리 잡을 수 있음을 깨닫는다. 모래상자는 이러한 자기의 상징을 체험적으로 드러내는 장이며, 내담자가 자기와의 만남을 통해 치유와 성숙의 길로 나아가도록 돕는다.

5. 종합적 고찰

페르소나, 그림자, 아니마/아니무스, 자기라는 네 가지 원형은 모래상자치료에서 반복적으로 등장하며, 내담자의 심리적 구조와 변환 과정을 드러낸다.

페르소나는 사회적 가면을 상징하며, 내담자가 외부 세계와의 관계에서 자신을 어떻게 드러내는지를 보여준다.

그림자는 억압된 어둠을 드러내어, 내담자가 자기 내부의 부정적 측면과 대면하도록 돕는다.

아니마/아니무스는 내적 반대성을 상징하며, 내담자가 내적 균형을 회복하는 과정을 보여준다.

자기는 전체성과 통합을 상징하며, 개성화 과정의 궁극적 목표를 제시한다.

모래상자는 이 네 원형을 단순히 개념적으로 이해하는 것을 넘어, 실제로 체험적·상징적 장면으로 만나게 하는 임상적 장이다. 내담자는 모래상자 속에서 자신의 원형과 마주하며, 무의식과의 대화를 통해 변환과 통합의 길을 걸어가게 된다.

IV. 개성화 과정의 상징적 여정

분석심리학에서 개성화(individuation)란 인간이 의식과 무의식의 상호작용 속에서 점차 전체성(wholeness)과 중심성에 도달하는 과정을 의미한다. 이는 개인이 단순히 사회적 역할에 머무르지 않고, 무의식 속 다양한 원형적 요소를 직면하고 통합함으로써 자기(Self)의 가능성을 실현해 나가는 여정이다(Jung, 1951/1959, p. 275).

모래상자치료는 이러한 개성화 과정을 상징적으로 드러내는 무대다. 내담자가 피규어와 모래를 사용해 만들어내는 장면 속에는 그의 무의식적 갈등, 억압된 감정, 보편적 원형이 드러난다. 치료사는 이를 통해 내담자가 자기와의 만남으로 나아가도록 동행한다. 개성화는 직선적인 단계가 아니라, 위기와 전환기에 반복적으로 심화되며, 삶의 여정 전체를 가로지르는 순환적 과정이다.

1. 페르소나와의 분리

개성화의 첫걸음은 페르소나(Persona)와의 동일시에서 벗어나는 것이다. 페르소나는 사회적 관계를 위해 필요한 가면이지만, 그것에 과도하게 몰입하면 개인은 자신의 내적 진실과 단절된다. 융은 페르소나를 "자아와 사회 사이의 타협의 산물"이라 보았다(Jung, 1928/1966, p. 158).

모래상자에서 내담자가 반복적으로 교사, 회사원, 군인 등 특정한 사회적 역할 피규어만 배치하는 경우가 있다. 이는 자신을 '역할'로만 정의하고 있음을 반영한다. 한 성인 내담자는 매번 회의실 장면을 재현하며 상사 피규어를 중앙에 두었다. 그는 실제로도 직장에서 상사의 평가에 지나치게 의존하고 있었다. 모래상자를 통해 그는 "나는 내 진짜 감정을 말하지 않고, 늘 남이 원하는 모습만 보여주고 있다"는 자각에 도달했다.

페르소나와의 분리는 단순히 가면을 벗는 것이 아니라, 사회적 역할과 내적 자아 사이에 거리를 두고 균형을 회복하는 일이다. 모래상자는 내담자가 안전한 공간에서 페르소나의 틀을 내려놓고, 보다 진솔한 내적 세계를 탐색하도록 돕는다.

2. 그림자와의 대면

개성화의 다음 단계는 그림자(Shadow)와의 대면이다. 그림자는 자아가 인정하지 못해 억압한 어두운 측면, 파괴적 충동, 미개발된 가능성의 총체이다(Jung, 1951/1959, p. 284). 그림자와 마주하는 것은 고통스럽지만, 자기 이해와 성숙을 위해 필수적이다.

모래상자에서는 괴물, 전쟁, 파괴된 건물, 어두운 동굴 등으로 그림자가 상징된다. 한 아동은 매번 깊은 구덩이를 파고 그 안에 괴물을 가두었다. 이는 내면의 분노와 두려움이 상징적으로 표현된 것이었다. 시간이 지나면서 그는 괴물 옆에 나무와 동물을 배치하기 시작했고, 결국 괴물을 자유롭게 풀어놓았다. 이는 그림자를 파괴적 대상으로만 보는 것이 아니라, 삶의 일부로 수용하고 통합하는 상징적 전환이었다.

융은 그림자와의 대면을 "인간이 자아의 빛을 얻기 위해 반드시 지나가야 하는 어둠"이라 표현했다. 모래상자는 내담자가 이 어둠을 직접 마주할 수 있는 안전한 무대를 제공하며, 억압된 감정을 상징으로 표현하여 자기 통합의 길을 열어준다.

3. 아니마/아니무스의 통합

그림자와의 대면을 넘어서는 단계는 아니마/아니무스(Anima/Animus)와의 만남이다. 아니마는 남성의 내적 여성성, 아니무스는 여성의 내적 남성성을 뜻한다. 이는 인간 정신이 본래 양극성을 지닌 구조임을 드러낸다(Jung, 1954/1969, p. 14).

모래상자 속에서는 여신상, 전사, 신화적 커플 등의 상징이 아니마/아니무스를 표현한다. 한 남성 내담자는 반복적으로 여신상을 중앙에 배치하며 "이 여신이 모든 것을 지켜준다"고 말했다. 이는 내적 아니마의 강력한 작용을 나타낸다. 그는 현실에서 여성과의 관계에 어려움을 겪었지만, 모래상자를 통해 내적 여성성을 인식하고 수용하는 과정을 경험하였다.

또한 한 여성 내담자는 세션마다 전사 피규어를 배치하며 자신을 보호하는 역할을 맡겼다. 이는 내적 아니무스의 힘을 빌려 주체성을 강화하려는 상징적 시도로 볼 수 있다.

아니마/아니무스의 통합은 내담자가 자기 안의 반대 성을 받아들이고, 이를 통해 보다 균형 잡힌 인간으로 성숙하는 과정이다. 모래상자는 이러한 심리적 통합을 상징적으로 체험할 수 있는 공간을 제공한다.

4. 자기(Self) 경험

개성화의 궁극적 목표는 자기(Self)와의 만남이다. 자기는 의식과 무의식을 포괄하는 전체성의 중심이며, 인간 정신의 궁극적 통합을 의미한다.

모래상자에서 자기의 상징은 만다라, 태양, 중심의 원형 구조, 신성한 아이 등으로 드러난다. 한 청소년은 세션 말기에 모래상자 중앙에 큰 나무를 세우고, 그 주변을 사람들과 동물로 둘러싸는 장면을 만들었다. 그는 그 나무를 "모두를 지켜주는 중심"이라 불렀다. 이는 자기가 중심에 서고 전체가 조화를 이루는 만다라적 상징이라 할 수 있다.

또 다른 내담자는 모래상자의 한가운데 작은 아이 피규어를 두고, 주변에 보호하는 피규어를 배치했다. 이는 자기(Self)의 탄생과 보호를 의미하며, 내담자가 삶의 새로운 의미와 방향을 발견하는 순간이었다.

자기 경험은 단순한 내적 통찰을 넘어, 내담자에게 변환적 경험을 제공한다. 이는 삶 전체가 통합되어 새로운 질서를 얻는 순간이며, 개성화 과정의 절정이다.

5. 상징과 여정의 순환성

개성화 과정은 직선적인 단계가 아니다. 페르소나의 분리, 그림자 대면, 아니마/아니무스의 통합, 자기 경험은 삶의 위기와 전환기마다 반복적으로 일어난다. 내담자는 모래상자 속에서 여러 번 동일한 원형적 상징을 만나며, 매번 다른 층위의 의미를 발견한다.

예컨대, 한 내담자는 초기에 괴물을 반복해서 배치했으나, 시간이 지나며 괴물 곁에 영웅을 두고, 더 나아가 영웅과 괴물이 화해하는 장면을 만들었다. 이는 그림자와의 반복적 대면을 통해 점차 통합으로 나아가는 과정을 보여준다.

모래상자는 이러한 순환적 여정을 안전하게 담아내는 그릇이다. 내담자는 상징을 통해 무의식의 메시지를 체험하고, 그 과정을 통해 자기(Self)를 향해 조금씩 나아간다.

6. 종합적 고찰

모래상자치료에서 개성화 과정은 단순한 심리 치료의 틀을 넘어, 인간이 자기(Self)를 향해 나아가는 근원적 여정을 상징적으로 드러낸다. 페르소나에서 시작해 그림자와 대면하고, 아니마/아니무스를 통합하며, 궁극적으로 자기 경험에 이르는 과정은 삶의 전환과 위기 속에서 반복된다. 모래상자는 이 여정을 안전하게 담아내는 무대이며, 내담자가 상징과 만나며 자기와 조우할 수 있는 공간이다.

V. 치료사의 상징을 읽는 눈

모래상자치료에서 치료사는 단순히 내담자가 만든 장면을 해석하는 통역자가 아니다. 상징의 의미를 단정적으로 규정하기보다, 상징이 스스로 드러나도록 기다리는 태도가 필요하다. 융이 강조했듯, 무의식은 자기치유적 기능을 지니며, 치료사는 이를 신뢰하는 자세를 갖추어야 한다.

1. 해석보다 "함께 보기"

치료사의 역할은 내담자가 모래상자 속에서 표현한 상징을 분석적으로 설명하는 데 있지 않다. 오히려 치료사는 함께 지켜보는 증인(witness)의 태도로 서야 한다. 예컨대 아동이 괴물을 반복적으로 배치할 때, 치료사가 즉각 "이건 분노의 상징이에요"라고 해석한다면, 내담자는 자기만의 의미를 탐색할 기회를 잃게 된다. 대신 치료사가 "이 괴물은 어떤 기분을 느끼고 있을까요?"라고 물을 때, 아동은 자신의 정서를 괴물에 투사하여 자유롭게 탐색할 수 있다.

2. 기다림과 신뢰

상징은 강요된 해석이 아니라, 시간 속에서 스스로 의미를 드러낸다. 치료사는 상징을 기다릴 줄 아는 태도를 갖추어야 한다. 예를 들어, 내담자가 처음에는 무너진 성을 배치했으나, 여러 세션 후 그 위에 다리를 세우는 경우가 있다. 이는 무의식이 서서히 변환을 이루고 있음을 보여준다. 치료사는 이러한 과정을 조급하게 해석하기보다, 무의식의 리듬과 속도를 존중해야 한다.

3. 상징과 "존재적 만남"

상징을 읽는 눈은 단순한 기술이 아니라 존재적 태도다. 치료사가 내담자의 모래상자를 바라보며 느끼는 감정, 경외감, 혹은 침묵 속의 동행이 모두 치료적 효과를 낳는다. 내담자는 "내가 만든 장면이 존중받고 있다"는 경험을 통해 자기 내면의 진실을 안전하게 탐색한다.

Ⅵ. 치료적 함의

모래상자치료에서 상징을 다루는 방식은 몇 가지 중요한 치료적 함의를 지닌다. 이는 단순한 증상 치료를 넘어, 인간 전체를 변화시키는 심리적·영적 과정을 촉진한다.

1. 자기치유적 과정

상징은 무의식이 의식과 소통하며 스스로 균형을 회복하는 도구다. 모래상자 속 상징은 억압된 정서를 배출하고, 새로운 가능성을 열어준다. 예컨대 내담자가 반복적으로 강과 다리를 배치하는 경우, 이는 내적 갈등을 극복하고 연결을 회복하려는 무의식의 자기치유적 움직임으로 이해할 수 있다.

2. 정서적 안전과 표현의 장

상징은 언어로 표현하기 어려운 감정을 우회적으로 드러낸다. 아동이나 외상 경험자는 말로는 설명할 수 없는 감정을 모래상자에 배치하며 표현할 수 있다. 치료사는 이를 통해 내담자가 자신의 감정을 안전하게 탐색하도록 돕는다. 이는 분석심리학에서 말하는 무의식의 언어로 소통하기의 한 방식이다.

3. 문화와의 연결

원형적 상징은 개인을 넘어 인류의 경험과 연결된다. 내담자가 신화적 인물, 태양, 만다라 등을 배치할 때, 이는 단지 개인적 경험이 아니라 인류 보편의 상징과 접촉하는 것이다. 내담자는 이를 통해 자신이 더 큰 삶의 맥락 속에 있음을 체험한다. 예컨대 한 청소년이 반복적으로 '길'을 배치하며 "이 길은 나 혼자만 걷는 게 아니에요"라고 말한 것은, 집단무의식 속 보편적 상징과 연결된 경험이다.

4. 관계적 치유

상징은 치료사와 내담자 간의 관계 속에서 의미가 확장된다. 치료사가 내담자의 상징을 존중하고 지켜볼 때, 내담자는 "내 안의 이야기가 이해받고 있다"는 경험을 한다. 이는 단순한 해석을 넘어, 관계적 공명을 통해 치유가 일어나는 과정이다. 융은 치료를 "두 무의식의 만남"이라 표현했는데, 모래상자 속 상징은 이 만남을 촉진하는 매개체가 된다.

5. 통합적 성장

상징을 통한 개성화는 단순한 증상 해소를 넘어선다. 내담자는 상징과의 만남을 통해 삶의 의미와 목적을 회복하며, 자기(Self)의 경험으로 나아간다. 이는 심리적 차원을 넘어 영적 차원까지 아우르는 변환이다. 예컨대 내담자가 세션 마지막에 중앙에 만다라 구조를 배치하며 "이제 모든 것이 하나로 이어진 것 같다"고 말할 때, 이는 삶 전체가 통합되는 변환적 체험을 보여준다.

6. 종합적 고찰

치료사의 태도와 상징의 치료적 함의는 서로 긴밀히 연결된다. 치료사가 상징을 존중하고 기다릴 때, 상징은 자기치유적 힘을 발휘한다. 이는 내담자가 자신의 무의식과 연결되고, 더 큰 문화적 · 집단적 의미와 접촉하며, 삶의 새로운 방향을 발견하는 길을 열어준다. 결국 모래상자치료는 증상의 완화를 넘어, 인간 정신의 통합적 성숙을 돕는 심리적 · 영적 여정으로 자리한다.

Ⅶ. 무의식의 언어

모래상자치료는 분석심리학이 제시한 무의식의 구조와 원형 이론을 임상적으로 구현하는 독창적 치료법이다. 내담자가 모래 위에 배치하는 상징은 의식 · 개인무의식 · 집단무의식이 교차하는 장에서 드러나는 심리적 진실이다. 이 상징들은 페르소나, 그림자, 아니마/아니무스, 자기라는 핵심 원형을 체험적으로 드러내며, 내담자가 개성화의 여정을 걸어가도록 이끈다.

무엇보다 모래상자치료에서 중요한 것은 치료사의 태도이다. 치료사는 상징을 단정적으로 해석하는 통역자가 아니라, 상징이 스스로 의미를 드러내도록 기다리고 동행하는 증인이 된다. 이러한 태도는 융이 강조한 무의식의 자기치유적 기능에 대한 신뢰와 맞닿아 있다. 상징은 내담자 스스로가 자신의 의미를 발견하도록 인도하며, 치료사는 그 과정을 존중하는 동반자가 된다.

치료적 함의 또한 깊다. 상징은 내담자의 무의식을 안전하게 드러내는 표현의 장이며, 자기치유적 과정의 매개체이다. 원형적 상징은 개인을 넘어 인류의 보편적 경험과 연결시키며, 내담자는 자신이 더 큰 삶의 맥락 속에 있다는 체험을 얻는다. 이러한 경험은 단순한 증상 완화를 넘어, 삶의 의미와 목적을 회복하는 통합적 성장으로 이어진다.

따라서 모래상자치료는 단순한 심리기법이 아니라, 인간 정신이 자기(Self)와 조우하는 상징적 · 영적 여정이다. 상징을 읽는 눈을 통해 치료사와 내담자는 무의식과 대화하며, 삶의 깊은 통합을 향해 나아간다. 이는 오늘날 심리치료가 추구해야 할 가장 본질적 과제, 즉 인간의 전체성과 성숙을 향한 변환의 길을 제시한다.

Ⅷ. [치료사 성찰] 나는 무의식의 언어를 어떻게 듣고 있는가?

1. 무의식의 언어는 속삭임이다

무의식은 언제나 우리와 대화하려 하지만, 그 언어는 명확한 문장이나 논리로 오지 않는다. 그것은 꿈속 이미지, 모래의 결, 내담자가 무심코 고른 피규어처럼, 속삭임과 은유의 언어로 다가온다. 치료사가 이 언어를 듣는 일은 귀로 듣는 것이 아니라, 마음으로 듣는 일이다.

2. 듣는다는 것은 기다림이다

무의식의 언어를 듣는다는 것은 해석보다 기다림에 가깝다. 내담자가 만든 장면을 서둘러 이해하려 하기보다, 그 장면이 스스로 말하기를 기다리는 것이다. 연금술사가 도가니 속 물질을 조급히 휘저으면 정련이 이루어지지 않듯, 치료사가 성급하게 해석하면 상징은 침묵해 버린다. 듣는다는 것은 기다리는 것이다.

3. 내 안의 공명에 귀 기울이기

무의식의 언어는 종종 치료사 안에서 공명을 일으킨다. 어떤 상징은 내 마음을 울리고, 어떤 장면은 알 수 없는 불편함을 준다. 이는 단순한 직관이 아니라, 내 무의식이 반응하는 방식이다. 따라서 무의식의 언어를 듣는다는 것은, 내담자의 장면을 보면서 동시에 내 안에 일어나는 감정과 이미지에도 귀 기울이는 것이다.

4. 무의식의 언어와 겸손

무의식의 언어를 듣는 태도에는 겸손이 필요하다. 치료사는 모든 것을 알 수 없으며, 상징은 언제나 해석을 초과한다(Jung, 1966, p. 92). 무의식은 인간 이성을 넘어서는 깊이를 지니며, 치료사는 그 깊이를 다만 증언하는 자로 남는다.

5. 성찰 질문

나는 내담자의 상징 앞에서 침묵할 수 있는가?
나는 무의식이 스스로 말할 때까지 기다릴 수 있는가?
나는 내 안에 울리는 공명을 두려워하지 않고 들을 수 있는가?
나는 무의식의 언어를 해석이 아니라 존재로서 어떻게 듣고 있는가?

6. 결론: 무의식의 언어는 존재의 대화다

결국 무의식의 언어를 듣는다는 것은 존재와 존재의 대화다. 내담자의 무의식은 상징을 통해 말을 걸고, 치료사는 해석자가 아니라 동반자적 청자로 그 자리에 선다. 치료사가 이렇게 무의식의 언어를 들을 때, 모래상자치료는 단순한 기법을 넘어 존재의 만남이 된다.

제4장 요약 — 상징과 무의식의 언어

이 장에서는 모래상자치료가 분석심리학적 관점에서 어떻게 이해되고 적용되는지를 살펴보았다.

먼저, 상징은 의식과 무의식을 잇는 다리로서, 단순한 기호를 넘어 인간 정신의 깊이를 드러내는 표현임을 확인하였다. 이어서 마음의 구조(의식, 개인무의식, 집단무의식)가 모래상자 속 상징으로 어떻게 구체화되는지를 살폈다. 또한 페르소나, 그림자, 아니마/아니무스, 자기(Self)라는 네 가지 핵심 원형이 모래상자 속에 상징적으로 드러나며, 내담자가 개성화의 여정을 걸어가도록 돕는 과정을 제시하였다. 이 과정에서 치료사의 태도는 해석자가 아니라 동행자이자 증인으로서 상징의 자기치유적 힘을 존중하는 데 있다는 점이 강조되었다. 마지막으로 상징의 치료적 함의—자기치유, 정서적 안전, 문화적 연결, 관계적 치유, 통합적 성장—를 통해 모래상자치료가 단순한 증상 완화를 넘어 인간 정신의 깊은 변환과 성숙을 촉진하는 장임을 밝혔다.

핵심 메시지

모래상자치료는 무의식의 상징을 통해 내담자가 자기(Self)와 만나도록 돕는 개성화의 여정이며, 치료사는 상징이 스스로 의미를 드러내도록 지켜보는 동반자이다.

제2부

모래상자치료의 실제: 상징이 흐르는 임상 현장

제5장

모래상자치료의 장:
첫 세션, 신비의 문

Ⅰ. 첫 세션의 의미와 치료사의 준비

1. 첫 세션은 문을 여는 순간

첫 세션은 단순히 치료의 시작이 아니라, 내담자가 자신의 내적 세계로 들어가는 문을 여는 순간이다. 내담자는 낯선 공간, 낯선 사람(치료사), 낯선 과정에 들어오며 불안과 기대를 동시에 느낀다. 따라서 첫 만남은 치료의 방향을 결정짓는 중요한 순간이며, 치료사의 준비와 태도가 무엇보다 중요하다.

첫 세션에서 치료사는 내담자에게 안전감과 환대감을 제공해야 한다. 내담자가 "이곳은 나를 있는 그대로 받아줄 수 있는 공간"이라는 신뢰를 가질 수 있어야, 무의식의 표현이 가능해진다.

2. 공간의 물리적 준비

모래상자치료에서 치료실은 단순한 장소가 아니라, 치료 관계의 적극적 요소로 기능한다. 위니컷(D. W. Winnicott)은 아동이 안전하게 놀이할 수 있는 "전이 공간(transitional space)"을 강조했는데, 이는 내담자가 자기 내면과 외부 세계 사이를 자유롭게 오갈 수 있는 심리적 장(場)을 의미한다(Winnicott, 1971/2005, p. 39). 치료실은 바로 이러한 전이 공간으로 작용한다.

치료사는 말로 환대하기 이전에 공간으로 환대한다. 즉, 치료실 자체가 "제3의 치료사"가 되어, 내담자가 무의식을 표현할 수 있도록 돕는다(Kalff, 1980, p. 101).

첫 세션을 위해 치료실은 물리적으로 준비되어야 한다.

- **깨끗하고 정돈된 환경**: 치료실은 혼돈이 아닌 안정의 장을 제공해야 한다.
- **모래상자의 상태**: 모래는 적절한 촉감과 양으로 준비되어 있어야 하며, 건조와 습도의 균형이 필요하다.
- **피규어의 배열**: 다양한 상징들이 눈에 띄게 정돈되어 있어야 내담자가 자유롭게 선택할 수 있다.

치료실의 준비는 단순히 외적 장식이 아니라, 내담자가 무의식을 표현할 수 있는 상징적 안전 공간을 형성하는 과정이다(Winnicott, 1971/2005, p. 39).

3. 치료사의 내적 준비

첫 세션은 내담자만 긴장하는 것이 아니라, 치료사 역시 긴장할 수 있다. 따라서 치료사는 세션에 앞서 자신의 내적 상태를 점검해야 한다.

- 나는 오늘 어떤 정서 상태로 내담자를 맞이하는가?
- 내 안의 불안, 피로, 기대는 무엇인가?
- 나는 내담자를 "치료해야 할 문제"로 보는가, 아니면 "존재로 만날 준비"가 되어 있는가?

치료사가 자신의 내적 상태를 인식하고 비워낼 때, 내담자를 위한 진정한 현존(presence)이 가능하다(Buber, 1970/1996, p. 64).

4. 관계적 태도의 윤리

첫 세션에서 중요한 것은 기법보다 관계적 태도이다. 치료사는 해석이나 지시보다 경청과 수용으로 임해야 한다. 내담자가 첫 세션에서 경험하는 치료사의 태도는 이후 치료 관계 전반에 깊이 각인된다.

이때 치료사는 내담자를 "객체"가 아니라 "주체"로 대하며, '나-너'(I-Thou) 관계로 만나는 것이 중요하다(Buber, 1970/1996, p. 78). 이는 단순히 친절한 태도가 아니라, 내담자의 존재 전체를 존중하는 윤리적 기반이다.

5. 사례적 이해

한 아동 내담자는 첫 세션에서 방 안을 한참 둘러본 뒤, 모래를 만지며 조용히 앉아 있었다. 치료사는 말을 서두르지 않고, 아이의 움직임을 지켜보며 "여기서는 네가 하고 싶은 것을 할 수 있어"라고만 말했다. 그 순간 아이는 긴장을 풀고, 작은 피규어 하나를 집어 들었다.

이 짧은 경험은 아이에게 "이곳은 안전하다"라는 메시지를 주었고, 이후 자유롭고 창의적인 작업으로 이어졌다.

6. 결론: 첫 세션은 토대다

첫 세션은 치료의 시작일 뿐 아니라, 전체 여정을 지탱하는 토대다. 공간의 물리적 준비, 치료사의 내적 준비, 관계적 태도가 조화를 이룰 때, 내담자는 모래상자 속에서 자신의 무의식을 신뢰하고 표현할 수 있다. 따라서 첫 세션은 기술적 절차가 아니라, 존재와 존재의 만남을 준비하는 예식이라 할 수 있다.

II. 치료사의 마음가짐과 임상적 태도

1. 치료사의 동반자 마음

모래상자치료에서 치료사는 치유자(healer)로서의 권위적 위치에 서는 것이 아니라, 내담자와 함께 여정을 걷는 동반자(companion)로 자리해야 한다. 치료사가 "내가 고쳐준다"는 태도를 가지면, 상징은 자유롭게 드러나지 못한다.

치료사의 기본 마음가짐은 겸손과 기다림이다. 무의식은 자율적으로 움직이며, 치료사는 이를 억지로 조작하는 존재가 아니라, 과정이 드러나도록 허용하는 존재다.

2. 경청과 공명

첫 세션에서부터 치료사는 내담자의 말뿐 아니라, 표정 · 몸짓 · 상징적 선택까지 주의 깊게 경청해야 한다. 경청은 단순히 듣는 행위가 아니라, 공명(resonance)하는 것이다. 내담자의 경험에 진심으로 공명할 때, 치료사는 내담자가 자신의 내적 세계를 신뢰하도록 돕는다(Rogers, 1961/1995, p. 115).

이러한 공명은 언어 이전의 감각에서 시작된다. 내담자가 모래를 만질 때 치료사가 함께 숨을 고르고, 내담자가 피규어를 고를 때 눈길을 따라가 주는 것만으로도, "나는 너의 세계를 함께 보고 있다"라는 메시지를 전달한다.

3. 해석보다 현존(Presence)

융은 “분석가의 가장 중요한 도구는 그의 존재 자체”라고 말했다(Jung, 1966, p. 78). 치료사는 준비된 지식이나 해석보다, 존재의 현존(presence)으로 임해야 한다.

해석이 앞설 때 내담자는 다시 방어를 세울 수 있지만, 치료사의 현존은 내담자가 상징과 직접 연결되도록 지지한다. 따라서 치료사는 “무엇을 말할까”보다 “어떻게 함께 있을까”를 고민해야 한다.

4. 치료적 태도의 세 가지 요소

- **비판단적 태도**: 내담자가 표현하는 상징을 ‘좋다/나쁘다’로 판단하지 않는다. 상징은 있는 그대로 존중될 때 치유의 힘을 발휘한다.
- **인내와 기다림**: 무의식은 자신의 속도로 드러난다. 치료사가 성급해질수록 과정은 방해받는다.
- **존재의 투명성**: 치료사는 자신의 감정을 숨김없이 자각하며, 내담자에게 진솔하게 임해야 한다. 이는 역전이의 위험을 줄이고, 진정한 관계성을 형성한다(Winnicott, 1971/2005, p. 64).

5. 사례적 이해

한 성인 내담자는 첫 세션에서 긴 침묵 끝에 작은 인형 하나만 모래에 두었다. 치료사가 불안을 느끼고 해석을 시도했다면, 내담자는 마음을 닫았을 것이다. 그러나 치료사는 그저 “이 인형이 여기에 있군요”라고만 말했다. 이 짧은 반영은 내담자가 자신의 선택을 존중받았다고 느끼게 했고, 이후 그는 점차 더 풍부한 장면을 만들어 갔다.

6. 결론: 마음가짐은 기법보다 깊다

치료사의 마음가짐은 단순한 태도 지침을 넘어, 치료의 본질을 형성한다. 내담자를 고쳐야 할 대상으로 보지 않고, 함께 여정을 걷는 동반자로 대할 때, 모래상자는 진정한 치유의 장이 된다. 따라서 치료사의 마음가짐은 기법보다 깊고, 존재론적 태도로서 자리해야 한다.

Ⅲ. 치료적 공간의 상징성과 첫인상

1. 치료실의 상징적 구조

모래상자치료실은 단순히 네 벽으로 둘러싸인 방이 아니다. 그것은 상징적 세계를 담는 그릇이며, 무의식의 발현을 촉진하는 장치다.

1) 모래상자

모래상자는 무의식의 도가니(crucible)로, 내담자의 내적 세계가 드러나는 무대이다. 모래 자체가 '흙의 원소'를 담고 있으며, 형성과 해체의 가능성을 동시에 상징한다. 모래상자는 작은 틀 안에 세상을 축소시켜 담을 수 있는 공간이다. 융(Jung, 1964/1989, p. 22)은 무의식의 이미지를 '투사할 수 있는 그릇'이 필요하다고 말했는데, 모래상자는 바로 그런 심리적 도가니(crucible)로 작동한다. 내담자는 모래상자 속에서 파괴와 창조, 죽음과 재생을 반복하면서 자신의 내적 여정을 드러낸다.

2) 피규어 진열대

피규어 진열대는 축소된 우주(microcosm)이다. 내담자가 진열대 앞에 서는 순간, 그는 세계 전체를 조망하는 위치에 선다. 이 과정은 무의식의 선택을 자극하여 상징을 드러내게 한다. 진열대에 놓인 피규어들은 '작은 우주'다. 동물, 인간, 신화적 존재, 건물, 자연 요소들은 내담자가 선택할 수 있는 세계의 가능성을 제공한다. 이는 곧 '상징적 자원(symbolic resource)'이며, 내담자가 자기 이야기를 만들어갈 수 있도록 돕는다.

3) 치료사의 자리

치료사는 공간 안에서 경계 위에 존재한다. 너무 가깝지도 멀지도 않은 위치에 앉음으로써, 내담자가 자유롭게 몰입할 수 있는 여유를 제공한다. 치료사의 자리는 단순한 물리적 위치가 아니라, 관계적 거리의 상징이다.

치료사의 물리적 자리는 공간의 메시지를 결정한다. 내담자와 너무 가까우면 침투적일 수 있고, 너무 멀면 방관적일 수 있다. 따라서 치료사는 '함께 있으면서도 간섭하지 않는 위치'에 앉아야 한다.

치료사의 시선 역시 중요하다. 내담자의 작업을 끊임없이 주시하기보다, 열린 관심으로 지켜보되, 내담자가 자유롭게 몰입할 수 있는 거리를 지켜야 한다. 이는 공간적 배치가 곧 존재론적 태도로 연결됨을 의미한다(Buber, 1970/1996, p. 83).

이 모든 요소는 내담자가 첫 순간부터 "여기서는 나도 모르게 내 안의 이야기가 흘러나올 수 있겠다"는 신뢰를 가질 수 있도록 설계된 장치다.

4) 사례적 이해

한 아동 내담자는 처음 치료실에 들어서자 피규어 진열대를 오랫동안 바라보다가, 곧장 모래상자 옆에 앉았다. 치료사가 약간 물러난 자리에서 조용히 지켜보자, 아이는 "여긴 내가 뭘 해도 괜찮은 곳 같아요"라고 말했다. 공간 자체가 이미 내담자에게 환대와 자유를 전한 것이다.

5) 결론: 공간은 살아 있는 상징

모래상자치료실은 단순한 장소가 아니라, 무의식의 상징적 세계가 발현되는 장이다. 공간은 안전과 자유를 동시에 제공하며, 모래상자와 진열대, 치료사의 자리가 모두 상징적 메시지를 전달한다. 치료사는 이 공간을 단순히 마련하는 것이 아니라, 존재의 태도로 구현해야 한다.

2. 첫인상의 심리적 힘

심리학 연구에 따르면, 인간은 단 몇 초 만에 첫인상을 형성하며, 그 인상은 이후의 관계를 지배한다(Gladwell, 2005, p. 15). 치료실에서도 마찬가지다. 내담자가 치료실에 들어섰을 때 느끼는 첫인상은 이후 치료적 몰입도와 신뢰 형성에 결정적인 영향을 미친다.

만약 내담자가 들어왔을 때 공간이 차갑고 혼란스럽다면, 그는 치료사와의 관계도 혼란스럽게 느낄 수 있다. 반대로, 공간이 따뜻하고 정돈되어 있다면, 내담자는 치료사가 자신을 환대할 준비가 되어 있음을 직관적으로 인식한다.

첫인상은 특히 아동이나 외상 경험자에게 중요하다. 이들은 언어보다 환경에 더욱 민감하게 반응한다. 한 아동은 치료실에 들어서자마자 방안을 둘러보고는 곧장 모래에 손을 넣었다. 그는 "여기는 내가 놀 수 있는 곳"임을 직관적으로 알아차린 것이다. 이는 첫인상의 힘이 치료의 시작을 어떻게 열어주는지를 보여준다.

1) 공간은 말 없는 언어

치료 장면에서 내담자가 가장 먼저 경험하는 것은 치료사의 해석이나 질문이 아니다. 내담자가 문을 열고 들어서는 순간, 가장 먼저 마주하는 것은 공간 자체가 전하는 무언의 언어이다. 정리된 모래상자, 가지런히 놓인 피규어, 조용하고 따뜻한 조명은 이미 내담자에게 하나의 메시지를 전달한다. 이는 언어 이전에 작동하는 비언어적 의사소통이며, 내담자가 치료 과정을 어떻게 받아들일지 결정짓는 중요한 단서가 된다.

위니컷(Winnicott, 1971/2005, p. 41)은 치료 공간을 '잠재적 공간(potential space)'이라 불렀다. 이는 아동이 놀이 속에서 자신과 세계를 자유롭게 연결할 수 있는 심리적 장을 의미한다. 모래상자치료실 또한 그러하다. 잘 준비된 공간은 내담자에게 "여기는 안전하다", "너를 맞이할 준비가 되어 있다"는 무언의 신호를 보낸다. 반대로, 정돈되지 않은 공간, 삭막하거나 차갑게 느껴지는 분위기는 내담자의 긴장을 높이고, 무의식의 자유로운 표현을 가로막을 수 있다.

공간이 전하는 무언의 언어는 치료 관계의 기초를 형성한다. 내담자가 말을 시작하기 전에 이미 치료실은 그에게 '환대' 혹은 '거부'의 메시지를 주고 있는 것이다.

2) 공간은 제3의 치료사

치료 공간은 안전함과 자유로움이 동시에 보장되어야 한다.

- **안전함**: 내담자가 판단받지 않고 자기 표현을 시도할 수 있는 분위기.
- **자유로움**: 내담자가 상징을 제한 없이 선택하고 배치할 수 있는 가능성.

이 두 요소가 균형을 이루어야 내담자는 모래상자를 무의식적 변환의 장으로 경험할 수 있다.

3) 공간은 확장된 치료사

부버(Buber, 1970/1996, p. 89)는 인간 관계를 “나-너(I-Thou)의 만남”으로 설명했다. 치료 공간 역시 단순한 배경이 아니라, 치료사의 존재를 확장하여 드러내는 장치다.

- **혼란스러운 공간**: 내담자는 치료사가 내면적으로 정돈되지 않았다고 느낄 수 있다.
- **단정하고 따뜻한 공간**: 내담자는 치료사가 자신을 존중하며 준비되어 있다고 인식한다.

즉, 공간은 치료사의 내적 태도를 반영한다. 치료실은 치료사의 말 없는 ‘또 다른 몸짓’이며, 내담자는 이를 무의식적으로 감지한다. 따라서 공간은 단순한 물리적 환경이 아니라, 치료사의 존재 자체를 상징적으로 드러내는 확장된 자아라 할 수 있다.

4) 공간의 다층적 상징성

모래상자 공간은 단순히 ‘방’이 아니라, 상징적으로 다음과 같은 의미를 지닌다.

- **모래상자**: 무의식의 도가니, 내적 세계의 투사 장.
- **피규어 진열대**: 세계의 축소판, 다양한 원형적 이미지의 집합.
- **치료사의 자리**: 경계의 상징, 관계적 균형.
- **전체 공간**: 환대와 보호의 자궁적 공간, 동시에 자기(Self)와 만나는 성소.

이러한 다층적 상징성은 무의식적 상징 세계 속으로 들어가는 체험을 가능하게 한다.

5) 치료적 함의

- **안전감 형성**: 정돈된 공간은 내담자가 무의식을 표현할 수 있도록 돕는다.
- **상징적 발현 촉진**: 피규어와 모래는 무의식의 언어를 불러낸다.
- **관계적 신뢰 구축**: 공간은 치료사와 내담자의 관계 형성에 기여한다.
- **치료사의 성찰**: 공간은 치료사의 내적 상태를 반영하므로, 치료사는 자신의 존재를 점검하게 된다.

6) 사례적 이해

한 아동 내담자는 첫 세션에서 방 안을 천천히 둘러보다가 치료사에게 "이거 다 네 거예요?"라고 물었다. 치료사가 "네, 그리고 오늘은 네가 원하는 대로 쓸 수 있어"라고 대답했을 때, 아이는 곧장 모래에 손을 넣었다. 중요한 것은, 치료사의 말보다 공간 자체가 이미 아이에게 안전감을 주었다는 사실이다.

모래와 피규어가 정리된 공간은 아이에게 환대의 메시지를 전했고, 아이는 이를 통해 "여기서는 내 마음을 표현해도 된다"는 확신을 얻었다. 이 사례는 공간이 단순한 배경이 아니라, 치료 관계를 여는 첫 문이라는 점을 잘 보여준다.

3. 결론적 고찰

모래상자치료실은 단순한 장소가 아니라, 무의식이 발현되는 상징적 세계다. 내담자가 처음 마주하는 공간의 첫인상은 치료 관계의 토대를 만든다. 치료사는 공간을 통해 환대와 안전을 전하며, 그 자체로 치유적 언어를 건넬 수 있다.

치료적 공간은 살아있는 상징이다. 치료적 공간은 단순한 배경이 아니라, 상징적 메시지를 전하는 주체다. 내담자는 공간의 첫인상 속에서 이미 치료적 관계를 경험하고, 무의식의 발현을 허락받는다. 모래상자치료실은 곧 무의식의 성소이며, 치료사는 그 공간을 통해 내담자에게 말 없는 환대와 안전감을 제공한다.

IV. 모래상자 공간의 상징적 구조

1. 모래상자의 기본적인 공간 상징

1) 좌(左) - 과거와 무의식의 영역

- **상징적 의미**: 전통적으로 왼쪽은 과거, 무의식, 내면, 여성성(아니마)의 자리로 이해된다. 신화와 종교에서도 '좌편'은 감추어진 영역, 직관과 감정의 세계를 상징한다.
- **임상적 해석**: 내담자가 모래상자의 왼쪽에 피규어나 상징을 집중적으로 배치한다면, 이는 과거 경험이나 억압된 무의식의 내용과 연결되어 있을 가능성이 크다. 예컨대 아동이 왼쪽에만 집을 짓거나 가족 피규어를 놓는다면, 과거 가족 경험과 관련된 정서적 기억이 작동하고 있음을 시사한다.

2) 우(右) - 미래와 의식의 영역

- **상징적 의미**: 오른쪽은 미래, 의식, 외부 세계, 남성성(아니무스)의 자리를 상징한다. 고대 신화에서 '우편(右)'은 힘, 질서, 합리성을 대표하는 경우가 많았다.
- **임상적 해석**: 내담자가 오른쪽에 도로, 탑, 전사 피규어를 배치한다

면 이는 미래 지향적 의도, 사회적 성취, 혹은 의식적 목표를 반영할 수 있다. 예를 들어, 청소년이 오른쪽에 반복적으로 학교나 교사 피규어를 두는 것은 진로, 성취, 사회적 평가에 대한 긴장을 나타낼 수 있다.

3) 위(上) – 초월과 영적 차원의 영역

- **상징적 의미**: 위쪽은 하늘, 영성, 이상, 초월의 차원을 상징한다. 융은 하늘을 자기(Self)의 상징으로 보았으며, 종교 전통에서도 위는 신성한 세계와의 연결을 나타낸다.
- **임상적 해석**: 내담자가 모래상자의 상단에 태양, 별, 신화적 존재를 배치한다면, 이는 초월적 의미, 영적 탐색, 자기(Self)와의 만남을 지향하는 상징적 표현이다. 예를 들어 성인이 반복적으로 상단에 만다라 구조나 신성한 아이를 배치하는 것은, 자기와의 접촉을 시도하는 장면일 수 있다.

4) 아래(下) – 뿌리와 무의식의 깊은 층

- **상징적 의미**: 아래쪽은 땅, 무의식의 심연, 본능, 죽음과 재생의 영역을 상징한다. 연금술에서는 하강이 곧 니그레도(nigredo), 즉 심리적 죽음을 통한 변환의 시작을 의미한다.
- **임상적 해석**: 내담자가 하단에 무덤, 동굴, 괴물, 뱀을 배치하는 경우, 이는 억압된 그림자나 무의식적 충동을 드러낸다. 그러나 동시에 씨앗, 뿌리, 샘물을 두는 것은 새로운 탄생과 잠재력의 상징이 될 수 있다.

5) 종합적 구조

- **좌 ↔ 우**: 과거/무의식 ↔ 미래/의식, 아니마 ↔ 아니무스의 긴장과 균형
- **위 ↔ 아래**: 영적/초월 ↔ 본능/심연, 자기(Self) ↔ 그림자의 변증법적 관계
- **중앙**: 네 방향의 긴장이 모이는 통합의 자리. 내담자가 중앙에 놓는 상징은 '자기(Self)'와 직결되는 경우가 많다(예: 만다라, 큰 나무, 태양).

요약하면, 모래상자 공간의 좌 · 우 · 위 · 아래는 각각 무의식/과거, 의식/미래, 영적/초월, 본능/심연을 상징하며, 내담자는 이 네 차원을 배치하는 과정을 통해 자기(Self)와의 통합을 향해 나아간다고 볼 수 있다.

2. 모래상자 공간의 다층적 상징구조

1) 치료사의 위치의 상징성

모래상자치료에서 치료사는 보통 상자 옆이나 대각선 뒤쪽에 앉는다.
너무 가까이 있으면 내담자의 자유로운 몰입이 방해될 수 있고,
너무 멀리 있으면 관계적 단절을 암시할 수 있기 때문이다.
따라서 치료사의 위치는 "경계 위의 자리", 즉 내담자의 세계 안에 직접 개입하지 않으면서도 안전하게 지켜보는 증인의 자리로 이해된다. 이는 위니컷(Winnicott)의 "안아주는 환경(holding environment)"과도 통하며, 부버(Buber)의 "나-너 관계" 속에서 '존재로서 함께 있는 자리'로도 설명할 수 있다.
즉, 치료사의 위치는 보호와 자유 사이의 균형을 상징한다.

2) 모래상자 공간의 확장된 상징 구분

위 · 아래 · 좌 · 우 외에도, 모래상자 공간은 다양한 상징적 영역으로 나눌 수 있다.

(1) 중심(Center)

- **상징**: 자기(Self), 전체성, 만다라적 통합.
- **의미**: 내담자가 중심에 두는 피규어는 자기 경험과 연결될 가능성이 크다(예: 태양, 큰 나무, 성).

(2) 경계(Border)

- **상징**: 보호, 한계, 외부 세계와의 접촉.
- **의미**: 내담자가 상자의 가장자리에 벽, 울타리, 강을 두는 경우, 이는 자기 방어, 불안, 또는 외부 세계와의 경계를 표현한다.

(3) 안과 밖(Inside vs. Outside)

- **안쪽**: 친밀, 자기 내면, 은밀한 이야기.
- **바깥쪽**(혹은 모래상자 바깥): 사회적 현실, 외부 압력. 내담자가 상자 밖에 피규어를 두는 경우, 자신이 세계와 단절되었다는 경험을 반영하기도 한다.

(4) 상자 위/밖(Above/Outside)

때로는 내담자가 상자 위나 선반 위에 피규어를 올려두기도 한다.

이는 초월적 차원, 닿을 수 없는 이상, 혹은 외부 권위를 상징할 수 있다.

3. 공간 상징을 확장적으로 해석하는 틀

- **세로축**(위-아래): 영적 초월 ↔ 본능적 무의식.
- **가로축**(좌-우): 과거/무의식/아니마 ↔ 미래/의식/아니무스.
- **중심-주변**: 자기(Self) ↔ 경계/세계와의 관계.
- **안-밖**: 내적 친밀 ↔ 사회적 현실.
- **치료사의 자리**: 경계에 위치한 증인, 개입하지 않는 동행자.

4. 결론: 공간 상징

모래상자의 공간 상징은 단순히 위·아래·좌·우의 4방위만이 아니라, 중심·경계·안/밖·상자 위(초월 영역)까지 확장할 수 있다. 그리고 치료사의 위치는 경계 위에서 보호와 자유의 균형을 상징하는 자리로 이해할 수 있다.

Ⅴ. 치료사의 언어와 침묵

첫 세션은 내담자에게 낯선 공간에서 새로운 관계를 시작하는 순간이기에, 언어와 침묵이 독특한 긴장을 형성한다. 내담자는 말하고 싶으면서도 말하기 두려워하고, 침묵하고 싶으면서도 침묵이 불편하다. 치료사는 이러한 역동을 민감하게 감지하며, 언어와 침묵 모두가 치료의 자원임을 이해해야 한다(Jung, 1966, p. 112).

1. 언어: 관계의 다리

언어는 첫 세션에서 내담자와 치료사를 연결하는 다리다. 치료사는 경직된 질문이나 해석보다, 열린 질문과 공감적 반영을 사용해야 한다.

"여기에 와서 어떤 기분이 드시나요?"

"이 피규어를 고른 데 특별한 이유가 있으신가요?"

이와 같은 질문은 내담자가 자신의 세계를 말할 수 있도록 돕고, 치료사는 적극적으로 경청하며 내담자가 이해받고 있다는 경험을 하도록 한다(Rogers, 1961/1995, p. 119).

2. 침묵: 무의식의 언어

첫 세션의 침묵은 불편한 공백이 아니라, 무의식의 언어이다. 내담자가 모래를 만지며 말없이 장면을 구성할 때, 그 침묵은 내적 세계가 드러나는 순간이다. 치료사는 이 침묵을 조급히 채우려 하지 않고, 내담자가 자신의 리듬으로 표현할 수 있도록 허용해야 한다.

모래상자의 치유적 힘은 종종 침묵 속에서 일어난다. 치료사의 침묵은 무관심이 아니라 존재의 현존(presence)이다.

3. 언어와 침묵의 균형

첫 세션에서 중요한 것은 언어와 침묵의 균형이다. 언어가 지나치면 내담자의 상징이 억압되고, 침묵이 지나치면 내담자가 고립감을 느낄 수 있다. 따라서 치료사는 내담자가 상징 작업에 몰입할 때는 침묵을 지키되, 필요할 때는 짧은 언어로 반영하거나 지지해야 한다.

- **예:** 내담자가 긴 침묵 끝에 작은 집 피규어를 세웠을 때, 치료사는 "집이 여기에 놓였네요"라는 짧은 언어로 침묵을 존중하면서도 내담자의 선택을 반영할 수 있다.

4. 사례적 이해

한 성인 내담자는 첫 세션 내내 아무 말도 하지 않고 모래만 만졌다. 치료사는 침묵을 지키며 그의 움직임을 지켜보았다. 세션 말미에 치료사가 “오늘 모래를 많이 만지셨네요”라고 말했을 때, 내담자는 고개를 끄덕이며 “말은 잘 못 하겠지만, 이게 저예요”라고 답했다.

이 경험은 침묵이 단절이 아니라, 무의식적 표현의 언어임을 보여준다. 치료사의 짧은 언어는 내담자의 체험을 인정하며, 침묵 속 작업을 의미화하는 다리 역할을 했다.

5. 결론: 언어와 침묵은 함께 치유한다

첫 세션에서 언어는 신뢰를 세우고, 침묵은 무의식을 열어준다. 치료사는 이 두 가지가 서로를 보완하며 작동하도록 균형을 잡아야 한다. 언어와 침묵이 맞물릴 때, 내담자는 안전하게 무의식을 표현하고, 치료사는 말 없는 언어까지 듣는 청자로 서게 된다.

VI. 첫 세션에서 치료사의 침묵

1. 첫 세션의 특수성

첫 만남은 내담자와 치료사 모두에게 긴장과 기대가 교차하는 순간이다. 내담자는 “여기서 안전할까?”, “내 이야기를 해도 될까?”를 확인하려 하고, 치료사는 내담자가 스스로 표현할 수 있는 장을 어떻게 마련할지를 고민한다. 이때 치료사가 지나치게 말을 많이 하거나, 불안을 덮으려는 듯 친절한 설명으로 가득 채우면, 오히려 내담자가 자기 방식대로 표현할 수 있는 기회를 잃을 수 있다.

따라서 첫 세션에서의 침묵은 공간을 열어주는 행위로 작동한다.

첫 만남에서 내담자만 긴장하는 것이 아니다. 치료사 역시 보이지 않게 불안을 느낀다. "내가 잘 할 수 있을까?", "내담자는 나를 신뢰할까?"라는 의문이 마음을 스친다. 이 불안을 부정하기보다 자각하고 받아들일 때, 치료사는 더 겸손하고 진실하게 내담자와 마주할 수 있다. 불안은 오히려 진정한 만남을 향한 준비의 신호이다.

2. 침묵의 상징적 의미

첫 세션에서 가장 큰 도전은 침묵을 견디는 일일 수 있다. 그러나 침묵은 무의식의 언어이며, 내담자의 리듬이다. 치료사는 조급함을 내려놓고, 침묵을 함께 견디며, 그 속에서 내담자가 스스로 말을 찾을 수 있도록 지켜보아야 한다. 준비란 곧 침묵을 환영할 수 있는 마음을 기르는 것이다.

- **환대의 침묵**: 치료사가 말없이 기다리는 태도는 내담자에게 "당신의 방식대로 시작해도 된다"는 메시지를 준다.
- **존중의 침묵**: 즉각적인 질문이나 조언을 하지 않고 내담자의 움직임을 지켜보는 것은, 내담자가 이미 가지고 있는 무의식의 지혜와 표현 방식을 존중한다는 뜻이다.
- **안전의 침묵**: 언어가 강제로 개입하지 않는 공간은 내담자에게 "이곳은 평가받는 자리가 아니라, 내가 자유롭게 표현할 수 있는 자리"라는 안도감을 준다.

3. 임상적 기능

- **관찰의 기능**: 첫 세션의 침묵은 내담자의 비언어적 표현(몸짓, 호흡, 망설임, 피규어 선택 방식)을 관찰할 수 있는 기회를 제공한다.
- **전이의 기능**: 내담자가 침묵을 어떻게 경험하는지에 따라 초기 전이 반응이 드러난다. 어떤 내담자는 침묵을 '존중'으로 느끼고, 어떤 이는 '거부'로 느낄 수 있다. 이는 관계 탐색의 중요한 단서가 된다.
- **상징적 행위의 촉진**: 모래상자치료에서는 말보다 행동이 먼저이다. 치료사가 침묵하며 기다릴 때, 내담자는 자연스럽게 모래를 만지고 피규어를 선택하면서 자신의 무의식을 표현하기 시작한다.

4. 침묵에 대한 내담자의 반응

- **안도감**: "굳이 설명하지 않아도 되는구나."
- **불안**: "왜 아무 말도 하지 않지? 내가 뭘 잘못하고 있나?"
- **탐색적 태도**: "그럼 내가 먼저 해봐야겠네."

치료사는 내담자가 침묵을 어떻게 경험하는지 민감하게 감지해야 한다. 필요할 때는 짧고 담백한 언어(예: "천천히 하셔도 괜찮습니다")로 안전감을 보완할 수 있다.

5. 종합적 고찰

첫 세션에서의 침묵은 치료사의 적극적 부재라 할 수 있다. 이것은 무책임한 방임이 아니라, 내담자의 무의식과 자발성이 스스로 모습을 드러내도록 비워둔 공간이다. 분석심리학적 관점에서 침묵은 무의식의 목소리를 들을 수 있는 여백이며, 모래상자치료에서는 그 여백 속에서 모래와 피규어가 말을 하기 시작한다.

첫 만남은 나의 존재를 시험하는 순간이다. 첫 세션은 내담자가 변화를 향해 문을 여는 시간인 동시에, 치료사가 자기 존재를 시험받는 순간이다. 준비란 외적 장치가 아니라, 내적 성찰과 마음가짐이다. 치료사는 이 질문을 자신에게 던져야 한다.

"나는 첫 만남에서 무엇을 준비하는가?"

그 답은 고정된 매뉴얼이 아니라, 매번 새로운 만남 속에서 다시 써 내려가야 하는 살아 있는 성찰이다.

VII. [치료사 성찰] 나는 치료의 첫 만남에서 무엇을 준비하는가?

1. 첫 세션에서 치료사의 성찰 질문

- 나는 내담자를 '치료해야 할 대상'으로 보는가, 아니면 '존재로 만날 준비가 된 동반자'로 보는가?
- 나는 내담자의 첫 발걸음을 환대할 준비가 되어 있는가?
- 나는 나의 불안을 인정하고, 그것을 겸손으로 전환할 수 있는가?
- 나는 첫 세션에서 침묵을 두려워하지 않고, 그 속에서 무의식의 언어를 들을 준비가 되어 있는가?

2. 첫 만남은 치료사의 존재를 시험하는 순간

첫 세션은 내담자가 변화를 향해 문을 여는 시간인 동시에, 치료사가 자기 존재를 시험받는 순간이다. 준비란 외적 장치가 아니라, 내적 성찰과 마음가짐이다. 치료사는 이 질문을 자신에게 던져야 한다.

"나는 첫 만남에서 무엇을 준비하는가?"

그 답은 고정된 매뉴얼이 아니라, 매번 새로운 만남 속에서 다시 써 내려가야 하는 살아 있는 성찰이다.

제5장 요약 — 모래상자치료의 장

이 장은 모래상자치료에서 첫 세션이 갖는 의미와 중요성을 다루며, 치료사의 준비와 태도가 어떻게 치유적 관계의 기초를 형성하는지를 탐구한다.

1. **첫 세션의 의미와 치료사의 준비**

   첫 세션은 치료의 시작이자, 내담자가 자신의 무의식 세계로 들어가는 문을 여는 순간이다. 물리적 공간의 정돈, 모래와 피규어의 준비, 그리고 치료사의 내적 상태 점검이 필요하다. 무엇보다 치료사는 내담자를 환대하는 마음으로 현존해야 한다.

2. **치료사의 마음가짐과 임상적 태도**

   치료사는 치유자가 아니라 동반자로 서야 한다. 경청과 공명, 현존이 해석보다 중요하다. 비판단적 태도, 인내, 존재의 투명성이 기본이며, 이는 치료 기법보다 깊은 존재론적 태도로서 요구된다.

3. **치료적 공간의 상징성과 첫인상**

   치료실은 단순한 장소가 아니라 상징적 세계이다. 모래상자와 피규어, 치료사의 자리까지 모두 내담자에게 무언의 메시지를 전한다. 첫인상은 치료 관계의 토대를 형성하며, 공간은 치료사의 연장을 반영한다.

4. 첫 세션에서의 언어와 침묵

언어는 관계의 다리, 침묵은 무의식의 언어다. 치료사는 침묵을 조급히 채우려 하지 않고, 내담자가 상징을 통해 자기 세계를 드러낼 시간을 존중한다. 언어와 침묵의 균형이 맞춰질 때, 내담자는 신뢰 속에서 무의식을 표현할 수 있다.

5. [치료사 성찰] 나는 치료의 첫 만남에서 무엇을 준비하는가?

첫 만남에서 준비해야 하는 것은 절차나 기술이 아니라 마음의 상태다. 환대, 자기 불안의 자각, 침묵을 견딜 준비가 중요하다. 치료사는 "나는 첫 만남에서 무엇을 준비하는가?"라는 질문을 매번 새롭게 자신에게 던져야 한다.

핵심 메시지

첫 세션은 기술적 절차가 아니라 존재와 존재의 만남이다.
치료사의 마음가짐은 기법보다 깊은 치유의 기반이다.
공간, 언어, 침묵은 모두 무의식의 언어를 드러내는 장치다.
첫 만남에서 환대와 현존을 준비할 때, 치료 관계는 치유적 토대를 얻게 된다.

제6장

모래상자치료실의 상징물: 무의식의 인형극장

Ⅰ. 피규어의 다양성과 원형적 의미

1. 피규어는 무의식의 언어

모래상자치료에서 피규어는 단순한 장난감이 아니다. 그것은 내담자의 무의식이 외부 세계로 표현되는 상징적 언어다. 내담자가 피규어를 선택하고 배치하는 순간, 무의식의 내적 이미지가 구체적 형태로 드러난다 (Jung, 1964, p. 48).

도라 칼프(Dora Kalff)는 피규어를 "무의식의 원형적 내용이 표현되는 매개체"로 보았다(Kalff, 1980, p. 104). 따라서 피규어의 다양성은 곧 무의식이 스스로를 드러낼 수 있는 가능성의 폭을 의미한다.

2. 피규어의 범주와 상징성

치료실의 피규어는 세계의 축소판을 구성하도록 준비되어야 한다. 일반적으로 다음과 같은 범주가 포함된다.

- **인물**: 가족, 아이, 노인, 영웅, 왕·여왕, 종교적 인물
- **동물**: 야생동물, 길들여진 동물, 신화적 동물(용, 유니콘)
- **자연 요소**: 나무, 돌, 산, 강, 태양, 달
- **건축물·도구**: 집, 다리, 성, 무기, 배
- **종교·신화적 상징**: 십자가, 만다라, 신상, 신화적 상징물

이러한 범주는 내담자의 무의식이 다양한 차원에서 자신을 표현할 수 있게 한다. 예컨대, 내담자가 다리를 반복적으로 선택한다면 이는 단절과 연결, 통합의 상징일 수 있으며, 용은 그림자의 원형을 드러내는 강력한 상징이다.

3. 원형적 의미와 반복성

융은 무의식 속 원형(archetype)이 상징을 통해 드러난다고 보았다(Jung, 1959/1968, p. 79). 피규어가 반복적으로 등장할 때, 이는 단순한 우연이 아니라 무의식의 원형적 주제가 활성화되었음을 보여준다.

- **예:** 반복되는 아이 피규어 → 자기(Self)의 출현, 새로운 시작
  반복되는 괴물 · 용 → 그림자와의 대면
  반복되는 다리 → 의식과 무의식, 분열된 자아와 통합의 시도

이러한 반복성은 내담자가 의식적으로 설명하지 않아도, 무의식이 상징을 통해 치유적 과정을 전개하고 있음을 드러낸다.

4. 다양성의 필요성

피규어가 충분히 다양하지 않으면, 내담자의 표현은 제한되고 무의식은 제 목소리를 내지 못한다. 예컨대, 종교적 상징이나 신화적 존재가 준비되어 있지 않다면, 내담자가 느끼는 초월적 경험을 표현할 수 없다. 따라서 치료실에는 가능한 한 다양한 문화 · 종교 · 세계관을 반영하는 피규어가 갖추어져야 한다.

이는 피규어가 단순히 장식이 아니라, 내담자가 무의식의 깊은 층위를 탐색할 수 있는 문을 여는 열쇠이기 때문이다.

5. 사례적 이해

한 성인 여성 내담자는 세션마다 왕과 여왕 피규어를 반복적으로 배치했다. 초기에는 서로 등을 돌린 채 놓였지만, 시간이 지나면서 점차 가까

워졌고, 마지막에는 함께 아이를 안고 성 안에 자리했다. 이 과정은 내담자의 내적 남성성(아니무스)과 여성성(아니마)이 통합되어, 자기(Self)를 실현하는 과정을 보여주었다.

이 사례는 피규어의 선택과 배치가 단순한 놀이가 아니라, 무의식의 원형적 드라마임을 잘 보여준다.

6. 결론: 피규어는 원형의 거울

모래상자치료에서 피규어는 내담자의 무의식을 비추는 거울이다. 그 다양성과 반복성 속에서 원형적 주제가 드러나며, 내담자는 이를 통해 자기(Self)를 향해 나아간다. 따라서 피규어는 단순한 도구가 아니라, 무의식의 살아 있는 언어이자 원형의 거울이다.

II. 피규어 선택과 내담자의 심리적 과정

1. 선택은 무의식의 언어

내담자가 피규어를 선택하는 순간, 그것은 단순한 우연이 아니라 무의식의 자기 표현이다. 선택은 논리적 설명보다 깊은 곳에서 이루어지며, 종종 내담자 자신조차 왜 그것을 골랐는지 알지 못한다. 융(C. G. Jung)은 무의식이 의식과 대화하는 방식으로 상징을 제시한다고 보았고, 피규어 선택은 바로 그 대화의 시작이다(Jung, 1964, p. 41).

2. 초기 선택과 심리적 방어

첫 세션이나 초기 세션에서 내담자가 고르는 피규어는 종종 방어적 성격을 띤다. 내담자는 안전한 상징(집, 나무, 동물)을 통해 자신을 간접적으로 드러내거나, 단순히 모래만 만지며 시간을 보낼 수도 있다. 이는 무의식의 깊은 재료가 아직 드러날 준비가 되지 않았음을 보여준다.

칼프(D. Kalff)는 이러한 초기 과정을 "무의식이 치료 공간을 시험하는 단계"라고 설명했다(Kalff, 1980, p. 112). 치료사가 기다림과 수용의 태도로 임할 때, 내담자는 점차 더 깊은 상징을 선택하기 시작한다.

3. 반복되는 선택과 무의식의 메시지

내담자가 특정 피규어를 반복적으로 선택한다면, 이는 무의식의 핵심 주제가 지속적으로 드러나는 것이다.

- 동일한 동물의 반복 → 억눌린 본능이나 힘의 상징.
- 다리, 길의 반복 → 관계적 연결에 대한 갈망.
- 괴물, 용의 반복 → 그림자와의 대면.

반복적 선택은 무의식의 일관된 메시지를 드러내며, 이는 내담자의 심리적 작업이 특정 원형 주제를 중심으로 전개되고 있음을 시사한다(Jung, 1959/1968, p. 87).

4. 전환적 선택과 심리적 변환

치료가 진행되면서 내담자의 선택에는 변화가 나타난다. 초기에는 혼돈과 파괴를 상징하는 피규어가 많았다가, 점차 재건과 통합을 상징하는 피규어가 등장할 수 있다.

- **예**: 한 아동 내담자는 초기 세션에서 전쟁과 파괴의 피규어를 반복적으로 선택했다. 그러나 시간이 지나면서 강 위에 다리를 놓

고, 마지막에는 집과 가족 피규어를 배치했다. 이는 내담자가 무의식 속에서 분열에서 통합으로 이동하는 과정을 반영한다.

5. 선택 과정과 치료사의 태도

치료사는 내담자의 선택을 평가하거나 성급히 해석하지 않고, 그 과정을 존중해야 한다. 내담자가 선택한 피규어는 해석 이전에 체험의 장치로 기능하기 때문이다. 치료사가 조용히 지켜보고, 때때로 짧은 반영으로 내담자의 체험을 확인해 줄 때, 내담자는 상징을 통해 자기(Self)와 더 깊이 연결된다.

- **예**: "이 나무가 여기에 서 있군요." → 단순한 반영이지만, 내담자는 자신의 선택이 존중되었다는 경험을 한다.

6. 사례적 이해

한 청소년 내담자는 매 세션마다 '용' 피규어를 꺼냈다. 처음에는 용이 모든 것을 파괴하는 장면을 만들었으나, 몇 차례 지나면서 용이 '성'을 지키는 장면으로 바뀌었다. 마지막에는 용과 영웅이 함께 나란히 서 있는 장면을 배치했다.

이 사례는 반복적 선택과 변환적 선택이 내담자의 심리적 과정—즉, 그림자와의 대립에서 통합으로 나아가는 개성화 여정—을 잘 보여준다.

7. 결론: 선택은 무의식의 발화

피규어 선택은 단순한 취향이 아니라, 무의식이 발화하는 언어다. 반복과 변환 속에서 내담자의 심리적 과정이 드러나며, 치료사는 이를 존중하며 동반해야 한다. 따라서 피규어의 선택은 곧 심리적 여정의 지도이며, 내담자가 자기(Self)를 향해 나아가는 길을 비춘다.

Ⅲ. 피규어 배치와 무의식의 드라마

1. 배치는 무의식의 무대 설정

내담자가 피규어를 선택하는 순간이 무의식의 언어라면, 그것을 배치하는 행위는 무의식이 무대를 구성하는 과정이다. 피규어의 위치, 거리, 방향, 중심과 주변의 관계는 모두 내담자의 심리적 상태를 반영한다. 이는 연극 무대처럼 상징적 드라마를 형성하며, 무의식의 내적 긴장이 시각적으로 드러난다(Jung, 1966, p. 110).

2. 공간적 구조와 상징적 의미

- **중심과 주변**: 중심에 배치된 피규어는 내담자의 현재 의식적 초점, 주변은 무의식적 재료를 상징한다.
- **거리와 분리**: 두 피규어가 멀리 떨어져 있다면 내적 분열이나 갈등을 반영한다.
- **대칭과 균형**: 좌우나 상하의 균형 잡힌 배치는 무의식이 질서와 통합을 지향함을 드러낸다.
- **경계와 구역**: 모래 위에 선을 긋거나 영역을 나누는 행위는 내적 자아의 구분과 방어를 상징한다.

이러한 배치는 단순한 시각적 구성처럼 보이지만, 사실상 무의식의 구조적 표현이다.

3. 반복되는 배치와 무의식의 주제

내담자가 특정한 공간적 배치를 반복할 경우, 이는 무의식의 핵심 주제를 보여준다.

- 강을 모래상자의 중앙에 가로지르게 반복 배치 → 감정의 흐름, 혹은 의식과 무의식의 경계.
- 성과 괴물을 양쪽에 배치 → 보호와 위협, 그림자와 자아의 갈등.
- 다리를 반복적으로 세우는 행위 → 분열된 자아와 통합의 시도.

칼프(D. Kalff)는 이를 "무의식의 드라마가 상징적 장면으로 무대화되는 과정"이라고 설명했다(Kalff, 1980, p. 118).

4. 시간에 따른 드라마의 전개

무의식의 드라마는 세션을 거듭하며 전개된다.

- **초기**: 파괴, 혼돈, 무너짐의 장면이 많음 (니그레도 단계)
- **중기**: 재건, 관계의 형성, 균형의 모색 (알베도 · 시트리니타스 단계)
- **후기**: 통합, 화해, 새로운 질서의 출현 (루베도 단계)

이 과정은 연금술의 변환 단계와 평행하며, 내담자가 자기(Self)를 향해 나아가는 심리적 여정을 보여준다(Edinger, 1995, p. 134).

5. 사례적 이해

한 아동 내담자는 첫 세션에서 모래상자 중앙에 강을 두고, 양쪽에 괴물과 무너진 다리를 배치했다. 이는 분열과 갈등의 상징이었다. 그러나 몇 차례 후, 그는 다리를 다시 세우고 강 위에 배를 띄웠다. 마지막 세션에서는 괴물 대신 용사와 아이가 등장해 강을 건너는 장면을 만들었다.

이 드라마틱한 변화는 내담자의 무의식이 혼돈에서 통합으로 이동하는 과정을 상징적으로 보여주었다.

6. 치료사의 증언적 태도

치료사는 피규어 배치의 의미를 성급히 해석하기보다, 그 드라마의 전개를 증언해야 한다. 내담자가 배치한 장면은 무의식의 자율적 표현이며, 치료사의 과제는 그것을 존중하며 동반하는 것이다.

때때로 치료사의 짧은 언어적 반영—"여기에 다리가 놓였군요"—은 무의식의 드라마가 내담자에게 의식적으로 다가올 수 있도록 다리를 놓아준다. 그러나 장면의 의미는 무엇보다 체험 속에서 드러난다.

7. 배치는 치유적 드라마다

피규어 배치는 단순한 놀이가 아니라, 무의식의 드라마를 무대화하는 행위다. 공간적 구조와 반복, 시간에 따른 변화 속에서 내담자는 자기(Self)를 향한 여정을 살아간다. 따라서 피규어의 배치는 곧 심리적 변환의 과정이며, 치료사는 그 드라마의 증인이자 동반자다.

Ⅳ. [치료사 성찰] 나는 어떤 공간과 상징을 준비하는가?

1. 피규어는 나의 상징적 언어다

내담자를 위해 준비한 피규어는 단순히 도구가 아니라, 내가 무의식과 맺는 관계를 반영한다. 어떤 피규어는 나에게 친근하고, 어떤 피규어는 낯설거나 불편하다. 이때 나는 묻는다.

- 나는 어떤 상징을 늘 앞자리에 두는가?
- 나는 어떤 상징을 진열대 뒤로 숨기는가?

이 질문은 내가 무의식의 어떤 영역과 친밀하고, 어떤 영역을 피하고 있는지를 알려준다.

2. 내담자에게 건네는 첫 메시지

내담자가 치료실에 들어오는 순간, 그는 말보다 먼저 상징의 언어를 듣는다. 깨끗이 정돈된 모래상자, 다양하게 준비된 피규어는 "너는 환영받고 있다"는 메시지를 건넨다. 치료사는 이 무언의 메시지를 의식하며, 매 세션마다 자유롭고 안전한 공간과 상징을 준비해야 한다.

3. 준비는 존재의 태도다

치료사가 준비하는 것은 단순히 환경이 아니다. 그것은 존재의 태도다. 공간을 정리하며 나는 내 마음을 정리하고, 피규어를 배치하며 나는 무의식의 언어를 존중한다. 준비란 내담자를 맞이하기 위한 예식이자, 내 자신을 무의식 앞에 세우는 의식이다.

4. 성찰 질문

- 나는 어떤 상징을 가까이 두고, 어떤 상징을 멀리 두는가?
- 내담자가 문을 열고 들어올 때, 공간은 어떤 메시지를 전하는가?
- 나는 내담자를 위해서가 아니라, 나 자신의 무의식과도 대화하기 위해 공간과 상징을 준비하는가?

5. 결론: 준비는 치유의 첫 걸음

내가 준비한 공간과 상징은 내담자와 나를 동시에 치유한다. 준비는 단순한 기술이 아니라, 치유를 가능하게 하는 첫 걸음이다. 매 세션 전, 나는 스스로에게 묻는다.

"나는 오늘 어떤 공간과 상징을 준비하는가?"

이 질문이야말로 치료사로서 내가 무의식의 언어를 존중하고, 존재로서 내담자와 함께하기 위한 가장 중요한 성찰이다.

제6장 요약 — 모래상자치료실의 상징물

이 장은 모래상자치료에서 피규어가 단순한 환경이나 도구가 아니라, 무의식의 발현을 가능하게 하는 상징적 세계임을 탐구한다.

1. 피규어 선택과 내담자의 심리적 과정

피규어 선택은 무의식의 발화이며, 초기에는 방어적이지만 점차 반복과 변화를 통해 무의식의 핵심 주제가 드러난다. 반복되는 피규어는 원형적 메시지를, 변화하는 선택은 심리적 전환을 보여준다. 치료사는 이를 해석하기보다 증인으로서 존중해야 한다.

2. 피규어 배치와 무의식의 드라마

배치는 무의식의 드라마를 무대화하는 행위다. 중심과 주변, 거리와 균형, 경계와 구역은 모두 내담자의 내적 구조를 반영한다. 시간의 흐름에 따라 장면은 파괴에서 재건, 통합으로 전개되며, 이는 연금술적 변환 과정과 평행한다.

3. [치료사 성찰] 나는 어떤 공간과 상징을 준비하는가?

치료실과 피규어는 치료사의 내적 상태를 반영한다. 준비는 단순한 환경 정비가 아니라, 내담자를 환대하고 무의식과 대화할 준비를 갖추는 존재론적 태도다. 치료사는 "나는 오늘 어떤 공간과 상징을 준비하는가?"라는 질문을 스스로에게 던져야 한다.

핵심 메시지

치료실과 피규어는 단순한 환경이 아니라, 무의식의 발현을 가능케 하는 상징적 장치이다.
피규어의 선택과 배치는 무의식의 드라마를 드러내며, 심리적 변환의 과정을 보여준다.
치료사는 해석자가 아니라 증인과 동반자로서 공간과 상징을 준비해야 한다.
준비는 기술이 아니라, 내담자를 환대하는 존재의 태도이다.

제7장

연금술의 문:
세션 속 흐름과 상징의 변환

Ⅰ. 모래상자 세션의 기본 구조

1. 세션은 하나의 의식(ritual)이다

모래상자치료의 세션은 단순한 놀이 활동이나 치료 절차 이상의 의미를 지닌다. 그것은 내담자가 무의식과 마주하는 상징적 의식(ritual)이다.

내담자가 치료실에 들어서는 순간, 그는 이미 일상의 시간과는 다른 심리적 시간에 들어서게 된다. 조용히 정돈된 방, 벽면을 채운 피규어들, 빛을 머금은 모래상자는 내담자를 하나의 특별한 장(場)으로 이끈다. 칼프(Kalff, 1980, p. 125)는 이를 "연금술사가 실험실에 들어가 의식을 준비하는 것"에 비유하였다. 즉, 세션은 일상의 흐름에서 벗어나 무의식과 만나는 성소(聖所)로 변모한다.

이러한 의식적 특성은 내담자에게 심리적 경계의 경험을 제공한다. 치료실에 들어서는 것은 곧 "삶의 무대에서 내려와 자기 내면의 무대로 올라서는 것"이다. 따라서 세션은 단순히 '시간 단위의 치료'가 아니라, 반복적으로 축적되는 심리적 전환 의례라 할 수 있다.

2. 세션의 네 가지 단계

모래상자 세션은 일반적으로 준비-표현-통합-종결의 흐름을 따른다. 이는 기계적 절차가 아니라, 무의식이 의식과 만나고, 분리된 심리적 요소들이 하나로 엮이는 변환의 리듬이다.

1) 준비(Preparation)

내담자가 치료실에 들어와 모래와 피규어를 바라보며 자신의 리듬을 찾는 시간이다. 때로는 말을 하지 않고 방안을 둘러보거나, 모래를 만져

보며 긴장을 풀기도 한다. 이 과정은 무의식이 깨어날 수 있도록 심리적 문턱을 열어주는 의례적 장치다.

한 아동 내담자는 첫 세션마다 방안을 한 바퀴 돌며 모든 피규어를 살펴본 뒤, 모래를 만지기 시작했다. 이 반복된 의식은 아동이 스스로 "여기에 들어올 준비가 되었다"는 신호였다. 준비 단계는 자발성을 존중하며, 내담자가 자신의 속도대로 치료적 장에 들어갈 수 있도록 돕는다.

2) 표현(Expression)

내담자가 모래를 만지고, 피규어를 선택하여 배치하며 장면을 구성하는 단계이다. 이때 내담자는 언어적 설명보다 상징적 행위를 통해 자신의 내면을 드러낸다.

예컨대, 한 청소년은 모래 위에 전쟁 장면을 반복적으로 만들었다. 그는 "이건 그냥 장난"이라고 말했지만, 실제로는 내적 분노와 불안이 무의식적으로 표현된 것이었다. 표현 단계에서는 억압된 감정, 개인무의식의 콤플렉스, 집단무의식의 원형이 상징의 형태로 드러난다.

치료사는 이를 적극적으로 해석하기보다, 내담자가 자신의 상징적 언어를 충분히 표현할 수 있도록 지켜보는 태도를 취한다. 칼프는 이를 "상징의 자유로운 흐름을 방해하지 않는 태도"라 강조했다(Kalff, 1980, p. 102).

3) 통합(Integration)

완성된 장면을 함께 바라보며 내담자가 자신의 내적 세계를 체험하고 의미를 찾아가는 단계이다. 내담자는 종종 장면을 보며 "여기가 안전하다", "저쪽은 무섭다"와 같은 자기 언어를 만들어내며, 이는 무의식과 의식이 연결되는 순간이다.

예를 들어, 한 성인 내담자는 모래상자의 한쪽에 파괴된 도시, 다른 쪽에 새롭게 세워진 집을 배치했다. 작업이 끝난 뒤 그는 "내 안에서도 무너진 것과 다시 세워지는 것이 공존한다"는 통찰을 얻었다. 이는 무의식의 상징을 통해 자아가 의미를 발견하는 과정이었다.

융은 이를 "무의식의 내용이 상징을 통해 의식과 만나는 변환의 순간"이라 설명했다(Jung, 1964, p. 112).

4) 종결(Closure)

마지막 단계는 작업을 마무리하고, 다시 일상으로 돌아오는 과정이다. 내담자는 장면을 정리하거나, 그대로 남겨두고 세션을 마친다. 치료사는 간단히 "오늘 작업을 보면서 어떤 느낌이 드시나요?"와 같은 질문으로 내담자의 체험을 현실적 언어와 연결시켜준다.

종결 단계는 치료가 끝났음을 알리는 신호이자, 무의식의 체험을 다시 일상적 자아의 삶 속으로 가져오는 과정이다. 이를 통해 내담자는 치료실에서 경험한 상징적 의미를 현실 삶에 적용할 수 있는 힘을 얻는다.

3. 연금술적 상징과 세션의 구조

모래상자 세션의 네 단계는 연금술의 변환 과정과 평행한다. 연금술은 단순히 금속을 변화시키는 기술이 아니라, 인간 영혼의 변환을 상징하는 심리적 드라마였다.

- **준비 → 니그레도**(Nigredo): 무질서와 혼돈의 어둠 속으로 들어가는 시작. 내담자는 모래와 피규어를 통해 자신의 혼란과 불안을 마주한다.
- **표현 → 알베도**(Albedo): 상징들이 떠오르며 정화되는 과정. 무의식의 이미지가 피규어로 형상화되며, 자아가 새로운 의미를 만난다.

- **통합 → 시트리니타스**(Citrinitas): 무의식과 의식이 새로운 빛 속에서 연결되는 단계. 내담자는 자신의 내면을 다른 시각으로 이해하며, 새로운 '빛'을 경험한다.
- **종결 → 루베도**(Rubedo): 전체적 의미와 새로운 질서가 탄생한다. 내담자는 치료실에서의 체험을 삶의 새로운 질서로 통합한다.

에딩거(Edinger, 1995, p. 147)는 연금술의 단계가 곧 개성화 과정의 심리적 은유라 설명했다. 따라서 한 번의 세션은 작은 연금술적 작업이며, 누적된 세션들은 내담자의 개성화 과정을 이루어간다.

4. 임상 사례와 적용

- **사례 1: 아동의 준비와 몰입**

  한 아동은 매번 세션 초반 10분 동안 방안을 돌아다니며 피규어를 살펴본 뒤, 조용히 모래를 만졌다. 치료사는 기다림을 통해 아이가 스스로 준비되도록 허용했다. 이 과정은 니그레도의 혼돈을 지나 의식적 몰입으로 나아가는 의례적 행위였다.

- **사례 2: 청소년의 표현과 정화**

  청소년 내담자는 모래상자에 폭력적 전쟁 장면을 반복적으로 만들었다. 그러나 점차 병사들 사이에 다리를 놓고, 전쟁터 옆에 평화로운 마을을 배치하기 시작했다. 이는 알베도의 정화와 시트리니타스의 새로운 빛을 상징하는 전환이었다.

- **사례 3: 성인의 통합과 종결**

  성인 내담자는 무너진 성곽과 새로 세운 집을 동시에 배치하며,

"내 안에서 넘어지고 다시 일어나는 것이 함께 있다"고 통찰했다. 이는 통합의 경험이었으며, 종결 단계에서 그는 "이 작업이 내 삶에도 도움이 될 것 같다"고 말했다.

5. 세션에서 치료사의 태도

모래상자치료에서 치료사의 태도는 단순한 관찰자가 아니라, 무의식이 스스로 드러날 수 있는 장을 지켜내는 안내자이자 증인이다. 치료사는 세션의 각 단계를 인위적으로 조율하지 않고, 내담자가 자신의 속도와 방식으로 전개할 수 있도록 신뢰 속에서 기다린다. 융(Jung, 1954/1966, p. 183)이 강조했듯, 분석가는 과정의 주인이 아니라, 과정의 봉사자(servant)이다.

1) 준비 단계: 환대와 안전 제공

준비 단계에서 치료사의 핵심 태도는 환대와 안전의 분위기를 마련하는 것이다. 내담자가 치료실에 들어서는 순간, 치료사의 따뜻한 눈빛과 정돈된 공간은 말 없는 메시지를 전달한다. 이는 "당신을 맞이할 준비가 되어 있다"는 신호다.

- **임상적 의미**: 아동이나 외상 경험자에게 이 순간은 특히 중요하다. 첫인상에서 느끼는 안정감은 이후 세션 전반의 신뢰와 몰입도를 결정한다.
- **치료사의 역할**: 조급한 질문이나 해석을 하기보다, 내담자가 스스로 모래와 피규어를 탐색할 수 있도록 여유를 준다.
- **사례**: 한 아동은 첫 세션에서 방안을 한참 동안 둘러보고 난 뒤, "이거 다 갖고 놀아요?"라고 물었다. 치료사가 "오늘은 네가 원하는 대로 쓸 수 있어"라고 대답했을 때, 아이는 비로소 모래에 손을 넣

었다. 이는 환대와 안전이 내담자의 자발적 표현을 이끌어낸 순간이었다.

2) 표현 단계: 방해하지 않고 지켜봄

표현 단계는 내담자가 모래를 만지고 피규어를 배치하며 자신의 내적 세계를 드러내는 과정이다. 이때 치료사의 핵심 태도는 비개입적 지켜봄이다.

- **분석심리학적 관점**: 무의식은 언어가 아닌 상징과 이미지로 드러난다. 치료사가 섣불리 해석하거나 지시하면, 무의식의 자발적 흐름이 차단될 수 있다.
- **치료사의 역할**: 내담자의 선택을 존중하며, 장면이 완성될 때까지 기다린다. 필요하다면 짧은 반영(예: "이 장면이 마음에 드시나요?")을 통해 내담자의 몰입을 지지한다.
- **사례**: 한 청소년은 반복적으로 전쟁 장면을 구성했으나, 설명을 회피했다. 치료사가 이를 해석하지 않고 기다리자, 시간이 흐르며 그는 "사실 내 안에서 이런 싸움이 일어나요"라고 고백했다. 이는 지켜봄이 무의식을 언어화할 기회를 열어준 사례다.

3) 통합 단계: 조용히 반영하기

통합 단계에서는 내담자가 완성된 장면을 바라보며 의미를 체험한다. 치료사는 이 과정을 조용히 반영하는 동행자로 머문다.

- **치료적 태도**: 내담자가 상징을 스스로 경험할 수 있도록 충분한 여백을 제공한다.
- **반영의 방식**: "여기가 안전해 보이나요?", "어떤 기분이 드시나요?"와 같은 짧은 질문은 내담자가 무의식의 상징을 자기 언어로 번역하도

록 돕는다.

- **사례**: 성인 내담자가 한쪽에 파괴된 건물들, 다른 쪽에 새로 지은 집을 배치했을 때, 치료사는 단정적인 해석 대신 "이 장면을 보시면서 어떤 느낌이 드시나요?"라고 물었다. 내담자는 스스로 "내 안에서도 무너진 것과 세워지는 게 함께 있네요"라고 통찰을 얻었다.

4) 종결 단계: 현실로 돌아오도록 동행

종결 단계는 무의식의 체험을 마무리하고 다시 일상으로 돌아오는 과정이다. 치료사의 역할은 안정적 동행이다.

- **치료적 태도**: 내담자가 갑작스럽게 현실로 돌아오지 않도록, 세션의 여운을 함께 정리해 주어야 한다.
- **방법**: "오늘 작업을 마치며 어떤 느낌이 드시나요?"와 같은 질문을 통해 경험을 언어화하거나, 간단한 정리를 도우며 현실 세계로의 귀환을 안내한다.
- **사례**: 한 내담자는 장면을 끝낸 뒤 한동안 조용히 그림을 바라보다가, 치료사가 "이 작업을 마치고 지금 어떤 마음이 드세요?"라고 묻자 "마음이 좀 가벼워졌어요"라고 답했다. 이는 종결 단계가 단순한 종료가 아니라, 경험을 자기 삶과 연결하는 의미 있는 순간임을 보여준다.

6. 종합적 고찰

모래상자 세션의 기본 구조는 무의식과 의식이 만나 변환을 이루는 상징적 의례이다. 모래상자 세션은 무의식이 의식과 만나는 작은 연금술의 실험실이다. 준비-표현-통합-종결의 흐름은 연금술적 변환의 구조를 반영하며, 내담자는 그 속에서 자기(Self)를 향한 여정을 살아간다. 치료사의 역할은 이 의식이 온전히 진행되도록 신뢰와 현존으로 동반하는 것이다.

치료사는 이 구조 속에서 내담자의 상징을 존중하고 기다리며, 무의식의 자기치유적 힘을 신뢰하는 태도를 지녀야 한다. 내담자는 이를 통해 개성화의 길을 한 걸음씩 걸어간다. 이렇게 세션 하나하나는 작은 연금술적 작업이자, 전체적으로는 내담자의 삶을 변환시키는 장대한 여정의 일부가 된다.

모래상자 세션에서 치료사의 태도는 해석자가 아니라 증인, 조율자가 아니라 동행자라는 점에 본질이 있다.

준비 단계에서는 환대와 안전을 제공하고,

표현 단계에서는 방해하지 않고 지켜보며,

통합 단계에서는 조용히 반영하여 의미화를 돕고,

종결 단계에서는 안정적으로 현실 복귀를 안내한다.

이러한 태도는 융이 말한 "분석가는 과정의 주인이 아니라, 과정의 봉사자(servant)"라는 원칙과 일맥상통한다(Jung, 1954/1966, p. 183). 결국 치료사의 태도는 내담자가 자기(Self)를 향한 개성화 과정에 들어설 수 있도록 공간을 열어주고, 시간을 지켜내며, 상징의 흐름을 존중하는 자세라고 할 수 있다.

Ⅱ. 상징의 흐름과 세션의 전개

1. 상징은 흐른다

모래상자 세션에서 내담자가 선택하고 배치하는 상징은 고정된 표식이 아니라, 시간 속에서 흐르는 이미지다. 한 세션 안에서도 장면은 계속 변화하고, 여러 세션을 거치며 상징들은 반복 · 변환 · 통합된다. 융은 상징을 "고정된 개념이 아니라, 의식과 무의식을 연결하는 살아 있는 과정"이라 정의했다(Jung, 1964, p. 92).

2. 세션 속 상징의 전개 단계

상징은 일반적으로 세션에서 다음과 같은 흐름을 따른다.

- **등장**(Emergence): 내담자가 모래를 만지거나 피규어를 고르며 상징이 의식의 표면으로 떠오른다.
- **배치**(Arrangement): 상징들이 공간 속에서 관계를 맺으며 장면을 형성한다.
- **전환**(Transformation): 상징의 위치와 관계가 변화하며 새로운 의미가 발생한다.
- **완성**(Completion): 내담자가 장면을 바라보며 자신의 내적 세계를 경험하고 통합한다.

이 과정은 무의식이 자기(Self)를 향해 움직이는 역동적 흐름을 반영한다.

3. 상징의 반복과 변환

내담자는 종종 동일한 상징을 여러 세션에 걸쳐 반복한다. 이는 무의식이 특정 원형적 주제를 계속 탐색하고 있음을 의미한다. 그러나 반복은 동일한 재현이 아니라, 점진적 변환을 동반한다.

- **예**: 초기 세션: 용이 성을 파괴한다.
  중기 세션: 용이 성 앞을 지키고 있다.
  후기 세션: 용이 성 안에서 왕과 여왕과 함께한다.

이러한 반복-변환은 내담자의 심리적 여정이 갈등에서 화해, 그리고 통합으로 나아가고 있음을 상징한다(Kalff, 1980, p. 129).

4. 상징의 흐름과 치료적 리듬

세션 속 상징의 흐름은 내담자의 심리적 리듬과 연결된다.

- 혼돈과 파괴의 이미지가 나타날 때 → 니그레도(혼돈의 어둠) 단계.
- 정화와 빛의 이미지가 나타날 때 → 알베도(정화와 통찰) 단계.
- 새로운 연결과 균형이 등장할 때 → 시트리니타스(통합의 황금빛) 단계.
- 조화와 전체성이 드러날 때 → 루베도(붉은 완성) 단계.

즉, 상징의 흐름은 단순한 표현이 아니라, 연금술적 변환 과정의 심리적 언어다(Edinger, 1995, p. 158).

5. 사례적 이해

한 성인 내담자는 초기 세션에서 "폐허와 전쟁"의 장면을 반복했다. 그러나 시간이 지나면서 "무너진 다리 위에 새로운 다리를 세우는 장면"이 등장했고, 마지막 세션에서는 "다리를 건너는 가족"을 배치했다.

이 상징의 흐름은 단절과 갈등에서 출발해, 회복과 재연결로 나아가는 심리적 변환을 보여주었다. 치료사는 이 과정을 해석하기보다 증인으로 함께 하며, 내담자가 스스로 의미를 발견하도록 지지했다.

6. 결론: 상징의 흐름은 치유의 강이다

모래상자 세션에서 상징은 고정된 표식이 아니라, 치유의 강처럼 흐르는 과정이다. 반복과 변환, 전환을 거치며 상징은 내담자의 무의식을 의식과 연결하고, 자기(Self)를 향한 길을 연다. 치료사의 과제는 이 흐름을 조율하는 것이 아니라, 그 흐름 속에 함께 머물며 증언하는 것이다.

Ⅲ. 연금술적 변환 단계와 세션의 상징적 대응

1. 연금술과 심리치료의 평행 구조

연금술사들이 금속의 변환을 추구하며 기록한 상징적 과정은, 사실상 인간 내면의 심리적 변환을 은유적으로 드러낸 것이었다. 융(C. G. Jung)은 연금술의 상징이 무의식의 심리적 변환 과정을 반영한다고 보았다(Jung, 1944/1968, p. 229).

모래상자 세션의 전개 역시 단순한 놀이가 아니라, 연금술적 변환 단계를 심리적으로 재현한다. 내담자가 무의식의 혼돈에서 출발하여 점차 정화·통합을 경험하는 흐름은, 연금술의 니그레도(Nigredo) → 알베도(Albedo) → 시트리니타스(Citrinitas) → 루베도(Rubedo) 과정과 깊은 대응을 이룬다.

2. 니그레도(Nigredo: 혼돈과 해체)

세션의 초반에 내담자는 종종 무너짐, 전쟁, 혼돈, 어둠의 장면을 배치한다. 이는 자아가 무너지고 무의식의 그림자와 마주하는 단계다.

- **피규어**: 괴물, 폐허, 무너진 건물, 어두운 색 모래.
- **심리적 의미**: 억압된 감정의 표출, 내적 갈등의 드러남.

- **치료사의 태도**: 성급한 해석이 아니라, 혼돈을 견딜 수 있도록 곁에 머무는 현존.

3. 알베도(Albedo: 정화와 빛)

혼돈의 장면 뒤에 물, 강, 빛, 흰색 상징이 나타나며 정화의 이미지가 등장한다. 내담자는 감정을 흘려보내고 새로운 질서를 모색한다.

- **피규어**: 강, 샘, 빛나는 태양, 흰 새.
- **심리적 의미**: 감정의 해방, 자기(Self)의 희미한 출현.
- **치료사의 태도**: 내담자가 느끼는 정화의 경험을 반영해 주며, 새롭게 떠오르는 상징을 존중.

4. 시트리니타스(Citrinitas: 통찰과 통합의 황금빛)

상징의 흐름 속에서 새로운 연결, 균형, 조화가 드러난다. 다리, 길, 나무, 황금빛 이미지가 등장하며, 내담자는 무의식과 의식의 연결을 경험한다.

- **피규어**: 다리, 길, 황금색 상징물, 태양과 달의 결합.
- **심리적 의미**: 새로운 자아 정체감의 형성, 통찰의 발생.
- **치료사의 태도**: 통찰을 설명하기보다, 내담자가 스스로 체험할 수 있도록 지지.

5. 루베도(Rubedo: 붉은 완성)

마지막 단계에서는 통합, 재탄생, 생명력의 상징이 드러난다. 가족의 화합, 아이의 등장, 새로운 집의 건설 등이 나타난다.

- **피규어**: 아이, 가족, 집, 붉은 태양, 만다라.
- **심리적 의미**: 자기(Self)의 실현, 내적 통합과 전일성.
- **치료사의 태도**: 내담자가 체험한 변화를 안정적으로 삶에 통합하도록 돕는다.

6. 사례적 이해

한 청소년 내담자는 초기 세션에서 "무너진 도시와 검은 용"을 반복적으로 배치했다(니그레도). 이후 강과 배, 흰 새가 등장하면서 정화와 희망의 이미지가 드러났다(알베도). 시간이 지나며 다리와 나무, 황금빛 태양이 나타났고(시트리니타스), 마지막에는 집과 가족, 아이가 중심에 배치되었다(루베도).

이 과정은 내담자의 무의식이 연금술적 단계를 따라 자기(Self)를 향해 나아간다는 것을 잘 보여준다.

7. 결론: 세션은 연금술의 실험실이다

모래상자 세션은 무의식이 자율적으로 연금술적 변환 과정을 재현하는 심리적 실험실이다. 상징은 혼돈에서 정화, 통찰, 통합으로 흐르며, 내담자는 이를 통해 자기(Self)를 향한 여정을 체험한다. 치료사는 그 여정의 안내자가 아니라 동반자적 증인으로 자리한다.

Ⅳ. 사례로 보는 세션의 상징적 흐름

1. 사례의 의의

상징의 흐름은 이론적으로 설명될 수 있지만, 실제 세션에서 나타나는 상징의 전개를 통해 더 생생하게 이해할 수 있다. 사례는 무의식이 어떻게 반복과 변환을 통해 자기(Self)를 향한 길을 여는지를 보여준다. 또한 치료사가 해석자가 아닌 증인과 동반자로 머무를 때, 상징이 어떻게 자율적으로 변환되는지를 드러낸다(Kalff, 1980, p. 133).

2. 사례 1: 어린 아동의 상징적 여정

- **초기 세션**(니그레도): 8세 남아는 모래를 깊게 파내어 '구덩이'를 만들고, 괴물 피규어를 그 안에 두었다. 그는 아무 말도 하지 않고, 단지 괴물이 구덩이 안에 있는 장면을 한참 바라보았다.
- **중기 세션**(알베도 → 시트리니타스): 몇 차례 지나자 그는 강을 만들고 다리를 놓았다. 괴물은 구덩이 밖으로 나와 강 건너편에 서 있었고, 반대편에는 작은 집이 세워졌다.
- **후기 세션**(루베도): 마지막에는 괴물 옆에 '용사' 피규어를 배치했고, 두 존재가 함께 다리를 건너 집 안으로 들어갔다.

이는 무의식 속 그림자와의 대면(괴물), 감정의 흐름과 관계 회복(강과 다리), 그리고 통합(용사와 괴물이 함께 집으로 들어감)을 보여준다. 치료사는 이 과정에 해석을 덧붙이지 않고, 단지 "괴물이 이제 다리를 건너고 있네요"라고 짧게 반영했다.

3. 사례 2: 청소년의 자기 통합 과정

- **초기 세션**: 14세 여학생은 매번 전쟁과 폐허 장면을 배치했다. 불타는 건물, 무너진 다리, 쓰러진 병사 피규어가 반복되었다.
- **중기 세션**: 어느 날 그녀는 전쟁터 옆에 '작은 정원'을 만들고, 그곳에 꽃과 동물을 배치했다. 치료사가 "이 정원이 전쟁 옆에 있군요"라고 말했을 때, 내담자는 고개를 끄덕이며 "저도 몰랐는데, 이건 제가 지키고 싶은 곳 같아요"라고 답했다.
- **후기 세션**: 마지막에는 전쟁 장면이 사라지고, 정원 한가운데 집과 가족 피규어가 자리했다.

이는 니그레도의 혼돈에서 알베도의 정화를 거쳐, 루베도의 통합으로 나아가는 과정을 잘 보여준다. 중요한 것은 정원의 출현이 내담자의 자기(Self)의 씨앗으로 기능했다는 점이다.

4. 사례 3: 성인 내담자의 통찰과 변환

- **초기 세션**: 35세 남성은 매번 거대한 '용' 피규어를 중심에 두었다. 용은 모든 것을 지배하거나 파괴하는 위치에 놓였다.
- **중기 세션**: 어느 날 그는 용 앞에 '작은 아이' 피규어를 배치했다. 용은 여전히 무섭게 보였지만, 아이는 도망가지 않고 자리에 서 있었다. 치료사가 "아이가 용 앞에 서 있군요"라고 반영하자, 그는 잠시 침묵하다가 "이게 저 같아요… 두렵지만, 떠나고 싶진 않아요"라고 말했다.
- **후기 세션**: 마지막에는 용이 아이 옆에 앉아 있었고, 두 존재가 함께 숲 속 집을 지키는 장면으로 변환되었다.

이는 그림자(용)와 자아(아이)가 대립에서 공존으로 나아간 통합의 여정을 보여준다. 이 장면을 바라보며 내담자는 “저 안에도 힘이 있었네요”라고 말하며 눈물을 흘렸다.

5. 치료사의 태도와 상징적 흐름

이 세 가지 사례에서 공통적으로 드러나는 것은, 상징의 흐름은 해석이 아니라 체험 속에서 변환된다는 점이다. 치료사가 해석을 서두르지 않고, 내담자의 선택과 배치를 존중하며 지켜볼 때, 상징은 자율적으로 변화하며 무의식의 치유 과정을 이끈다.

6. 결론: 사례는 살아 있는 연금술의 증거

실제 세션에서 나타나는 상징의 흐름은 연금술적 변환의 드라마를 구체적으로 보여준다. 괴물이 집 안으로 들어가고, 전쟁터 옆에 정원이 세워지고, 용이 아이와 나란히 앉는 순간—이것은 모두 무의식이 자기(Self)를 향해 움직이고 있음을 증명한다. 치료사의 과제는 이 살아 있는 연금술의 장면에 증인으로 서는 것이다.

V. [치료사 성찰] 나는 세션 속 흐름을 어떻게 지켜보는가?

1. 흐름은 내가 만드는 것이 아니다

모래상자 세션에서 상징은 강물처럼 흘러간다. 어느 순간 급류처럼 몰아치기도 하고, 때로는 고요히 머물기도 한다. 치료사는 이 흐름을 설계하거나 조종하는 자리가 아니라, 그저 곁에서 지켜보는 동반자다. 무의식의 강은 스스로 길을 찾는다. 내가 할 일은 강을 가두지 않고, 그 물결이 자유롭게 흘러가도록 자리를 마련하는 것이다.

2. 기다림의 지혜

세션 속 흐름은 내 시간표대로 움직이지 않는다. 내담자가 한참 동안 모래만 만질 때, 혹은 피규어 앞에서 멈춰 있을 때, 치료사는 초조함을 느낄 수 있다. 그러나 바로 그 정지와 머묾 속에서 무의식은 자신만의 작업을 한다. 기다린다는 것은 소극적 태도가 아니라, 무의식의 속도를 존중하는 적극적 신뢰다.

3. 내 안의 공명에 귀 기울이기

세션을 지켜보는 동안 내 안에서 어떤 감정이나 이미지가 떠오를 때가 있다. 어떤 장면은 내 마음을 울리고, 또 어떤 장면은 설명할 수 없는 불편함을 준다. 그것은 단순한 직관이 아니라, 내 무의식이 내담자의 무의식에 반응하는 순간이다. 나는 이 공명을 억누르지 않고, 성찰의 자원으로 삼는다. 내가 무엇을 느끼는가는 내담자의 상징을 이해하는 또 하나의 길이다.

4. 흐름을 신뢰하기

치료사는 종종 “지금 이 흐름이 어디로 가는가?”라는 불안을 갖는다. 그러나 연금술적 과정처럼, 무의식의 흐름은 때로는 혼돈과 역행을 거쳐야만 통합에 도달한다. 내가 조급히 방향을 제시할 때, 흐름은 끊어지지만, 내가 신뢰하며 머물 때, 흐름은 자기(Self)의 바다로 흘러간다.

5. 성찰 질문

나는 세션 속 흐름을 조종하려는 유혹을 얼마나 자주 느끼는가?
내담자의 침묵과 정지 앞에서 나는 어떤 태도로 머무는가?
내 안에 일어나는 공명은 어떻게 내 성찰의 자원이 되는가?
나는 무의식의 흐름을 신뢰할 준비가 되어 있는가?

6. 결론: 증인의 자리

세션 속 흐름을 지켜본다는 것은 해석자나 연출자가 되는 것이 아니라, 증인으로 서는 것이다. 내담자의 무의식은 나보다 더 지혜롭다. 나는 그 지혜가 상징과 흐름을 통해 스스로 드러나도록 허용한다.

매 세션이 끝난 후, 나는 나 자신에게 조용히 묻는다.

"나는 오늘 무의식의 흐름을 어떻게 지켜보았는가?"

이 질문은 치료사로서 나의 태도를 성찰하게 하고, 다시 다음 만남을 준비하는 힘이 된다.

✔ 제7장 요약 — 연금술의 문

이 장은 모래상자 세션의 실제 전개 과정을 연금술의 변환 단계와 연결하여 설명하며, 상징의 흐름을 통해 내담자가 자기(Self)를 향해 나아가는 길을 탐구한다.

1. 모래상자 세션의 기본 구조

세션은 단순한 놀이가 아니라 의식(ritual)과 같다. 준비 → 표현 → 통합 → 종결의 흐름은 연금술적 변환(니그레도, 알베도, 시트리니타스, 루베도)과 평행한다. 치료사는 조율자가 아닌 봉사자(servant)로, 세션이 자율적으로 진행되도록 지켜본다.

2. 상징의 흐름과 세션의 전개

상징은 고정된 표식이 아니라 흐르는 이미지다. 세션 속에서 등장 → 배치 → 전환 → 완성의 과정을 거치며, 반복과 변환을 통해 무의식의 주제가 드러난다. 이는 곧 연금술적 변환의 심리적 언어이다.

3. 연금술적 변환 단계와 세션의 상징적 대응

세션 속 상징은 연금술적 단계와 대응한다.
니그레도: 혼돈과 어둠(괴물, 폐허)
알베도: 정화와 빛(강, 흰 새)
시트리니타스: 통찰과 균형(다리, 황금빛 태양)
루베도: 통합과 완성(가족, 아이, 만다라)
내담자는 이 과정을 통해 심리적 재탄생을 체험한다.

4. 사례로 보는 세션의 상징적 흐름

아동, 청소년, 성인의 사례에서 공통적으로 혼돈에서 출발하여 점차 회복과 통합으로 나아가는 상징적 흐름이 드러난다. 괴물이 집 안으로 들어가고, 전쟁 옆에 정원이 생기며, 용이 아이와 나란히 앉는 순간들 속에서, 무의식은 자기(Self)를 향해 나아간다.

5. [치료사 성찰] 나는 세션 속 흐름을 어떻게 지켜보는가?

세션의 흐름은 치료사가 만드는 것이 아니라, 무의식이 스스로 만들어낸다. 치료사는 조종자가 아니라 증인으로 머물며, 기다림과 신뢰, 그리고 자신의 내적 공명에 귀 기울인다. 성찰적 질문은 치료사로 하여금 "나는 오늘 무의식의 흐름을 어떻게 지켜보았는가?"를 묻게 한다.

핵심 메시지

모래상자 세션은 작은 연금술적 의식으로, 무의식이 의식과 만나는 변환의 장이다.
상징은 흐르고 변환되며, 반복 속에서 내담자의 심리적 여정을 드러낸다.
세션은 연금술적 단계(니그레도 → 알베도 → 시트리니타스 → 루베도)와 깊이 연결된다.
치료사의 과제는 해석이 아니라 증언과 동반이며, 무의식의 흐름을 신뢰하는 것이다.

제3부

모래상자치료의 연금술: 변환과 통합의 불꽃

제8장

관계와 투사·전이: 영혼의 거울

Ⅰ. 관계와 무의식의 투사

1. 투사의 본질: 내 안의 것을 타인에게 본다

융(C. G. Jung)은 투사(projection)를 "의식하지 못한 내적 내용을 타인이나 외부 대상에게 전가하는 과정"이라고 정의하였다(Jung, 1951/1959, p. 121). 이는 우리가 자기 내부에서 감당하기 어려운 부분, 특히 억압된 그림자나 무의식적 요소를 외부의 대상에 '붙여서 보는 것'이다.

투사는 단순히 인식의 오류가 아니라, 심리적 필요성에 뿌리를 둔다. 인간은 스스로 감당하지 못하는 것을 무의식적으로 외부로 옮김으로써 내적 균형을 유지하려는 방어를 한다. 그러나 동시에 투사는 자기를 향한 변환의 길을 열어주는 치유적 장치이기도 하다.

모래상자치료에서 내담자가 특정 피규어나 치료사에게 강한 감정을 보이는 것은 단순한 반응이 아니라, 자기 내면의 내용을 투사한 결과다. 예컨대, 치료사를 비판적이고 위협적인 인물로 경험하는 내담자는 실제 치료사의 태도와 무관하게 자신의 억압된 분노나 불안을 투사하고 있는 경우가 많다. 반대로 치료사를 구원자나 이상적 존재로 경험하는 내담자는 자기 안의 가능성과 잠재력을 외부에 옮겨 놓고 있는 것이다.

2. 투사의 유형

투사는 여러 가지 형태로 나타난다. 분석심리학은 투사를 병리적 왜곡으로만 보지 않고, 그 안에 담긴 의미와 치유적 기능을 중시한다.

1) 긍정적 투사

내담자가 자신의 잠재력, 희망, 가능성을 외부 인물에게서 보는 경우다. 예컨대 치료사를 '현명한 스승', '구원자'로 경험하는 것은 내담자 안의 미성숙한 자원이 외부를 통해 드러나는 방식이다. 이는 초기 치료 동기를 강화하지만, 지나치면 의존을 초래한다.

2) 부정적 투사

감당하기 어려운 그림자, 불안, 적대감을 외부에 돌리는 경우다. 치료사를 '차갑고 무시하는 사람'으로 인식하는 내담자는 자신의 억압된 분노와 무가치감의 감정을 투사하고 있을 수 있다.

3) 부분적 투사

한 인물 전체가 아니라, 특정 성격이나 감정만을 외부에 전가한다. "그 사람은 늘 화난 사람"이라고 단정하는 경우가 여기에 속한다. 이는 무의식적 경험이 외부 현실을 단순화시켜 버리는 방식이다.

4) 상호 투사

치료사와 내담자가 서로 자신의 무의식을 투사하는 과정이다. 이는 전이(transference)와 역전이(countertransference)로 드러난다. 상호 투사는 관계의 갈등을 일으킬 수도 있지만, 치료적으로 잘 다루면 상징적 대화와 치유의 장이 된다.

3. 투사와 무의식의 치유적 기능

투사는 단순히 왜곡된 인식이 아니다. 그것은 무의식이 자기(Self)를 향해 나아가도록 돕는 치유적 장치다.

- **무의식의 외화**: 투사를 통해 억압된 무의식의 내용이 바깥으로 드러난다.
- **의식화의 계기**: 타인에게 경험된 강한 감정은 결국 자기 안의 무의식적 측면과 마주하게 한다.
- **자기(Self)와의 만남**: 투사는 자기(Self) 경험으로 향하는 다리 역할을 한다.

예컨대, 우리가 타인에게 강한 호감이나 거부감을 느낄 때, 그것은 사실 내 안의 무언가가 나에게 말을 걸고 있음을 뜻한다. 따라서 치료 현장에서 투사는 단순한 방해물이 아니라, 무의식이 드러나는 가장 중요한 치료적 자료다.

사무엘스(Samuels, 1985, p. 47)는 투사가 내담자가 자기 안의 진실을 인식하도록 돕는 창구임을 강조하였다. 다시 말해, 투사는 무의식이 의식과 소통하려는 적극적 표현이다.

4. 모래상자치료와 투사

모래상자치료 장면은 투사가 자유롭게 일어나는 공간이다. 모래와 피규어는 상징적 매개체로 기능하며, 내담자는 자신도 모르게 내적 감정을 피규어나 장면에 담아낸다.

- **괴물 피규어**: 분노, 공포, 억압된 공격성을 투사.
- **아이 피규어**: 상처 입은 내면아동의 취약성, 돌봄의 욕구를 투사.
- **왕 · 여왕 · 신적 인물**: 이상화된 자기상, 권위적 기능, 초월적 보호를 투사.
- **치료사와 연결된 피규어**: 치료사에 대한 감정이 상징적으로 표현되며, 전이 관계의 단서를 제공.

칼프(Kalff, 1980, p. 141)는 모래상자가 "투사를 안전하게 담아내는 용기(vessel)"라고 설명했다. 즉, 내담자는 무의식을 직접 치료사에게 전가하지 않고, 피규어와 상자라는 안전한 매체를 통해 간접적으로 드러낼 수 있다. 이는 갈등을 완화하고, 무의식을 다룰 수 있는 안전한 거리를 마련한다.

5. 사례적 이해

한 성인 여성 내담자는 세션마다 모래상자에 '왕과 여왕'을 반복해서 배치하였다. 동시에 그녀는 치료사에게 강한 존경과 의존을 표현했다. 이는 그녀가 자기 안의 '권위와 돌봄의 기능'을 아직 의식화하지 못했음을 보여준다.

세션이 진행되면서 왕과 여왕은 점차 서로 멀어졌다가, 나중에는 함께 아이를 돌보는 장면으로 변화했다. 이는 내담자가 자기 안의 양가적 경험(권위와 돌봄의 분리)을 점차 통합하고, 내면화하기 시작했음을 의미한다.

이 사례는 투사가 어떻게 상징적 장면 속에서 변환되고, 자기(Self)와의 통합으로 이어질 수 있는지를 잘 보여준다.

6. 투사와 치료적 관계

치료 장면에서 투사는 전이와 역전이로 나타난다.

- **전이**: 내담자가 치료사에게 과거의 인물(부모, 교사, 권위자)을 투사하는 과정.
- **역전이**: 치료사가 내담자에게 자신의 무의식적 감정을 투사하는 과정.

모래상자치료는 이러한 상호 투사를 시각적이고 구체적인 상징 장면으로 드러내어 다루게 한다. 내담자는 피규어와 장면 속에서 자신의 감정을 보게 되고, 치료사는 역전이를 통해 자기 성찰을 하며 내담자를 이해할 수 있다.

7. 투사와 상징적 전환

투사의 중요한 기능 중 하나는 상징적 전환(symbolic transformation)이다.

예를 들어, 내담자가 괴물 피규어에 분노를 투사했을 때, 초기에는 단순히 파괴적 장면만 반복될 수 있다. 그러나 시간이 지나면 괴물은 길들여지거나, 다른 피규어와 협력하기 시작한다. 이는 내담자가 투사된 감정을 점차 수용하고 변환해 가는 과정을 의미한다.

투사는 단순히 바깥으로 내던져진 것이 아니라, 상징 속에서 변환되며 자기와 통합될 수 있는 잠재력을 가진다.

8. 결론: 투사는 무의식의 거울

투사는 단순한 왜곡이 아니라, 무의식의 진실을 비추는 거울이다. 우리가 타인에게 과도한 감정을 경험할 때, 그것은 나의 내면이 밖으로 드러난 것이다.

모래상자치료는 이 투사가 안전하게 일어나고 다루어질 수 있는 공간을 마련한다. 피규어와 모래는 무의식의 감정을 담아내는 상징적 용기(vessel)로 기능하며, 치료사는 그 거울을 함께 바라보는 동반자가 된다.

따라서 투사는 관계의 혼란을 만드는 요소가 아니라, 오히려 자기(Self)를 향한 길잡이다. 투사를 인식하고 상징적으로 다루는 과정에서, 내담자는 무의식을 의식화하고, 개성화 과정 속으로 나아갈 수 있다.

Ⅱ. 전이의 본질과 유형

1. 전이의 본질

전이(transference)는 내담자가 자신의 과거 관계 경험, 특히 부모나 주요 양육자와의 관계를 현재 치료사와의 관계 속에서 무의식적으로 재현하는 현상이다. 프로이트는 전이를 신경증적 반복으로 이해하며 "치료 과정의 저항"으로 보았다. 그러나 융은 보다 넓은 시각을 제시하였다. 그는 전이를 단순한 장애가 아니라, 무의식과 의식이 만나는 결정적 장치라고 설명하였다(Jung, 1946/1966, p. 163).

융에게 있어 전이는 무의식적 이미지가 외부 인물에게 부착되는 과정이다. 내담자가 치료사를 부모, 권위자, 혹은 영적 안내자로 경험하는 것은 실제 치료사의 성격 때문만이 아니라, 내담자의 무의식 속 인물상이 현재의 관계 속에서 활성화되었기 때문이다. 따라서 전이는 과거의 감정과 패턴이 현재 속에서 다시 살아나는 장이며, 이를 통해 내담자는 자기(Self)와 더 깊이 만나는 길로 들어서게 된다.

2. 전이의 기능

전이는 치료 과정을 방해하는 장애물이 아니라, 오히려 치유의 문이 될 수 있다. 그 기능은 다음과 같이 정리된다.

1) 무의식의 외현화

내담자가 의식하지 못한 내적 패턴이 치료 관계 속에서 드러난다. 예컨대 "당신은 늘 나를 비난할 거예요"라는 감정은 실제 치료사의 말보다, 내담자의 내적 아버지상(象)이 작동한 결과다.

2) 재경험의 장치

과거의 상처와 욕구가 다시 체험됨으로써 치유의 가능성이 열린다. 내담자는 안전한 관계 속에서 과거의 미해결 경험을 반복하고, 새로운 반응을 얻음으로써 상처를 재구성할 수 있다.

3) 치유적 드라마

치료사는 단순한 관찰자가 아니라, 내담자가 자신의 내적 드라마를 재현하는 장면 속에 함께 서게 된다. 칼프(D. Kalff)는 모래상자치료에서 전이를 "내담자의 내적 드라마가 공간 속에서 형상화되고, 치료사와의 관계 안에서 재연되는 과정"이라 설명했다(Kalff, 1980, p. 149).

3. 전이의 주요 유형

임상 현장에서 전이는 다양한 형태로 나타난다. 전통적으로 긍정적 전이와 부정적 전이로 구분되지만, 실제 장면에서는 더 다층적인 양상을 보인다.

1) 긍정적 전이

- 치료사를 이상화하거나 구원자로 여기는 경우.
- 내담자가 어린 시절 경험하지 못한 돌봄과 수용을 치료사에게서 기대한다.
- 초기에는 신뢰와 몰입을 촉진하지만, 지나친 이상화는 독립성을 방해할 수 있다.
- **사례**: 어떤 내담자는 치료사를 "성스러운 안내자"로 경험하며, 모래상자 속에서 신적인 인물을 치료사와 동일시하였다. 이는 자기(Self)와의 만남을 향한 긍정적 투사였다.

2) 부정적 전이

- 치료사를 비판적 · 거부적 · 위협적 대상으로 지각한다.
- 억압된 분노, 상처, 공포가 치료사에게 투사된다.
- 치료 관계가 불안정해질 위험이 있지만, 동시에 과거의 상처를 직면하고 치유할 기회가 된다.
- **사례**: 한 내담자는 치료사를 "언제나 나를 무시하는 사람"이라 느꼈다. 이는 실제 치료사의 태도 때문이 아니라, 아버지에게 경험했던 무가치감의 재현이었다.

3) 모호한 전이

- 긍정적 · 부정적 감정이 동시에 교차한다.
- 치료사를 사랑하면서 동시에 미워하거나, 의존하면서도 저항하는 모습으로 나타난다.

- 이는 분열된 내적 표상이 동시에 드러나는 과정이며, 자기(Self) 통합을 향한 중요한 기회다.

4) 성적 전이

- 치료사를 성적 대상으로 경험한다.
- 단순한 욕망의 문제가 아니라, 친밀감 · 애착 · 자기 가치와 깊이 연결된다.
- 치료사는 이를 억압하거나 부정하지 않고, 안전하게 다루며 무의식적 의미를 탐색해야 한다.
- 융은 성적 전이를 억제하기보다, 상징적 의미를 통해 자기(Self)와의 만남을 촉진할 수 있다고 보았다.

5) 영적 · 상징적 전이

- 치료사를 지혜로운 스승, 영적 안내자, 혹은 신적 존재로 경험한다.
- 이는 단순한 이상화가 아니라, 내담자의 자기(Self)와의 만남을 반영하는 깊은 전이다.
- 융은 이러한 전이를 "자기(Self) 투사"라 부르며, 궁극적으로 내담자가 자기와 합일하려는 심리적 과정으로 설명했다(Jung, 1946/1966, p. 174).

4. 전이의 심층적 의미

전이는 내담자가 단순히 과거를 반복하는 것이 아니라, 과거의 관계 패턴을 현재에서 다시 체험하면서 새로운 통합의 가능성을 모색하는 과정이다.

긍정적 전이는 내적 돌봄의 자원을 찾는 길이 된다.

부정적 전이는 그림자와 상처를 마주하는 기회를 제공한다.

성적 · 영적 전이는 자기(Self)와의 만남으로 이어진다.

따라서 전이는 치료 관계를 위협하는 장애가 아니라, 무의식이 자기 치유를 위해 펼치는 상징적 드라마다.

5. 사례적 이해

1) 부정적 전이의 사례

한 성인 남성 내담자는 치료사를 "늘 나를 평가하는 사람"으로 경험하며 분노를 드러냈다. 그러나 시간이 지나면서 그는 이 감정이 실제 치료사 때문이 아니라, 아버지에게 느꼈던 두려움과 분노임을 깨달았다. 이 전이 과정을 통해 그는 억눌린 감정을 의식화하고, 아버지와의 관계를 새롭게 재구성할 수 있었다.

2) 긍정적 전이의 사례

한 여성 내담자는 치료사를 "구원자"로 이상화하며 절대적 의존을 보였다. 치료사가 이를 성급히 해석하지 않고 지켜보자, 그녀는 점차 자신 안의 자율성과 힘을 발견하며 의존에서 독립으로 나아갔다. 이는 긍정적 전이가 자기 안의 잠재력을 회복하는 과정으로 작용한 사례다.

3) 영적 전이의 사례

한 내담자는 모래상자에서 '빛나는 스승'을 반복적으로 배치하며 치료사를 그 상징과 동일시했다. 시간이 흐르며 그는 "사실 이 빛은 내 안에서 나온 것이다"라는 통찰에 도달했다. 이는 영적 전이가 자기(Self)와의 만남으로 변환된 경험이다.

6. 모래상자치료와 전이

모래상자치료에서 전이는 언어적 관계뿐 아니라 상징적 공간 속에서 형상화된다. 내담자가 치료사를 직접 언급하지 않더라도, 특정 피규어를 치료사와 동일시하거나, 모래 장면 속에서 관계 드라마를 재현함으로써 전이가 드러난다.

예컨대, 한 아동은 '악당 피규어'를 치료사와 동일시하며 공격했다. 이는 부정적 전이의 상징적 표현이었다. 그러나 시간이 지나면서 그는 악당 옆에 '영웅 피규어'를 두고, 둘이 협력하는 장면을 만들었다. 이는 내적 관계 패턴이 변화하고 있음을 보여준다.

칼프(Kalff, 1980, p. 149)는 "모래상자는 내담자의 전이가 외부로 투사되어 안전하게 다루어지는 무대"라고 강조하였다.

7. 치료사의 태도와 전이 다루기

치료사는 전이를 억압하거나 성급히 해석하기보다, 증인으로서 동행하는 태도를 지녀야 한다.

- 성급한 해석은 내담자의 방어를 강화할 수 있다.
- 침묵과 기다림은 내담자가 자신의 상징을 스스로 발견하게 한다.
- 때로는 단순한 반영("그렇게 느끼셨군요")이 전이의 심층적 의미를 드러내는 통로가 된다.

융은 "치료사는 내담자가 자기(Self)와 만나는 길에서 봉사자(servant)일 뿐"이라고 강조하였다.

8. 결론: 전이는 자기(Self)를 향한 다리

전이는 단순한 환상이 아니라, 과거와 현재, 무의식과 의식을 잇는 다리다. 내담자가 치료사에게 경험하는 감정은 사실 자기 안의 내적 인물들과의 관계를 재현하는 것이다. 따라서 전이는 치유의 위기이자 기회이며, 치료사는 이 과정을 해석자가 아닌 증인과 동반자로 동행해야 한다.

전이의 유형 비교표

유형	정의	특징	임상적 의미	모래상자치료의 사례
긍정적 전이	치료사를 이상화하거나 구원자로 경험	치료사에게 강한 신뢰, 돌봄과 수용을 기대	초기 치료 동기 강화, 신뢰 형성에 기여. 그러나 지나치면 의존을 심화시킴	내담자가 치료사를 "현명한 안내자"로 동일시하며 신적·영웅적 피규어를 반복 배치
부정적 전이	치료사를 비판적·거부적·위협적으로 경험	분노, 불신, 두려움이 치료사에게 향함	억압된 감정과 상처가 드러나는 기회. 하지만 관계 불안정 초래 가능	내담자가 치료사를 "비판하는 교사"로 동일시하며, 괴물 피규어로 공격하는 장면을 반복
모호한 전이	긍정적·부정적 감정이 동시에 교차	사랑과 미움, 의존과 저항이 동시에 나타남	분열된 내적 표상이 동시에 드러나며, 통합의 가능성을 품음	내담자가 한쪽에서는 치료사를 보호자로 경험하면서, 동시에 비판적·적대적 피규어를 가까이 둠
성적 전이	치료사를 성적·애착적 대상으로 경험	친밀감·욕망·자기가치와 얽힘	단순한 욕망이 아니라 깊은 애착 욕구와 자기상과 연결됨. 안전하게 다루면 자기이해로 전환 가능	내담자가 남녀 커플 피규어를 배치하며, 치료사를 무의식적으로 동일시. "나도 저 안에 있고 싶다"고 표현
영적·상징적 전이	치료사를 영적 안내자, 신적 존재로 경험	숭고함, 경외감, 영적 의존	자기(Self) 투사의 표현. 궁극적으로 자기와의 만남으로 이어짐	내담자가 빛, 태양, 신적 존재 피규어를 치료사와 동일시. "당신은 나를 빛으로 인도하는 사람"이라고 언급

표의 핵심 정리

- 전이는 단순한 왜곡된 관계가 아니라, 내담자의 무의식적 내적 표상(inner object representation)이 치료 관계에서 살아나는 과정이다.
- 각 유형은 고유한 위험과 가능성을 모두 지니며, 치료사의 태도(존중 · 기다림 · 안전한 반영)에 따라 치유적 기회가 될 수 있다.
- 모래상자치료에서는 피규어와 장면 속에서 전이가 상징적으로 형상화되므로, 언어 이전의 깊은 무의식적 자료를 다룰 수 있다.

Ⅲ. 전이와 역전이의 상호작용

1. 전이와 역전이의 관계

전이(transference)는 내담자가 자신의 무의식을 치료사에게 투사하는 현상이다. 즉, 과거 부모나 양육자와의 관계 경험이 현재 치료사에게 옮겨와 반복되는 것이다. 반대로, 역전이(countertransference)는 치료사가 내담자와의 관계 속에서 자신의 무의식적 반응을 경험하는 현상이다.

프로이트는 역전이를 치료사의 불필요한 개인적 반응, 즉 방해 요소로 보았다. 그는 치료사가 자신의 개인적 감정을 철저히 억제해야만 객관적 분석이 가능하다고 주장했다. 그러나 융은 이와 달리 역전이를 치료 과정의 중요한 자료로 이해했다(Jung, 1946/1966, p. 171). 즉, 역전이는 단순히 치료사의 개인적 상처 때문만이 아니라, 내담자의 무의식이 치료사 안에서 울리는 공명일 수 있다.

이러한 이해는 치료사가 역전이를 성찰할 때, 오히려 내담자의 심층적 무의식을 읽어내는 중요한 단서가 될 수 있음을 의미한다. 따라서 전이와 역전이는 서로 독립된 사건이 아니라, 치료적 장(field) 속에서 상호적으로 얽히는 심리적 현상이라 할 수 있다.

2. 전이-역전이의 상호성

치료 관계는 결코 일방적인 과정이 아니다. 내담자가 전이를 일으키면, 치료사 안에서도 무의식적 반응이 일어난다. 이때 치료사는 "이건 내 감정일 뿐"이라고 단순히 분리하기보다, 그것이 치료 장 속에서 상호적으로 생성된 현상임을 인식해야 한다.

- 내담자가 치료사를 "비판적 아버지"로 경험하면, 치료사는 실제로 짜증이나 방어심을 느낄 수 있다.
- 내담자가 치료사를 "구원자"로 이상화하면, 치료사는 자신도 모르게 '돕고 싶은 열망'에 휩쓸릴 수 있다.

이러한 상호성은 치료 과정에서 갈등과 혼란을 일으키기도 하지만, 동시에 내담자의 무의식을 깊이 이해할 수 있는 열쇠가 된다. 결국 치료적 장은 내담자와 치료사의 무의식이 공명하며 만들어내는 제3의 장(field)이다.

3. 역전이의 두 가지 차원

역전이는 치료사의 개인적 요소와 내담자 유발 요소가 결합하여 나타난다. 두 차원을 구분하는 것은 임상적 이해에 유용하다.

1) 치료사의 개인적 역전이

치료사의 과거 경험, 해결되지 않은 상처가 내담자와의 관계 속에서 다시 자극되는 경우다.

- **예**: 치료사가 자신의 아버지와 unresolved conflict 때문에, 권위적인 내담자 앞에서 과도하게 순종적으로 반응하는 상황.
- **의미**: 치료사가 자기 내면의 그림자와 대면하는 순간이 될 수 있다.

2) 내담자 유발 역전이(induced countertransference)

내담자의 무의식적 투사가 치료사에게 심리적 반응을 일으키는 경우다.

- 예: 내담자가 '버려질 두려움'을 강하게 투사하면, 치료사는 자신도 모르게 내담자를 떠나지 않으려는 강박을 느낀다.
- 의미: 이는 치료사의 개인사 때문이 아니라, 내담자의 무의식이 치료사 안에서 울린 결과이다.

이 두 차원은 실제 임상에서는 복합적으로 얽히며, 치료사는 끊임없는 자기 성찰을 통해 구분하고 이해해야 한다.

4. 전이-역전이의 상호작용 유형

전이와 역전이는 다양한 상호작용 양상으로 나타난다. 대표적으로 공명적·갈등적·변환적 상호작용이 있다.

1) 공명적 상호작용

치료사가 내담자의 감정을 공명하며 느낄 때.

- 예: 내담자의 깊은 슬픔이 치료사 안에 울려, 함께 울고 싶은 충동이 일어남.
- 의미: 무의식이 상호 교감하는 장이 열리며, 치료사는 이를 성찰하여 내담자의 체험을 더 깊이 이해할 수 있다.

2) 갈등적 상호작용

치료사가 내담자의 투사에 방어적으로 반응할 때.

- 예: 내담자가 치료사를 "비판적 존재"로 투사 → 치료사가 실제로

비판적으로 반응.

- 위험: 무의식적 재연이 강화되어 치유적 장이 방해받는다. 치료사는 자기 감정을 성찰하지 않으면 과거 상처가 그대로 반복될 수 있다.

3) 변환적 상호작용

치료사가 역전이를 자각하고 성찰할 때, 관계가 새로운 차원으로 열린다.

- 예: 내담자의 '의존적 전이'에 휩쓸릴 뻔했지만, 치료사가 이를 성찰하며 오히려 내담자의 자율성을 지지.
- 의미: 전이-역전이 상호작용이 치유적 변환(alchemical transformation)의 도구로 전환된다.

전이-역전이 상호작용 유형 비교표

유형	정의	임상 장면	위험 요소	치료적 가능성
공명적 상호작용	내담자의 감정이 치료사 안에서 공명하여 유사한 정서 반응을 일으킴	내담자의 슬픔이 치료사에게 울려 함께 울고 싶은 충동이 생김	치료사가 감정에 압도되어 객관성을 잃을 수 있음	내담자의 내적 체험을 깊이 이해하고, 공감적 유대 형성
갈등적 상호작용	내담자의 전이에 치료사가 방어적으로 반응하며 긴장이 증폭됨	내담자가 치료사를 "비판적 아버지"로 투사 → 치료사가 실제로 비판적 태도로 반응	과거 상처의 무의식적 재연이 강화, 치료적 장이 위협받음	치료사가 자기 감정을 성찰한다면, 내담자의 방어와 상처를 명확히 볼 수 있는 단서 제공
변환적 상호작용	치료사가 역전이를 자각·성찰하여 새로운 관계적 차원을 여는 상호작용	내담자가 치료사를 구원자로 이상화 → 치료사가 휩쓸리지 않고 내담자의 자율성을 지지	초기에는 내담자의 저항이나 혼란이 심화될 수 있음	전이-역전이가 무의식적 반복을 넘어 자기(Self) 성장과 통합의 기제로 전환됨

5. 모래상자치료와 전이-역전이

모래상자치료에서 전이와 역전이는 언어적 차원을 넘어 상징을 매개로 구체적으로 드러난다.

- 내담자가 반복적으로 치료사를 닮은 피규어를 배치 → 전이의 표현.
- 치료사가 그 장면에 강한 감정을 느낄 때 → 역전이의 반응.

- 사례: 한 내담자가 매번 '왕'을 세우고, 그 앞에 무릎 꿇는 인물을 배치하였다. 치료사는 자신이 "존경받는 권위자"로 느껴지며 은근한 만족감을 경험했다. 그러나 성찰한 결과, 이는 내담자의 '권위적 아버지에 대한 이상화 전이'였고, 치료사의 반응은 역전이 공명이었다. 이를 의식화한 순간, 치료사는 무심코 빠질 뻔한 역할에서 벗어나, 내담자가 자기 안의 권위를 찾아가도록 도울 수 있었다.

칼프(Kalff, 1980, p. 150)는 "모래상자는 전이-역전이가 안전하게 재현되고 탐색될 수 있는 상징적 무대"라고 강조하였다.

6. 치료사의 성찰과 자기 작업

전이-역전이의 상호작용은 치료사를 시험한다.

- 치료사가 자신의 감정을 무비판적으로 행동으로 옮기면, 내담자는 과거 상처를 반복한다.
- 그러나 치료사가 자신의 역전이를 성찰의 거울로 삼으면, 오히려 내담자의 치유를 촉진한다.

따라서 치료사는 지속적인 자기 성찰과 슈퍼비전을 통해 역전이를 다루어야 한다. 이는 단순한 기법이 아니라 치료사의 존재 훈련이다.

융은 "분석가는 과정의 주인이 아니라 봉사자(servant)"라고 강조했다. 치료사의 성찰적 태도는 자기(Self)와의 관계를 새롭게 열며, 내담자와 함께 변환의 장에 들어서게 한다.

7. 결론: 상호작용은 치유의 용광로

전이와 역전이는 충돌과 혼란을 일으킬 수 있다. 그러나 이 긴장은 곧 치유의 용광로(alchemical vessel)가 된다. 무의식의 긴장이 관계 속에서 드러나고, 치료사가 이를 자각하며 견뎌낼 때, 내담자와 치료사 모두에게 변환이 일어난다.

이는 연금술의 도가니에 비유할 수 있다. 불순물이 녹아내리고 새로운 금속이 태어나는 것처럼, 전이-역전이의 긴장 속에서 새로운 자기(Self)의 가능성이 빚어진다. 결국 치료적 관계는 단순한 기술의 장이 아니라, 심층적 만남과 영혼의 변환이 이루어지는 연금술적 공간이다.

IV. 전이 · 역전이와 연금술적 변환

1. 관계 속에서 이루어지는 연금술

연금술은 물질의 변환을 넘어, 인간 관계 속에서 심리적 변환의 은유로 작용한다. 치료 장면에서 전이와 역전이는 마치 연금술의 도가니(alchemical vessel)처럼 기능한다. 두 사람의 무의식이 서로 얽히고 부딪히는 과정에서, 이전에는 의식되지 못했던 내적 재료가 드러나고 정련된다(Jung, 1946/1966, p. 180).

2. 니그레도: 혼돈과 충돌

전이·역전이 과정은 종종 니그레도(Nigredo) 단계처럼 혼돈과 긴장을 동반한다.

내담자는 치료사를 과거의 상처 입힌 인물로 경험하며 분노나 절망을 드러낸다.

치료사는 역전이로 불편함, 좌절, 혹은 과도한 구원 욕구를 느낀다.

이 단계는 어둡고 혼란스럽지만, 바로 그 혼돈 속에서 무의식의 진실이 드러난다.

3. 알베도: 정화와 분별

갈등이 의식화되면서 관계는 서서히 정화된다. 치료사와 내담자가 서로의 감정을 인식하고, 투사와 반응을 탐색할 때, 관계의 장은 알베도(Albedo)의 빛을 얻는다.

내담자는 "이 감정은 당신 때문이 아니라, 내 안의 오래된 이야기"임을 깨닫는다.

치료사는 자신의 반응이 내담자 유발 역전이임을 성찰하고, 무의식적 동일시에서 벗어난다.

이때 관계는 새로운 투명성과 분별을 획득한다.

4. 시트리니타스: 새로운 통찰과 균형

전이·역전이가 해체되지 않고 잘 다루어질 때, 치료 관계 속에서 새로운 균형이 형성된다. 내담자는 이전에는 보지 못했던 내적 패턴을 자각하고, 치료사와의 관계 속에서 새로운 방식으로 살아낸다. 이는 시트리니타스(Citrinitas)의 황금빛 통찰과 같다.

내담자가 반복적으로 치료사를 "버릴 사람"으로 경험했으나, 치료사가 꾸준히 현존하면서도 의존에 빠지지 않았을 때, 내담자는 "나는 결국 버려지지 않는 존재일 수 있다"는 새로운 경험을 얻는다.

5. 루베도: 관계의 통합과 자기(Self)

궁극적으로 전이 · 역전이의 변환은 루베도(Rubedo) 단계, 즉 관계의 통합으로 이어진다.

내담자는 치료사를 통해 자기(Self)의 상징을 경험한다.

치료사는 내담자의 무의식과 자신 안의 무의식을 동시에 성찰하며, 존재로서 성장한다.

이때 치료 관계는 단순한 상담의 장을 넘어, 상호 변환(mutual transformation)의 장이 된다. 융은 이를 "두 영혼이 서로의 연금술사가 되는 순간"이라고 표현했다(Jung, 1946/1966, p. 182).

6. 사례적 이해

한 청소년 내담자는 치료사를 "엄격한 아버지"로 경험하며 반항과 분노를 드러냈다(니그레도). 치료사는 역전이로 짜증을 느꼈지만, 성찰을 통해 그것이 자신의 '권위적 아버지 경험'에서 비롯된 반응임을 깨달았다. 이 인식은 관계를 정화시켰다(알베도).

그 후 내담자는 점차 치료사를 신뢰하게 되었고, 새로운 상징(다리, 집, 빛)을 모래상자에 배치하며 자기 안의 새로운 균형을 찾아갔다(시트리니타스). 마지막에는 치료사를 더 이상 아버지로 보지 않고, "나를 함께 보는 사람"으로 경험하게 되었다(루베도). 이는 전이 · 역전이의 긴장이 결국 상호 변환의 치유적 과정으로 이어졌음을 보여준다.

7. 결론: 관계는 살아 있는 연금술의 도가니

전이와 역전이는 혼돈과 갈등을 동반하지만, 그것은 연금술의 니그레도와 같다. 이 과정을 성찰하며 지켜낼 때, 관계는 정화되고(알베도), 새로운 통찰과 균형을 얻으며(시트리니타스), 궁극적으로 자기(Self)의 통합으로 나아간다(루베도).

따라서 전이·역전이는 단순한 문제나 장애가 아니라, 심층적 관계 속에서 무의식이 펼치는 연금술적 작업이다. 치료사의 과제는 이 긴장을 견디고 성찰하며, 무의식의 변환이 일어날 수 있는 용기를 지키는 것이다.

Ⅴ. [치료사 성찰] 나는 관계의 연금술을 어떻게 살아내는가?

1. 관계는 나를 시험한다

치료실에서 마주하는 내담자의 전이와 나의 역전이는, 단순한 이론적 개념이 아니라 살아 있는 경험이다. 때로 그것은 혼돈과 불편함으로 다가와 나를 흔들고, 때로는 깊은 감동과 공명으로 나를 눈물짓게 한다. 나는 그 순간마다 묻는다. "나는 지금 이 관계의 불길 속에서 어떻게 서 있는가?"

2. 무의식은 관계 속에서 말한다

내담자가 내게 투사하는 이미지와, 내가 느끼는 역전이적 반응은 모두 무의식의 언어다. 그것은 내담자의 이야기이면서 동시에 나의 이야기다. 내가 이 언어를 두려워하지 않고 귀 기울일 때, 관계는 단순한 만남을 넘어 치유의 도가니가 된다.

3. 견딤의 영성

관계의 연금술은 빠르게 이루어지지 않는다. 때로는 어둡고 혼돈스러운 니그레도의 시간이 길게 이어진다. 이때 내가 해야 할 일은 '무언가를 빨리 해내는 것'이 아니라, 견디고 머무는 것이다. 침묵을 견디고, 불편을 견디고, 오해와 분노를 견디는 그 자리가 곧 치유의 자리가 된다.

4. 나의 그림자를 마주하기

내담자의 전이는 종종 나의 그림자를 비추는 거울이 된다. 내가 억눌렀던 두려움, 인정받고자 했던 욕구, 혹은 외면하고 싶었던 나의 상처가 내담자를 통해 다시 살아난다. 나는 그 순간 나 자신에게 질문한다.

나는 내 그림자를 회피하는가, 아니면 직면할 용기를 내는가?
나는 내담자의 전이를 빌려 나 자신을 다시 배우고 있는가?

5. 관계의 변환은 상호적이다

전이와 역전이가 정련될 때, 변화는 내담자에게만 일어나지 않는다. 나 또한 그 과정 속에서 새로운 통찰을 얻고, 내 안의 자기(Self)를 더 깊이 만난다. 결국 관계의 연금술은 서로가 서로의 연금술사가 되는 과정이다. 내담자가 치유될 때, 나도 함께 변환된다.

6. 성찰 질문

나는 내담자의 전이를 두려워하지 않고 증언할 준비가 되어 있는가?
나의 역전이를 성찰의 거울로 삼고 있는가?

나는 관계 속에서 견딤과 기다림을 훈련하고 있는가?

나는 내담자와 함께 상호 변환의 여정을 살아내고 있는가?

7. 결론: 관계는 살아 있는 연금술의 도가니

치료 관계는 끊임없이 나를 시험하고, 나를 성장시키며, 나를 자기(Self)를 향해 이끈다. 전이와 역전이는 고통스럽지만 동시에 은혜로운 선물이다. 나는 이 자리에서 매번 묻는다.

"나는 오늘 이 관계의 연금술을 어떻게 살아냈는가?"

이 질문이야말로 내가 치료사로서, 한 인간으로서 계속 서 있어야 할 자리를 가르쳐 준다.

제8장 요약 — 관계와 투사·전이

이 장은 치료 관계 속에서 일어나는 투사, 전이, 역전이를 심층적으로 탐구하며, 이를 연금술적 변환 과정과 연결하여 설명한다. 관계는 단순한 상호작용이 아니라, 무의식의 진실이 드러나고 정련되는 살아 있는 연금술의 도가니이다.

1. 관계와 무의식의 투사

투사는 의식하지 못한 내적 내용을 타인에게 전가하는 과정이다.
긍정적·부정적·부분적·상호적 투사 등 다양한 형태로 나타난다.
모래상자치료에서 피규어와 치료사는 투사의 주요 대상이 된다.
투사는 왜곡이 아니라 무의식의 치유적 장치이며, 자기(Self)와 만나는 통로이다.

2. 전이의 본질과 유형

전이는 과거의 관계 경험이 현재 치료사와의 관계 속에서 재현되는 현상이다.

긍정적 · 부정적 · 모호한 전이, 성적 전이, 영적 · 상징적 전이 등 다양한 유형으로 나타난다.

전이는 단순한 반복이 아니라, 무의식이 자기(Self)를 향해 나아가는 상징적 드라마이다.

3. 전이와 역전이의 상호작용

역전이는 치료사가 내담자에게 느끼는 무의식적 반응으로, 치료적 자료가 된다.

전이와 역전이는 공명적 · 갈등적 · 변환적 상호작용을 이룬다.

치료사는 역전이를 성찰할 때, 내담자의 무의식을 깊이 이해할 수 있다.

모래상자에서는 피규어 선택과 배치를 통해 전이-역전이가 상징적으로 드러난다.

4. 전이 · 역전이와 연금술적 변환

전이와 역전이는 연금술의 네 단계와 평행한다.

- 니그레도: 혼돈과 갈등
- 알베도: 정화와 분별
- 시트리니타스: 새로운 균형과 통찰
- 루베도: 자기(Self)의 통합

전이-역전이의 긴장은 고통스럽지만, 그것을 견뎌낼 때 상호 변환이 가능해진다.

5. [치료사 성찰] 나는 관계의 연금술을 어떻게 살아내는가?

치료사는 관계 속에서 무의식의 언어를 듣고, 불편과 침묵을 견디며, 자기 그림자를 마주해야 한다.

전이와 역전이는 내담자뿐 아니라 치료사에게도 변환을 일으킨다.

성찰 질문: "나는 오늘 이 관계의 연금술을 어떻게 살아냈는가?"

핵심 메시지

투사, 전이, 역전이는 치료 관계 속에서 피할 수 없는 현상이자 치유의 자원이다.
이 과정은 연금술적 변환과 같이 혼돈에서 출발해 정화 · 통찰 · 통합으로 이어진다.
치료사의 과제는 해석자가 아니라 증인과 동반자로 서서, 관계의 긴장을 견디며 무의식의 지혜가 드러나도록 허용하는 것이다.

제9장

경험과 통합의 장:
임상가의 변환

Ⅰ. 임상.실습의 이론에서 체험으로

1. 실습은 이론을 살아 있게 만든다

모래상자치료에서 이론은 지도(map)와 같다. 지도는 길을 안내해 주지만, 그것만으로는 실제 여행을 대신할 수 없다. 실제로 길을 걸으며 체험할 때에만 지도는 살아 있는 안내서가 된다. 임상 실습 역시 마찬가지다.

치료사가 교과서로 이론을 공부하고, 상징과 개념을 암기하는 것은 출발점에 불과하다. 그러나 그것이 진정한 이해로 전환되려면, 임상 현장에서 직접 내담자와 마주하는 체험이 필요하다. 이론은 머리의 지식에 머무를 수 있지만, 임상 실습은 지식을 몸과 마음의 경험으로 전환한다.

융(C. G. Jung)은 "지식은 살아 있는 경험을 통해서만 지혜가 된다"고 강조하였다(Jung, 1954/1966, p. 189). 즉, 치료사가 경험을 통과하지 않은 이론은 아직 자기 것이 아니며, 단순한 차용에 불과하다. 실습을 통해서만 이론은 살아 있는 지혜로 변환된다.

2. 모래상자치료 실습의 특수성

모래상자치료 실습은 단순한 기술 훈련이 아니다. 그것은 무의식과 직접 대면하는 상징적 체험의 장이다.

- **상징 언어의 훈련**: 내담자가 모래와 피규어를 다루는 모습은 무의식의 상징적 언어다. 실습은 이 언어를 민감하게 읽는 훈련이 된다.
- **존재의 훈련**: 실습에서 치료사는 내담자와 함께 현존하는 동반자임을 배운다.
- **자기 무의식과의 대면**: 내담자의 상징은 종종 치료사의 그림자와 공명하며, 치료사 자신의 무의식을 자극한다. 따라서 실습은 단순한

기술이 아니라 치료사 자신의 변환 과정이다.

치료사가 배우는 것은 기술이 아니라, 내담자 앞에 존재하는 방법이다.

3. 실습과 자기실현

모래상자치료에서 치료사의 훈련은 단순한 기술 습득이 아니라, 자기실현의 일부이다. 치료사가 자신의 무의식을 탐구하지 않고는, 내담자의 무의식을 동반할 수 없다. 임상 실습은 치료사가 자기 그림자와 마주하고, 아니마/아니무스와 접촉하며, 자기(Self)의 중심을 향해 나아가는 여정을 촉진한다.

따라서 실습은 곧 치료사의 자기실현의 과정이다. 이는 내담자를 돕기 위한 준비일 뿐 아니라, 치료사 자신의 성숙과 성장의 길이기도 하다. 치료사가 자신의 내면을 직면할 용기를 얻을 때, 내담자의 심리적 여정을 진정으로 동행할 수 있다.

4. 실습에서 발생하는 변환적(transformation) 경험

실습 과정에서 치료사는 교과서적 지식으로는 배울 수 없는 변환적 경험을 체험한다.

- 혼돈 경험: 내담자의 무의식적 표현을 해석할 수 없을 때 찾아오는 혼란. 이는 치료사에게 겸손을 가르친다.
- 겸손의 배움: 무의식은 언제나 치료사보다 지혜롭다. 치료사는 자신의 한계를 인정하며 무의식을 신뢰하는 태도를 배운다.
- 현존의 힘: 침묵 속에서도 내담자가 변화하는 순간을 목격하며, 치료사는 단순히 '존재하는 것'이 얼마나 큰 힘이 되는지를 체험한다.

- 상호 변환: 내담자의 상징은 치료사의 내면을 흔들며, 양쪽 모두를 변화시킨다.

에딩거(Edinger, 1995, p. 201)는 이를 "연금술적 변환"이라 불렀다. 임상 실습은 단순한 연습이 아니라, 내담자와 치료사 모두의 영혼이 변환되는 과정이다.

5. 전문가 대상 실습의 목표

전문가 훈련에서 임상 실습은 다음과 같은 구체적 목표를 가진다.

- 이론과 실제의 통합: 분석심리학, 연금술의 상징, 모래상자치료의 원리를 실제 임상 장면에 적용하는 훈련.
- 자기 성찰 훈련: 역전이와 그림자 작업을 통해 자기 이해를 심화하는 과정.
- 상징적 감수성 발달: 피규어의 선택과 배치, 상징의 흐름을 섬세하게 감지하는 능력 훈련.
- 치유적 존재의 성숙: 기술 이전에 존재로서 내담자를 지지할 수 있는 힘을 기르는 과정.

6. 실습에서의 도전과 한계

실습은 단순한 배움의 장이 아니라, 치료사에게 도전과 혼란을 안겨준다.

- 해석 욕구와의 싸움: 치료사 초기에는 내담자의 상징을 너무 빨리 해석하려는 유혹에 빠진다. 그러나 실습은 이 충동을 견디며, 상징이 스스로 말하도록 기다리는 훈련이다.
- 자기 그림자의 자극: 내담자의 상징이 치료사의 억압된 부분을 건드

릴 때, 불안과 방어가 생긴다. 이를 성찰할 수 있어야 성장으로 이어진다.

- 실패의 경험: 때로는 세션이 진전 없이 끝나기도 한다. 그러나 실패 속에서 배우는 겸손이야말로 치료사 훈련의 본질이다.

7. 실습과 연금술의 은유

임상 실습은 연금술의 대작업에 비유될 수 있다.

- 준비는 니그레도: 혼돈과 어둠 속으로 들어가는 과정.
- 탐구는 알베도: 무의식의 상징이 떠오르는 순간.
- 성찰은 시트리니타스: 내적 요소들이 새로운 빛 속에서 연결됨.
- 성숙은 루베도: 새로운 자기(Self)가 태어나는 과정.

따라서 실습은 단순한 훈련이 아니라, 치료사 자신의 영혼이 연금술적 변환을 경험하는 의례라 할 수 있다.

8. 결론: 실습은 통합의 장

임상 실습은 치료사가 무의식과 대면하며 자기(Self)를 통합하는 장이다. 이론은 실습 속에서 살아나고, 실습은 이론 속에서 의미화된다. 이 순환을 통해 치료사는 무의식을 동행할 수 있는 심리치료사로 성장한다.

융이 말한 것처럼, "치료사는 자기 자신의 영혼을 경험하지 않고서는 타인의 영혼을 도울 수 없다." 임상 실습은 이 진리를 체험적으로 가르쳐 주는 장이며, 치료사와 내담자 모두를 위한 변환의 여정이다.

II. 전문가 훈련에서 상징적 체험의 역할

1. 상징은 단순한 교육 자료가 아니다

전문가 훈련에서 상징(symbol)은 단순히 '이론을 설명하기 위한 예시'가 아니다. 상징은 무의식의 언어이자, 인간 정신의 깊은 차원을 드러내는 표현이다. 모래상자치료에서 피규어나 모래 속에서 나타나는 상징은 단순한 교재용 그림이 아니라, 훈련생 자신 안의 무의식적 주제를 흔드는 사건적 체험이다.

융은 상징을 "무의식의 메시지를 전달하는 살아 있는 이미지"라고 정의했다(Jung, 1964, p. 92). 즉, 상징은 죽은 표식이 아니라, 살아 있는 현상이며, 우리를 아직 알지 못하는 의미의 차원으로 인도한다. 전문가 훈련에서 상징은 교육적 자료라기보다 실존적 사건이다. 훈련생은 상징을 마주하며 자신 안의 무의식을 경험하고, 이 과정을 통해 치료사로서의 존재를 형성해 간다.

2. 체험을 통한 지혜 형성

상징은 책으로만 배울 수 없다. 훈련생은 상징을 몸과 마음으로 체험해야 한다. 모래상자에 들어가 피규어를 직접 선택하고 배치하는 경험은 무의식과의 만남이다.

- 상징을 이해하려는 충동을 내려놓고, 먼저 상징 속에 머무르는 훈련이 중요하다.
- 이 과정에서 훈련생은 해석보다 체험을, 분석보다 공명을 배운다.
- 이는 내담자의 상징을 만났을 때, 성급한 해석 대신 함께 머물 수 있는 능력을 길러준다.

이러한 체험은 언어적 지식보다 오래 지속된다. 마치 연금술사가 금속을 변환시키면서 자신도 변환되는 것처럼, 훈련생 역시 상징을 다루는 과정에서 자기(Self)와 더 깊이 연결된다. 상징을 체험한다는 것은 곧 치료사로서 존재의 깊이를 확장하는 것이다.

3. 상징적 체험과 그림자 교육

1) 그림자와 전문가 훈련

융(C. G. Jung)이 말한 그림자(shadow)는 인간 정신의 어두운 면, 의식이 받아들이기 어려워 억압된 측면을 가리킨다. 그림자는 단순히 부정적인 것이 아니라, 의식되지 않은 만큼 무의식 속에 잠재된 가능성과 에너지를 담고 있다(Jung, 1959, p. 284).

전문가 훈련에서 그림자를 다룬다는 것은, 치료사가 자신의 무의식을 마주하고 의식화하는 과정을 포함한다. 특히 모래상자치료의 훈련 현장에서는 상징적 체험을 통해 그림자가 강렬하게 드러난다. 이는 단순히 이론을 배우는 것이 아니라, 치료사의 내적 세계가 흔들리고 확장되는 실존적 사건이다.

2) 상징적 체험과 그림자의 드러남

(1) 상징이 불편감을 불러올 때

훈련생이 특정 상징에 강한 불편감이나 거부감을 보이는 것은 우연이 아니다. 그것은 억압된 자기의 측면이 상징을 통해 드러난 것이다.

- 괴물 피규어: 억눌린 공격성, 파괴성, 두려움의 반영.
- 집 피규어: 내적 안정의 갈망, 불안정성의 투영.
- 깊은 구덩이: 상처받은 내면아이, 절망의 경험.

이때 중요한 것은 불편감을 억누르는 것이 아니라, 그것을 자기 탐구의 신호로 삼는 것이다.

(2) 상징은 거울이다

상징은 치료사 자신이 의식적으로 인식하지 못한 내적 진실을 비추는 거울이다. 훈련생이 상징 앞에서 동요할 때, 그것은 "이 안에 너의 그림자가 있다"는 무의식의 메시지다.

3) 그림자 교육의 필요성

(1) 자기 그림자와의 대면

칼프(Kalff, 1980, p. 158)는 "치료사가 자신의 무의식과 대면하지 않으면, 내담자의 무의식을 감당할 수 없다"고 말했다. 치료사가 자신의 그림자를 회피하면, 내담자의 그림자를 만났을 때 두려움·분노·거부 반응을 일으킨다.

(2) 임상적 파급효과

- **그림자를 회피하는 치료사**: 내담자의 공격성·슬픔을 감당하지 못하고 방어적 반응을 보인다.
- **그림자를 의식화한 치료사**: 내담자의 파괴적 환상조차도 안전하게 수용할 수 있다.

따라서 전문가 훈련에서 그림자 교육은 선택이 아니라 필수이다.

4) 사례적 이해

(1) 괴물 피규어의 거부

한 훈련생은 실습 중 괴물 피규어를 전혀 사용하지 않았다. 그는 자신이 "밝은 상징만 좋아한다"고 했지만, 동료들은 그가 화를 억누르고 있는 것을 관찰했다. 슈퍼비전 과정에서 그는 어린 시절의 억압된 분노와 마주했고, 괴물 피규어가 그 감정을 상징했음을 깨달았다. 이 체험은 이후 내담자의 공격성을 보다 자연스럽게 받아들이는 힘이 되었다.

(2) 반복되는 집 상징

또 다른 훈련생은 매번 모래상자에 집을 세웠다. 그는 안정과 보호를 갈망했으며, 자신의 불안정한 성장 배경을 떠올리게 되었다. 집 상징은 단순한 피규어가 아니라, 그의 그림자를 드러내는 상징이었다. 이후 그는 내담자의 "집" 상징을 볼 때, 단순한 해석이 아니라 체험적 공감을 할 수 있게 되었다.

5) 그림자와 연금술적 교육

연금술(alchemy)의 작업은 그림자 교육과 평행한다.

- 니그레도: 그림자와 대면하는 어둠과 혼돈. 훈련생은 상징을 해석할 수 없고 불편감을 느낀다.
- 알베도: 불편한 상징을 있는 그대로 바라보며 정화되는 과정.
- 시트리니타스: 상징의 반복 속에서 자기 이해의 빛이 떠오른다.
- 루베도: 그림자가 자기(Self)의 일부로 통합되는 단계.

그림자 교육은 훈련생을 단순한 기술자가 아니라, 연금술적 변환을 통과한 치유자로 성숙시킨다.

6) 교육적 방법론

전문가 훈련에서 그림자 교육을 위한 구체적 방법은 다음과 같다.

- 상징 저널링: 훈련생이 불편감을 준 상징을 기록하고 성찰한다.
- 집단 슈퍼비전: 동료와 함께 상징 경험을 나누며, 자신의 그림자를 객관화한다.
- 체험적 반복: 불편한 피규어를 반복적으로 다루며, 감정을 탐색한다.
- 명상적 통합: 상징을 통해 떠오른 감정을 그림 · 글 · 명상으로 표현하며 자기(Self)에 통합한다.

7) 결론: 그림자는 훈련의 스승

전문가 훈련에서 상징적 체험은 곧 그림자 교육이다. 상징은 치료사가 받아들이기 어려운 내적 진실을 드러내고, 이를 통해 치료사는 자기 그림자를 마주한다. 그림자와의 대면은 고통스럽지만, 그 과정을 통과할 때 치료사는 내담자의 어두운 무의식조차 담아낼 수 있는 그릇(vessel)이 된다.

따라서 전문가 훈련에서 상징적 체험은 단순한 학습이 아니라, 치료사가 자기 그림자와 만나는 실존적 사건이며, 그것이 곧 치유자의 탄생을 가능케 한다.

4. 전문가 훈련과 연금술의 평행

연금술(alchemy)은 전문가 훈련의 은유로서 강력하다. 연금술사가 납을 금으로 바꾸려 했듯, 훈련생은 무의식적 혼돈을 자기 성장의 자원으로 변환한다.

- 니그레도(Nigredo): 혼돈과 혼란의 단계. 훈련생은 상징을 해석할 수 없고 불안정하다.
- 알베도(Albedo): 정화의 단계. 상징을 억지로 붙잡지 않고, 있는 그

대로 수용하는 태도를 배운다.

- 시트리니타스(Citrinitas): 통찰의 단계. 반복되는 상징 속에서 새로운 의미와 연결이 떠오른다.
- 루베도(Rubedo): 통합의 단계. 상징 체험이 내적 자원으로 내면화되고, 치료사의 존재를 변환한다.

따라서 전문가 훈련은 단순한 기술 교육이 아니라, 연금술적 자기 변환의 과정이다.

5. 사례적 이해

훈련 과정에서 경험한 상징은 단순히 사라지지 않는다. 그것은 치료사의 내적 자원(inner resources)으로 전환된다.

한 훈련생이 모래상자에서 '다리'를 만들며, 그것이 자신에게 "내적 연결"을 의미한다는 것을 체험했다면, 이후 내담자가 다리를 만들 때 단순한 해석이 아니라 공명적 이해가 가능하다. 훈련생 A는 교육 과정에서 모래상자 실습을 할 때마다 다리 피규어를 선택했다. 처음에는 단순한 습관이라고 생각했으나, 점차 그는 자신 안에 "끊어진 연결"에 대한 갈망이 있음을 자각했다.

이 깨달음은 이후 내담자의 모래상자에서 다리가 나타났을 때, 단순히 '통합의 상징'으로 해석하는 것이 아니라, 내담자가 느끼는 갈망과 공명을 몸으로 이해할 수 있게 했다.

또 다른 훈련생 B는 집 피규어를 반복적으로 배치하며 안정감을 찾았다. 그는 내담자의 집 상징을 만날 때 체험적 공감으로 반응할 수 있다.

그는 이를 통해 "나는 집을 갈망하고 있다"는 내적 진실을 깨달았고, 이후 내담자의 집 상징을 깊은 공감으로 맞이할 수 있었다.

즉, 훈련생의 상징 체험은 단순한 학습이 아니라, 치유적 자원의 내면화 과정이다. 이는 훈련생을 더욱 깊고 공명적인 치료사로 만들어 준다. 이러한 사례는 상징적 체험이 단순한 학습을 넘어, 체험적 공명의 능력으로 전환되는 과정을 보여준다.

6. 교육적 함의

전문가 훈련에서 상징적 체험은 다음과 같은 교육적 함의를 가진다.

- 이론과 체험의 통합: 상징을 교재로 배우는 데 그치지 않고, 직접 체험함으로써 이해가 내면화된다.
- 자기 성찰의 촉진: 상징은 치료사의 그림자를 비추며 자기 작업을 촉진한다.
- 임상적 감수성의 확장: 상징 체험은 내담자의 표현을 민감하게 공명할 수 있는 능력을 키운다.
- 치유적 존재의 성숙: 상징적 체험을 통해 치료사는 단순한 지식 전달자가 아니라, 내담자와 함께 상징을 살아내는 동반자가 된다.

7. 결론: 상징적 체험은 전문가 훈련의 심장부

전문가 훈련에서 상징적 체험은 단순한 보조 활동이 아니다. 그것은 치료사의 존재를 변환시키는 훈련의 심장부다.

- 상징은 지식으로만 이해될 수 없다.
- 상징은 체험을 통해서만 내면화된다.

• 상징적 체험은 치료사를 치유자-연금술사로 변화시킨다.

따라서 전문가 훈련에서 상징적 체험은 곧 치유자의 탄생을 위한 연금술적 과정이며, 이 체험을 통해 훈련생은 단순한 이론가가 아니라, 무의식과 동행할 수 있는 진정한 심리치료사로 성장한다.

Ⅲ. 임상 실습에서 자기 성찰과 치료사의 변환

1. 자기 성찰은 임상 훈련의 심장부

임상 실습에서 중요한 것은 단순히 많은 사례를 경험하는 것이 아니다. 중요한 것은 그 사례 하나하나를 자기 성찰의 거울로 삼는 것이다.

내담자의 전이나 투사 앞에서 나는 어떤 감정을 느끼는가?

내담자의 침묵이나 저항을 만날 때, 나는 어떤 불안을 견디지 못하는가?

나는 어떤 순간에 '구원자'가 되고 싶은 욕망에 사로잡히는가?

이러한 질문은 단순한 기술 훈련을 넘어 치료사의 존재 자체를 변화시키는 훈련이다.

융(Jung, 1954/1966, p. 190)은 "자기 자신을 아는 것보다 더 중요한 훈련은 없다"고 했다. 임상 실습은 바로 이 지점을 시험한다. 자기 성찰은 치료사를 더 정교한 기법가가 아니라, 존재로서 치유하는 사람으로 성장시킨다.

2. 자기 성찰과 그림자의 대면

임상 실습은 치료사가 자신의 그림자(shadow)와 직접 마주하도록 이끈다.

내담자의 분노가 나의 억눌린 분노를 자극할 때, 나는 불편함을 느낀다.

내담자의 의존이 나의 '구원 욕구'를 드러낼 때, 나는 스스로 놀란다.

내담자의 실패와 좌절이 나의 열등감을 건드릴 때, 나는 무력해진다.

이 모든 순간은 단순히 불쾌한 경험이 아니라, 성찰의 문이다. 그림자를 부정하지 않고 성찰 속에서 의식화할 때, 치료사는 내담자의 그림자를 담아낼 수 있는 그릇이 된다.

에딩거(Edinger, 1995, p. 217)는 "그림자와의 대면은 치유적 변환의 첫 관문"이라고 강조했다. 전문가 훈련의 본질은 자기 그림자를 피하지 않고 맞이하는 훈련이다.

3. 자기 성찰과 연금술의 평행 과정

자기 성찰은 연금술적 변환과 평행한다.

- 니그레도(Nigredo): 내 안의 혼돈과 그림자가 드러나는 고통의 순간.
- 알베도(Albedo): 성찰을 통해 반응을 정화하고, 무의식과 의식을 구별하는 단계.
- 시트리니타스(Citrinitas): 반복된 성찰 속에서 통찰과 자원이 떠오른다.
- 루베도(Rubedo): 자기(Self)와의 깊은 연결을 경험하며 존재의 통합을 체험한다.

즉, 자기 성찰은 단순한 반성이 아니라 영혼의 연금술적 여정이다. 실습은 치료사를 이 여정으로 이끌며, 그가 단순한 전문가를 넘어 연금술적 존재로 성숙하도록 돕는다.

4. 치료사의 변환: 전문가에서 연금술사로

자기 성찰을 깊이 경험한 치료사는 단순한 전문가(professional)가 아니다. 그는 연금술적 존재(alchemical being)로 변모한다.

- 그는 해석 이전에 존재 자체로 치유적 공간을 형성한다.
- 그는 내담자의 혼돈을 두려워하지 않고, 그 속에 함께 머문다.
- 그는 자신 또한 내담자와 함께 변환되는 상호적 여정에 있음을 안다.

이러한 변환은 교과서나 기술 훈련만으로는 불가능하다. 자기 성찰만이 치료사를 존재적 치유자로 바꿀 수 있다.

5. 사례적 이해

한 훈련생은 내담자의 반복된 침묵 앞에서 "나는 무능하다"는 강렬한 감정을 경험했다. 그는 처음에는 내담자를 탓했지만, 슈퍼비전 과정에서 이것이 자신의 오래된 열등감과 연결되어 있음을 깨달았다.

이 성찰은 그를 무너뜨리기보다 오히려 자유롭게 했다. 그는 이후 내담자의 침묵을 두려워하지 않고, 함께 머물 수 있는 힘을 얻게 되었다. 이는 자기 성찰이 치료사의 내적 변환을 어떻게 이끄는지를 보여주는 생생한 예다.

또 다른 훈련생은 의존적인 내담자와의 관계에서 "내가 구원해야 한다"는 강박을 느꼈다. 그러나 자기 성찰을 통해 그 충동이 자신의 구원 욕구에서 비롯된 것임을 자각했을 때, 그는 내담자가 스스로 성장할 수 있도록 기다릴 수 있었다.

6. 자기 성찰과 공동체의 연결

자기 성찰은 고립된 내성(introspection)이 아니다. 그것은 공동체적 나눔 속에서 더욱 깊어진다.

훈련생이 자신의 성찰을 집단 슈퍼비전에서 나눌 때, 동료들은 새로운 관점을 제공하며 지지한다. 이는 자기 성찰이 단순한 개인 작업이 아니라, 집단적 변환 과정임을 보여준다.

치료사는 자기 성찰을 통해 더 깊은 자기 이해를 얻고, 공동체적 나눔 속에서 치료 문화의 일원으로 성숙한다.

7. 결론: 자기 성찰은 치료사의 연금술적 불길

임상 실습에서 자기 성찰은 치료사가 성장하는 불길이다.

- 이 불길은 그림자를 드러낸다.
- 이 불길은 상징을 정화한다.
- 이 불길은 자기(Self)를 향한 길을 밝힌다.

치료사가 자기 성찰을 게을리하지 않을 때, 그는 단순한 전문가가 아니라, 내담자의 여정을 동행할 수 있는 참된 연금술사로 성숙한다.

IV. [치료사 성찰] 나는 실습 과정에서 어떻게 변환되는가?

1. 실습은 나를 비추는 거울이다

임상 실습에서 내가 마주하는 것은 단순히 내담자만이 아니다. 내담자가 만든 모래상자, 그가 배치한 상징, 그리고 그가 발화하거나 침묵하는 방식 속에서 나는 매번 나 자신을 마주한다.

- 내담자가 선택한 피규어가 내 안의 감정을 자극한다.
- 내담자의 불안이 내 불안을 비춘다.
- 내담자의 질문이 나의 오래된 상처를 건드린다.

실습은 단순한 훈련의 과정이 아니라, 내가 누구인지 보여주는 거울이다. 훈련은 나를 시험하는 장이 아니라, 나를 드러내는 장이다. 융이 말한 것처럼, "치료사는 자기 자신을 치유하지 않고는 타인을 치유할 수 없다"(Jung, 1954/1966, p. 190).

2. 무력감과 두려움 속에서

실습 중 가장 힘든 순간은 내담자의 혼돈 앞에서 아무것도 할 수 없는 듯한 무력감을 경험할 때다.

- 내담자가 침묵으로 일관할 때, 나는 공허와 두려움에 빠진다.
- 내담자가 파괴적 장면을 반복할 때, 나는 "나는 무능하다"는 감정을 느낀다.
- 내담자가 갑작스레 눈물을 터뜨릴 때, 나는 어찌할 바를 모른다.

그러나 바로 이 순간, 나는 배운다.

"무력감은 피해야 할 실패가 아니라, 치유 과정의 일부라는 것을".

내담자의 혼돈 앞에 함께 머물며, 내 무력감조차 치료의 장 속에 포함될 수 있음을 체험한다. 그 순간, 나는 단순히 기술을 쓰는 사람이 아니라, 존재 자체로 동행하는 사람이 된다.

3. 나의 그림자가 말할 때

실습 속에서 나는 나의 그림자(shadow)가 말을 거는 순간을 경험한다.

- 내담자의 분노가 내 억눌린 분노를 불러낸다.
- 내담자의 침묵이 내 불안을 드러낸다.
- 내담자의 의존이 내 구원 욕구를 비춘다.

나는 묻는다:

- 나는 내 그림자와 어떻게 대화하고 있는가?
- 나는 내담자의 상징을 통해 내 안의 어떤 진실을 보고 있는가?

이 질문은 실습을 단순한 기술 훈련이 아니라, 내적 여정으로 만든다. 그림자와 마주하는 순간은 아프고 낯설지만, 바로 그 지점에서 나는 치료사로서의 깊이를 얻는다.

4. 상징과의 만남 속에서

내담자가 만든 모래상자 속 장면은 종종 내 안에 깊은 울림을 준다.

- 다리는 "내 안의 연결 욕구"를 건드린다.
- 집은 "내 불안정 속의 안정 갈망"을 상기시킨다.
- 아이는 "내 내면아동의 상처"를 흔든다.
- 괴물은 "내 억눌린 공격성과 두려움"을 드러낸다.

이때 나는 단순히 상징을 해석하지 않는다. 나는 상징을 함께 살아낸다. 상징은 내담자만의 것이 아니라, 나의 무의식에도 파문을 일으킨다. 실습은 상징을 단순히 읽는 법이 아니라, 함께 존재하는 법을 가르쳐 준다.

5. 성찰 질문

실습을 통해 치료사는 다음과 같은 질문을 스스로에게 던질 수 있다.

- 나는 실습 속에서 내 무력감과 그림자를 어떻게 다루고 있는가?
- 내담자의 상징은 내게 어떤 새로운 의미를 열어 주는가?
- 나는 실습을 단순한 훈련이 아니라, 내 존재를 변환하는 여정으로 살고 있는가?
- 나는 내담자의 여정 속에서 나 자신도 변화하고 있음을 자각하는가?
- 나는 지금 "기술자"로만 머물고 있는가, 아니면 "연금술사"로 성숙해 가고 있는가?

6. 공동체적 성찰

자기 성찰은 고립된 내적 반성이 아니다. 동료 훈련생과 나눔, 슈퍼비전, 실습지도자의 피드백 속에서 더욱 깊어진다.

이 과정은 치료사의 성찰을 개인적 내성이 아니라 공동체적 변환 과정으로 만든다.

모래상자치료의 전통은 언제나 "함께 배우는 훈련"이었다(Kalff, 1980, p. 162). 상징적 체험과 자기 성찰은 공동체 속에서 공유될 때 더욱 힘을 갖는다.

7. 결론: 실습은 나의 변환의 장

임상 실습은 지식을 쌓는 과정이 아니라, 내담자를 위한 훈련인 동시에, 나 자신이 변환되는 과정이다. 임상 실습은

- 그것은 나의 무력감을 드러내고,
- 나의 그림자를 비추며,
- 나의 자기(Self)를 더 깊이 연결한다.

나는 실습 속에서 매번 흔들리고, 성찰하고, 다시 세워진다. 내담자가 자기(Self)를 향해 나아가듯, 나 역시 실습을 통해 나의 자기(Self)를 향해 나아간다. 따라서 실습은 단순한 교육 과정이 아니라, 치료사를 연금술적 존재로 성숙시키는 여정이다. 내가 내담자와 함께 변환되는 순간, 나는 단순한 전문가를 넘어, 진정한 치유자가 된다.

그래서 나는 매 실습 후 스스로에게 조용히 묻는다.

"나는 오늘 실습 속에서 어떻게 변환되었는가?"

이 질문은 내가 치료사로서, 동시에 한 인간으로서 걸어가야 할 길을 다시 밝힌다.

제9장 요약 — 경험과 통합의 장

이 장은 전문가 대상의 임상 실습이 단순한 훈련 과정이 아니라, 치료사의 존재와 자기(Self)를 변환시키는 통합의 장임을 강조한다. 이론은 실습 속에서 살아나고, 실습은 이론 속에서 의미화되며, 치료사는 이를 통해 연금술적 변환을 경험한다.

1. 임상 실습의 이론에서 체험으로

이론은 지도일 뿐, 실제 실습은 그 길을 걷는 체험이다.
모래상자 실습은 기술 습득을 넘어, 존재론적 훈련이며 개성화 과정의 일부다.
실습 속에서 치료사는 혼돈 · 겸손 · 현존 · 상호 변환을 경험한다.

2. 전문가 훈련에서 상징적 체험의 역할

상징은 단순한 교육 자료가 아니라 무의식의 언어이며, 치료사의 내적 세계를 흔드는 사건이다.
체험은 지식을 내면화하여 치유적 자원으로 전환시킨다.
상징적 체험은 연금술적 단계(니그레도-알베도-시트리니타스-루베도)를 따라 치료사의 자기(Self) 변환을 이끈다.

3. 슈퍼비전과 임상 공동체의 역할

슈퍼비전은 기술적 교정이 아니라, 치료사의 정련과 성숙의 장이다.
전이 · 역전이는 슈퍼비전 관계에서도 반복되며, 이는 자기 성찰의 기회가 된다.
임상 공동체는 집단적 지혜와 윤리적 거울을 제공하며, 치료사의 고립을 예방한다.

4. 임상 실습에서의 자기 성찰과 치료사의 변환

실습은 치료사의 그림자를 드러내며, 자기 성찰을 통해 무의식을 자각하게 한다.
자기 성찰은 연금술적 과정과 평행하며, 치료사를 단순한 전문가가 아닌 연금술적 존재로 변환시킨다.
사례: 내담자의 침묵 앞에서 느낀 무력감을 성찰하여, 치료사가 오히려 침묵을 견디는 힘을 얻게 된 경우.

5. [치료사 성찰] 나는 실습 과정에서 어떻게 변환되는가?

실습은 나를 비추는 거울이며, 내 무력감과 그림자를 드러내는 자리다.
상징과의 만남은 내 안의 자원을 깨우고, 존재 자체를 치유적으로 변화시킨다.
실습은 단순한 훈련이 아니라 나의 연금술이며, 나는 매번 새롭게 변환된다.
성찰 질문: “나는 오늘 실습 속에서 어떻게 변환되었는가?”

핵심 메시지

임상 실습은 지식의 반복이 아니라, 치료사의 존재적 변환을 이끄는 연금술적 훈련이다.
상징적 체험, 슈퍼비전, 공동체, 자기 성찰은 서로 맞물려 치료사의 개성화 과정을 심화시킨다.
실습은 내담자의 치유만이 아니라, 치료사 자신의 치유와 성장을 동시에 가능케 한다.

제10장

연금술적 상징과 자기 인식: 무의식의 거울

Ⅰ. 연금술과 자기 인식의 관계

1. 연금술: 외적 변환에서 내적 변환으로

연금술사들이 금속을 정련하는 과정은 사실상 인간 정신이 혼돈에서 통합으로 나아가는 여정을 상징한다. 납은 무의식적 혼돈을, 금은 자기(Self)의 통합을 상징한다. 치료사가 임상에서 상징을 다룰 때, 그는 단순히 내담자의 자료를 해석하는 것이 아니라, 자신의 무의식도 정련하는 과정을 통과한다. 따라서 연금술은 외적 실험에서 내적 변환으로 전환된 상징적 언어라고 할 수 있다.

2. 자기 인식의 심리학적 의미

융의 분석심리학에서 자기(Self)는 의식과 무의식을 포괄하는 전체성의 중심이다. 자기 인식은 단순히 "나를 아는 것"이 아니라, 의식되지 않은 무의식의 내용을 점차 의식에 통합하는 과정이다. 이는 곧 자기실현의 핵심이다(Jung, 1951/1959, p. 161).

치료사가 자기 인식을 추구한다는 것은, 자신의 내적 진실과 마주하고, 의식과 무의식을 점차 연결하는 작업이다. 임상 실습과 치료 과정에서 연금술적 상징을 다루는 일은 단순히 내담자의 세계를 이해하는 도구가 아니다. 그것은 치료사 자신이 자기(Self)와 만나는 통로가 된다. 상징은 자기 인식의 거울이며, 치료사는 내담자의 상징을 통해 자신의 무의식과도 대화하게 된다.

3. 연금술적 상징과 자기 인식의 단계

연금술의 변환 과정은 자기 인식의 단계와 평행한다.

- **니그레도**(Nigredo): 내적 혼돈과 그림자 대면. 치료사는 내담자의 혼돈을 지켜보며 자신의 그림자도 마주한다.
- **알베도**(Albedo): 정화와 분별. 상징을 통해 억압된 감정이 드러나고, 새로운 시각이 생긴다.
- **시트리니타스**(Citrinitas): 황금빛 통찰. 무의식과 의식이 새로운 균형을 찾으며, 내적 자원이 깨어난다.
- **루베도**(Rubedo): 자기(Self)와의 합일. 치료사는 내담자와 함께 상징적 완성을 경험한다.

이 흐름은 단순한 자기 이해가 아니라, 존재적 변환이다. 연금술의 언어는 곧 자기 인식의 심리적 구조를 반영하는 은유이며, 상징적 체험은 의식을 넘어 영혼의 변환을 가능하게 한다(Edinger, 1995, p. 225).

4. 임상 장면 속 자기 인식

모래상자치료는 연금술적 자기 인식 과정을 구체적으로 드러내는 장이다. 치료사는 내담자의 상징을 단순히 해석하는 사람이 아니라, 그 상징이 자신 안에 일으키는 공명(resonance)을 민감하게 인식하는 동반자이다.

- 내담자가 괴물을 배치할 때 → 나는 내 안의 어떤 두려움과 마주하는가?
- 내담자가 다리를 세울 때 → 나는 내 안에서 어떤 연결을 갈망하는가?
- 내담자가 집을 세울 때 → 나는 어떤 내적 거처를 찾고 있는가?

이러한 질문은 치료사 자신의 자기 인식을 심화시킨다. 치료사는 내담자의 상징을 통해 자신의 무의식적 진실을 발견한다. 임상은 내담자를 위한 작업일 뿐만 아니라, 치료사 자신의 자기 인식 여정이기도 하다.

5. 사례적 이해

한 치료사는 내담자가 반복적으로 무너진 집을 세우는 장면을 보며 설명할 수 없는 슬픔을 느꼈다. 나중에 그는 자신의 과거에서 '집의 상실' 경험을 떠올리게 되었다. 이 체험은 단순한 역전이 반응이 아니라, 치료사의 무의식이 내담자의 상징과 공명한 순간이었다.

이 경험은 치료사를 새로운 자기 인식으로 이끌었다. 그는 더 이상 내담자의 집 상징을 단순한 해석 대상으로 보지 않았다. 오히려 그것은 자신의 내적 상처를 드러내는 상징이기도 했다. 그는 이 과정을 통해 내담자와 함께 자기(Self)를 향한 더 깊은 인식의 길을 걸을 수 있었다.

6. 교육적 함의: 훈련생의 자기 인식

전문가 훈련에서 연금술적 상징을 통한 자기 인식은 필수적이다. 훈련생은 내담자의 상징을 통해 자신의 무의식을 발견하고, 자기(Self)와의 새로운 연결을 경험한다.

- 훈련생이 괴물과 유사한 피규어를 거부할 때, 그는 자신의 그림자와 대면한다.
- 훈련생이 연결을 의미하는 피규어를 반복할 때, 그는 자기 안의 갈망을 의식화한다.
- 훈련생이 건물과 유사한 피규어를 세울 때, 그는 자기 안의 불안을 안정으로 전환하는 법을 배운다.

이러한 체험은 단순한 훈련이 아니라, 자기 인식의 변환적 사건이다.

7. 연금술과 임상 통찰의 평행 구조

연금술은 물질의 변환을 추구했지만, 동시에 상징적으로 인간 정신의 변화를 반영했다. 치료사가 자기 인식을 심화할수록, 그는 내담자에 대한 임상 통찰을 더 깊이 얻게 된다.

- 자기 그림자를 직면한 치료사는 내담자의 그림자도 수용할 수 있다.
- 자기 불안을 성찰한 치료사는 내담자의 불안 속에 함께 머물 수 있다.
- 자기 인식이 깊어진 치료사는 내담자의 상징을 더 넓은 맥락 속에서 이해할 수 있다.

따라서 자기 인식은 단순히 개인적 성장에 머물지 않고, 임상적 통찰의 원천이 된다.

8. 결론: 상징은 자기 인식의 문

연금술적 상징은 단순한 해석의 대상이 아니다. 그것은 자기 인식의 문이다. 치료사는 내담자의 상징을 다루는 과정에서 자신의 무의식을 마주하고, 존재적 변환을 경험한다.

임상에서 연금술적 상징을 다룬다는 것은, 곧 내담자와 치료사가 함께 자기(Self)의 빛을 향해 나아가는 여정을 살아내는 것이다. 이때 치료사는 단순한 해석자가 아니라, 연금술적 동반자로서 내담자와 함께 자기 인식과 통합의 길을 걷게 된다.

Ⅱ. 연금술적 상징과 무의식의 드러남

1. 상징은 무의식의 언어이다

융(C. G. Jung)은 무의식을 단순히 억압된 충동이나 망각된 기억의 저장소로 보지 않았다. 그는 무의식을 의식과 무의식을 연결하는 살아 있는 심리적 장으로 이해했다. 이 무의식은 직접적으로 언어로 드러나지 않으며, 상징(symbol)이라는 우회적 형태를 통해 표현된다(Jung, 1964, p. 92).

상징은 단순한 비유적 표현이 아니라, 무의식이 의식과 대화하기 위해 선택하는 본질적 언어다. 연금술적 상징은 특히 원형적(archetypal) 힘을 지니며, 개인의 경험을 넘어 인류 보편의 심리적 구조를 드러낸다.

예컨대 꿈에 나타나는 태양은 단순한 천체가 아니라, 의식의 중심 혹은 자기(Self)를 비추는 상징일 수 있다. 모래상자 속에서 반복적으로 나타나는 뱀, 집, 길, 나무 또한 단순한 사물이 아니라 무의식의 메시지를 담은 언어이다. 이러한 상징을 이해하려는 것은 곧 무의식의 언어를 해독하는 행위이며, 심리치료사가 반드시 길러야 하는 핵심적 감수성이다.

2. 연금술적 상징과 무의식의 계시

연금술 텍스트에 나타나는 도상(圖像)과 상징들은 단순한 은유적 장식이 아니다. 그것은 인간 무의식의 심층 구조가 역사 속에 투영된 기록이다.

- **녹색 사자**(Green Lion): 원초적 본능과 파괴적 힘이자 동시에 재생의 가능성을 상징한다. 연금술 삽화에서 녹색 사자가 태양을 삼키는 장면은, 무의식의 원초적 힘이 의식을 집어삼키는 동시에 새로운 에너지의 원천이 됨을 나타낸다.
- **왕과 왕비의 합일**(Coniunctio): 남성과 여성, 태양과 달, 의식과 무의식

의 결합을 의미한다. 이는 개성화 과정에서 상반되는 요소들이 화해하고 새로운 전체로 거듭나는 순간을 드러낸다.

- **라피스 필로소포룸**(Lapis Philosophorum, 철학자의 돌): 연금술의 궁극적 목표로, 자기(Self)의 완성과 통합을 상징한다.

이처럼 연금술적 상징은 단순한 개인적 환상이 아니라, 인류 집단무의식이 특정한 문화적 언어로 표현된 산물이다(Edinger, 1995, p. 233). 따라서 임상에서 내담자가 유사한 상징을 반복적으로 경험하거나 모래상자 속에서 구현한다면, 이는 개인의 내적 상상이라기보다 원형적 무의식의 메시지일 가능성이 높다.

3. 무의식의 드러남: 임상 장면 속에서

모래상자치료에서 무의식은 연금술적 상징을 통해 구체적으로 드러난다.

- 용과 전쟁 장면의 반복 → 그림자(Shadow)와의 대면, 니그레도의 혼돈을 의미한다. 내담자는 억압된 분노와 두려움을 상징적 전쟁 장면으로 표현하며, 이는 자기 변환의 첫 단계이다.
- 빛, 강, 새의 등장 → 정화와 희망, 알베도의 상징이다. 혼돈 속에서 새로운 질서가 싹트며, 내담자는 무의식의 치유적 흐름을 경험한다.
- 다리, 태양, 황금빛 상징의 배치 → 시트리니타스를 상징하며, 의식과 무의식이 새로운 균형을 찾는 순간이다.
- 가족, 아이, 집 중심의 배치 → 루베도의 단계로, 자기(Self)의 회복과 전체성의 경험을 드러낸다.

이러한 상징은 언어적 설명보다 더 직접적으로 무의식의 흐름을 드러낸다. 내담자는 "말할 수 없는 것"을 상징으로 보여주며, 치료사는 이를 함께 목격함으로써 무의식과의 대화에 동참한다(Kalff, 1980, p. 168).

4. 치료사에게 드러나는 무의식

무의식의 드러남은 내담자에게만 한정되지 않는다. 치료사 역시 상징적 체험을 통해 자신의 무의식을 마주한다. 내담자가 배치한 상징이 치료사에게 강한 감정적 울림을 줄 때, 그것은 단순한 직관이 아니라 치료사의 무의식이 반응하는 순간이다.

이 반응은 역전이(countertransference)로만 설명될 수 없다. 오히려 치료사와 내담자가 공유하는 상호적 무의식의 장(field)에서 발생하는 사건이다. 치료사의 울림은 개인적 경험일 수도 있지만, 동시에 내담자가 만들어낸 상징이 치료사의 무의식적 영역을 건드리는 공명일 수 있다. 이는 임상 장면을 단순한 두 사람의 만남이 아니라, 무의식이 교차하고 울리는 상징적 공간으로 변모시킨다.

5. 사례적 이해

한 내담자는 모래상자에서 반복적으로 죽은 나무를 배치했다. 그는 "그냥 장식일 뿐"이라고 말했지만, 치료사는 설명할 수 없는 깊은 슬픔과 공허감을 느꼈다. 시간이 흐른 뒤 내담자는 아버지의 갑작스러운 죽음을 제대로 애도하지 못했던 경험을 털어놓았다.

이 장면에서 '죽은 나무'는 내담자의 무의식이 드러낸 상징이자, 치료사의 무의식을 울린 공명적 상징이었다. 이는 연금술적 상징이 단순히 개인적 경험의 표현이 아니라, 무의식의 심층을 드러내는 집단적 이미지임을 보여준다.

6. 상징의 드러남과 연금술적 변환

연금술에서 물질은 불 속에서 해체되고, 다시 정련되며 새로운 질서로 태어난다. 마찬가지로 무의식의 상징은 임상에서 종종 혼돈과 파괴(니그레도)로 드러난다. 그러나 치료사와 내담자가 이 상징을 함께 지켜볼 때, 상징은 점차 정화(알베도), 통찰(시트리니타스), 통합(루베도)의 과정을 거친다.

즉, 무의식의 드러남 자체가 이미 변환 과정의 시작이다. 상징이 드러나는 순간, 그것은 더 이상 무의식의 그림자에 머무르지 않고 의식과 대화할 수 있는 가능성을 연다. 이때 치료사의 역할은 상징이 자기 변환의 길을 열어가는 것을 함께 지켜보는 동반자이다.

7. 결론: 상징은 무의식의 창

연금술적 상징은 무의식이 우리에게 내어주는 창(window)이다. 그 창을 통해 우리는 무의식의 깊은 진실을 엿볼 수 있으며, 그 순간부터 치유와 변환이 시작된다.

치료사의 과제는 이 창을 억지로 닫거나 서둘러 해석하는 것이 아니다. 오히려 내담자와 함께 그 창 너머를 바라보는 증인(witness)으로 서는 것이다. 상징은 의식과 무의식을 잇는 다리이며, 동시에 자기(Self)로 가는 문이다.

Ⅲ. 임상에서의 상징 해석과 통찰

1. 상징 해석의 태도: '알아낸다'가 아니라 '함께 바라본다'

1) 상징 앞에 서는 태도의 문제

심리치료 현장에서 "상징 해석"이라는 말은 종종 오해를 불러일으킨다. 많은 초심 치료사들은 내담자가 만들어 낸 장면이나 모래상자의 구성을 곧바로 해석해 주어야 한다는 압박을 받는다. 마치 숨은 그림 찾기처럼, 상징 속에 숨겨진 '정답'을 찾아내는 것이 치료사의 역할이라 생각하기 때문이다. 그러나 연금술적 접근은 다르다. 상징(symbol)은 정답으로 환원될 수 없는 살아 있는 언어이며, 해석은 종결이 아니라 시작이다.

융(C. G. Jung, 1964, p. 96)은 "상징은 아직 알려지지 않은 것을 드러내는 표현"이라고 말했다. 다시 말해, 상징은 이미 다 밝혀진 의미를 전달하는 것이 아니라, 의식이 아직 붙잡지 못한 무의식의 세계를 엿보게 하는 창이다. 따라서 치료사의 임무는 상징의 의미를 '단정'하는 것이 아니라, 그 앞에 함께 서서 기다리는 것이다. 상징 해석의 태도는 곧 존재론적 태도이며, 치료사와 내담자가 무의식의 문 앞에 함께 서는 행위다.

2) 상징의 본질: 기호(sign)와의 구분

상징의 본질을 이해하기 위해서는 먼저 기호(sign)와 비교할 필요가 있다. 기호는 고정된 의미를 지닌다. 예컨대 '빨간 신호등'은 멈추라는 의미로 합의되어 있으며, 맥락이 변해도 그 의미는 크게 달라지지 않는다. 그러나 상징은 그렇지 않다. 동일한 이미지라도 상황과 관계, 내담자의 심리적 맥락에 따라 전혀 다른 의미를 가질 수 있다.

예를 들어, 모래상자 속의 '집'이라는 상징을 보자.

- 어떤 내담자에게 집은 안정과 안전을 상징할 수 있다.

- 다른 내담자에게는 억압적 가족 구조, 떠나고 싶은 공간을 의미할 수 있다.
- 또 다른 내담자에게는 잃어버린 어린 시절, 회복되지 못한 기억의 장소일 수 있다.

이처럼 상징은 살아 있으며, 단일한 정의로 환원될 수 없다. 그러므로 치료사의 해석 태도는 "집은 곧 안정"이라고 규정짓는 것이 아니라, 내담자가 그 집을 어떻게 경험하는지를 탐색하는 방향으로 나아가야 한다.

3) 해석의 유혹과 그 한계

임상가에게는 늘 해석의 유혹이 따른다. 내담자가 모래상자 속에 괴물을 반복해서 세운다면, 치료사는 즉시 "그것은 억눌린 분노의 표현"이라고 설명하고 싶어진다. 이는 치료사 자신의 불안과 관련된다. 모르는 상태를 견디지 못하는 불안, 즉 불확정성에 대한 두려움은 치료사로 하여금 성급한 해석을 내놓도록 만든다. 그러나 바로 그 순간, 상징의 살아 있는 가능성은 닫히고 만다.

따라서 내담자가 그 안에서 스스로 의미를 발견할 수 있도록 여지를 남겨야 한다. 치료사의 해석은 '닫는 말'이 아니라 '여는 말'이어야 한다.

4) 상징 앞에서의 동행: 임상적 태도

상징과 동행한다는 것은 곧 "알아낸다"가 아니라 "함께 바라본다"는 태도를 의미한다. 이는 구체적으로 다음과 같은 임상적 태도로 드러난다.

(1) 해석 대신 질문하기

- "이 장면을 보실 때 어떤 느낌이 드시나요?"

- "저 피규어가 지금 당신에게 무엇을 말하는 것 같으세요?"
- "이 모래의 움직임이 당신 안에서 어떤 기억을 떠올리나요?"

이러한 질문은 상징의 의미를 치료사가 '밖에서 설명'하기보다, 내담자가 '안에서 발견'하도록 돕는다.

(2) 해석을 유보하기

- 내담자의 상징을 즉시 규정하지 않고, 시간 속에서 반복되는 패턴을 기다린다.
- 상징은 한 세션에서 완전히 드러나지 않고, 여러 차례의 작업 속에서 점차 그 의미를 드러낸다.

(3) 상징과 머무르기

- 때로는 침묵 속에서 상징을 함께 바라보는 것이 가장 깊은 해석이다.
- 치료사의 존재 자체가 상징을 존중하는 태도로 드러날 때, 내담자는 자신이 무의식과의 대면에서 혼자가 아님을 느낀다.

연금술적 상징은 단순히 개인의 심리적 경험을 넘어서, 변환(transformation)의 과정을 드러낸다. 연금술에서 물질이 용광로 속에서 해체되고 정련되어 새로운 질서로 재탄생하는 것처럼, 무의식의 상징도 의식 속에서 변환과 성숙을 촉진한다.

따라서 치료사는 상징을 단순히 해석하는 자리가 아니라, 상징이 변환의 과정 속에서 살아 움직이도록 지켜보는 자이다. 해석은 연금술적 작업을 서두르는 것이 아니라, 그 흐름에 동행하는 방식이어야 한다.

5) 사례적 이해

(1) 다리의 상징

한 청소년 내담자가 큰 다리를 놓고 병사들을 줄지어 세웠다. 치료사는 즉시 '사회적 압박'이라는 해석을 떠올렸지만, 그것을 유보하고 함께 머물렀다. 내담자는 시간이 흐른 뒤, "이 다리는 언젠가 내가 건너야 할 길 같다. 무섭지만 안 건너면 안 될 것 같아요."라고 고백했다. 이 순간 다리는 억압이 아니라, 성장을 향한 내적 소명의 상징으로 드러났다.

(2) 괴물의 상징

한 아동 내담자가 매번 괴물을 모래상자에 등장시켰다. 치료사는 이를 단순한 공격성의 표상으로 해석하지 않고 지켜보았다. 결국 아이는 "이 괴물은 나를 지켜주는 친구"라고 설명했다. 괴물은 파괴가 아니라 보호와 힘의 상징으로 전환되었다.

이 사례들은 상징이 해석자의 머릿속에서 '닫힌 의미'로 고정될 때와, 내담자의 체험 속에서 '열린 의미'로 살아날 때가 얼마나 다른지를 보여준다.

6) 치료사의 존재론적 태도

상징 해석의 본질은 지식이 아니라 태도다. 치료사가 내담자의 상징 앞에 머물 수 있는 인내와 겸손, 해석을 유보할 수 있는 존재의 개방성이 핵심이다. 내담자는 자신의 상징이 존중받는 것을 체험할 때, 자신 또한 무의식과 대면할 용기를 얻게 된다.

융은 "분석가는 과정의 주인이 아니라, 과정의 봉사자(servant)"라고 했다(Jung, 1954/1966, p. 183). 치료사는 상징을 통제하는 자리가 아니라, 상징이 자기(Self)의 언어를 드러내도록 지켜보는 증인이다.

7) 결론

임상에서의 상징 해석은 단순히 "무엇을 뜻하는가"를 찾아내는 행위가 아니다. 그것은 내담자와 함께 상징 앞에 서서, 무의식이 스스로 드러나도록 기다리는 존재의 태도다. 치료사는 해석자가 아니라, 상징의 증인으로 머물며 내담자가 자기(Self)를 향해 나아가는 길을 동행한다.

2. 상징 해석의 방법과 단계

1) 해석의 필요와 위험

상징 해석은 모래상자치료에서 가장 섬세한 과제 중 하나다. 한편으로는 내담자가 만든 상징이 무의식의 핵심을 담고 있기 때문에, 이를 읽어내는 작업이 필수적이다. 그러나 다른 한편으로는 서둘러 의미를 고정시킬 경우, 상징은 살아 있는 가능성을 잃어버리고 단순한 '진단적 기호'로 축소될 수 있다. 따라서 해석은 필요하지만 동시에 위험하다.

융(C. G. Jung, 1964, p. 100)은 상징 해석을 "무의식과 의식의 대화를 매개하는 다리"라고 정의했다. 즉, 해석은 무의식을 해체하거나 분석하는 작업이 아니라, 무의식이 의식과 만나는 과정을 돕는 도구이다. 그러므로 치료사는 해석을 기술적 절차가 아니라, 내담자의 여정에 동행하는 방식으로 이해해야 한다.

2) 상징 해석의 기본 원리

(1) 개방성: 의미는 확정되지 않는다

상징은 고정된 의미를 갖지 않는다. 동일한 이미지라도 내담자, 맥락,

문화적 배경에 따라 의미가 달라진다. 따라서 해석은 닫힌 답이 아니라, 열린 가능성으로 남아야 한다.

(2) 관계성: 상징은 관계 속에서 의미화된다

상징은 '객관적 상징 사전' 속에 존재하는 것이 아니라, 내담자가 그것과 맺는 관계 속에서 의미를 얻는다. 따라서 치료사는 상징 자체보다, 내담자가 그것과 어떻게 연결되고 있는지를 탐색해야 한다.

(3) 체험성: 해석은 내담자의 경험을 중심에 둔다.

상징은 설명되기 전에 체험되어야 한다. 치료사가 먼저 해석을 내놓기보다, 내담자가 그 상징을 바라보고 느끼는 체험을 존중해야 한다.

3) 상징 해석의 다섯 단계

상징 해석을 실제 임상에서 적용할 때, 치료사는 다섯 가지 단계적 접근을 거칠 수 있다. 이는 엄격한 절차라기보다, 임상 상황에서 자연스럽게 흐르는 리듬으로 이해해야 한다.

1단계: 묘사(Description) - 있는 그대로 보기

첫 단계는 내담자가 만든 상징을 판단 없이 묘사하는 것이다. 치료사는 평가나 해석을 서두르지 않고, "여기에 나무가 있네요. 그 옆에는 집이 세워져 있고요."와 같이 사실을 관찰한다.

이 과정은 단순히 정보를 정리하는 것이 아니다. 무심한 묘사는 내담자에게 자신의 작업이 존중받고 있다는 메시지를 전하며, 상징이 해석 이전에 존재 자체로 의미가 있음을 확인시켜 준다.

사례: 한 내담자가 모래상자에 전쟁 장면을 만들었을 때, 치료사가 "이건 당신의 공격성이군요"라고 말하지 않고, "이곳에 병사들이 있

고, 여기에 성이 있네요. 그리고 이쪽에서 불길이 올라오고 있어요."라고 묘사했을 때, 내담자는 "네, 사실은 제 안에서 계속 전쟁이 나는 것 같아요."라며 스스로 의미를 풀어내기 시작했다.

2단계: 연상(Association) – 내담자의 목소리 듣기

둘째 단계는 내담자가 상징과 연결해 떠올리는 연상을 듣는 것이다. 이는 프로이트적 자유연상과 유사하나, 분석심리학에서는 상징과의 관계적 경험에 더 주목한다.

치료사는 "이 장면이 어떤 느낌을 주나요?" "이 인물은 당신에게 무엇을 말하는 것 같나요?"와 같은 질문을 던진다. 내담자의 감정, 기억, 상상은 상징의 첫 의미를 드러내는 열쇠다.

사례: 한 아동이 괴물을 배치했을 때, 치료사가 "이 괴물이 무섭니?"라고 묻자 아이는 "아니요, 이 괴물은 저를 지켜줘요."라고 답했다. 이 순간 괴물은 단순한 두려움이 아니라 보호의 상징으로 드러났다.

3단계: 확대(Amplification) – 문화와 신화와 연결

세 번째 단계는 상징을 개인적 경험을 넘어, 신화, 전설, 문화적 맥락과 연결하는 것이다. 융은 이를 확대 방법(amplification)이라 불렀다. 상징이 개인의 심리에 머물지 않고 집단무의식과 연결되도록 돕는 작업이다.

예컨대, 내담자가 반복적으로 '용'을 만든다면, 치료사는 단순히 개인적 공포로 축소하기보다, 신화 속 용, 영웅의 여정, 불의 정화와 같은 맥락으로 확장해 볼 수 있다.

이 확대는 내담자에게 "나의 상징이 개인적 괴로움에만 머무르지 않고, 더 큰 인류적 이야기의 일부다"라는 체험을 제공한다. 이는 곧 치유적 의미와 연결된다.

4단계: 해석(Interpretation) – 관계적 의미 드러내기

네 번째 단계에서 치료사는 상징을 종합적으로 해석할 수 있다. 그러나 이때도 "정답을 말한다"가 아니라, 내담자가 발견한 의미와 확대된 맥락을 토대로 함께 의미를 정리하는 작업이다.

치료사의 해석은 언제나 잠정적이며, 내담자의 경험 속에서 확인되어야 한다. 따라서 "이건 이런 뜻입니다"보다는 "혹시 이것이 당신에게 ~~을 의미할 수도 있을까요?"라는 방식으로 열어 두어야 한다.

5단계: 통합(Integration) – 자기(Self)와 연결하기

마지막 단계는 상징을 단순한 의미로 이해하는 것을 넘어, 내담자가 그것을 자기(Self)의 여정 속에서 삶의 의미로 통합하도록 돕는 것이다. 상징은 무의식의 언어일 뿐 아니라, 변환의 촉매다. 따라서 해석의 종착지는 '이해'가 아니라 '통합'이다.

사례: 한 성인 여성 내담자가 매번 '무너진 집'을 세웠다. 반복된 작업 끝에, 그녀는 "사실 내 안에는 아직 치유되지 않은 집이 있어요. 하지만 이번에는 제가 다시 지어야 할 것 같아요."라고 말했다. 이때 무너진 집은 단순한 상징 해석을 넘어, 자기(Self) 회복의 여정 속에서 변환된 의미를 갖게 되었다.

4) 상징 해석과 연금술의 평행 과정

연금술의 변환 과정은 상징 해석의 단계와 깊이 평행한다.

- **니그레도:** 상징이 혼돈과 두려움으로 처음 등장하는 단계 (예: 전쟁 장면, 괴물, 파괴).
- **알베도:** 반복 속에서 정화되며 의미가 드러나는 단계 (예: 물, 새, 빛).
- **시트리니타스:** 새로운 통찰이 떠오르는 단계 (예: 다리, 태양, 금빛).

- **루베도**: 상징이 자기(Self) 경험으로 통합되는 단계 (예: 아이, 집, 중심의 만다라).

즉, 해석은 단순히 의미를 부여하는 것이 아니라, 상징이 변환의 과정 속에서 자기(Self)로 이어지도록 동행하는 행위다.

5) 치료사의 자기 성찰

상징 해석 과정에서 중요한 것은 치료사의 자기 성찰이다. 치료사가 해석의 유혹에 휘말릴 때, 이는 종종 자신의 불안이나 그림자가 반영된 것이다. 따라서 해석의 단계마다 치료사는 스스로에게 물어야 한다.

- 나는 지금 내담자의 상징을 닫아버리려 하는가?
- 나는 상징 앞에서 기다릴 수 있는가?
- 내 해석은 내담자의 체험을 열어 주고 있는가, 아니면 가두고 있는가?

6) 결론

상징 해석의 방법은 단순한 기술적 절차가 아니다. 그것은 무의식과 의식이 만나는 과정을 섬세하게 동행하는 행위이며, 묘사 - 연상 - 확대 - 해석 - 통합의 흐름 속에서 살아난다. 치료사가 이 과정을 겸손과 개방성 속에서 수행할 때, 상징은 내담자에게 자기(Self)를 향한 길을 열어 준다.

3. 통찰의 임상적 의미와 한계

1) 통찰의 두 얼굴

심리치료에서 통찰(insight)은 흔히 궁극적 목표로 제시된다. 무의식의 내용을 의식화하여 이해하는 것이 곧 치유라고 여겨지는 것이다. 그러나 분석심리학과 모래상자치료의 관점에서 통찰은 단순한 '이해' 이상의 의미를 지닌다. 상징을 통해 드러나는 통찰은 지적 이해를 넘어 존재적 변환으로 이어질 때 비로소 치유적 힘을 갖는다.

융(C. G. Jung, 1964, p. 98)은 "통찰은 의식의 빛이 무의식의 어둠을 비출 때 생기는 순간"이라고 설명했다. 그러나 그는 동시에, 통찰이 머리의 이해에 머물 때는 아무런 변화를 일으키지 못한다고 경고했다. 따라서 임상에서 통찰은 필요하지만, 동시에 그것의 한계를 직시하는 것이 중요하다.

2) 통찰의 임상적 의미

(1) 무의식의 내용과의 만남

통찰은 무의식의 내용을 의식과 연결하는 순간이다. 예컨대 내담자가 모래상자 속 괴물을 반복해서 등장시킬 때, 그것이 자신의 억눌린 분노나 두려움을 드러낸다는 것을 깨닫는 순간, 그는 자신 안의 그림자를 의식적으로 대면하게 된다. 이 만남은 고통스럽지만, 동시에 자기(Self)를 향한 여정의 첫 걸음이다.

(2) 의미 부여와 내적 질서의 회복

상징을 통한 통찰은 내담자가 혼돈 속에서 의미를 발견하도록 돕는다. 무의식의 이미지가 단순한 혼돈으로 남을 때, 내담자는 불안과 무력감에 빠질 수 있다. 그러나 그것이 상징을 통해 언어화되고 이해될 때, 혼돈은 의미 있는 이야기로 재구성된다. 이 과정에서 내담자는 내적 질서를 회복하고, 삶의 방향성을 찾는다.

(3) 치유적 거리의 확보

통찰은 내담자에게 자신의 경험을 새로운 시각에서 바라보게 한다. 예컨대, 어린 시절의 상처가 현재의 대인관계에 반복된다는 사실을 깨달을 때, 내담자는 단순히 고통에 휩쓸리지 않고, 그것을 객관적으로 조망할 수 있는 거리를 얻게 된다. 이 거리는 곧 치유의 공간이 된다.

(4) 자기(Self)와의 연결

분석심리학에서 궁극적인 통찰은 자기(Self)와의 만남이다. 이는 단순히 '내가 왜 이런 행동을 하는지 알겠다'라는 차원을 넘어, 자신의 삶 전체가 지닌 방향성과 의미를 자각하는 순간이다. 모래상자 속에서 반복되는 만다라, 태양, 아이, 집과 같은 상징들은 내담자가 자기(Self)의 부름을 경험하도록 인도한다.

3) 통찰의 한계

통찰은 만능이 아니다. 임상에서는 통찰이 충분히 이루어졌음에도 불구하고 실제 변화가 일어나지 않는 경우가 많다. 이 한계는 몇 가지 차원에서 이해될 수 있다.

(1) 지적 이해에 머무르는 통찰

내담자가 자신의 문제를 인지적으로는 이해하지만, 그것이 정서적 · 존재적으로 통합되지 않을 때, 통찰은 변화로 이어지지 않는다. 예를 들어 "나는 아버지와의 관계 때문에 분노가 많구나"라는 이해가 있어도, 실제로 분노를 경험하고 수용하는 과정이 없다면 변화는 일어나지 않는다.

(2) 방어적 통찰

때로는 내담자가 통찰을 방어적 도구로 사용할 수도 있다. "나는 내 문제를 잘 알고 있다"는 태도는 오히려 더 깊은 감정적 대면을 회피하는 방식이 될 수 있다. 이는 통찰이 치유를 열기보다, 방어를 강화하는 수단이 되는 경우다.

(3) 체험 부재의 통찰

상징은 체험적 사건이어야 한다. 그러나 치료사가 성급하게 상징의 의미를 해석해 줄 경우, 내담자는 그 의미를 머리로만 이해하고, 몸과 마음으로 체험하지 못한다. 이때 통찰은 공허한 지식으로 남으며, 내담자의 삶을 변화시키지 못한다.

(4) 시간과 맥락의 필요

통찰은 순간적으로 일어날 수 있지만, 그것이 변화를 가져오기 위해서는 시간이 필요하다. 한 번의 통찰이 삶을 즉시 바꾸는 경우는 드물다. 통찰은 반복적 경험 속에서 점차 내면화될 때, 진정한 변환으로 이어진다.

4) 연금술적 과정 속 통찰

연금술의 단계는 통찰의 의미와 한계를 잘 보여준다.

- **니그레도**: 통찰은 처음에는 혼돈 속에서 어렴풋이 드러난다. 이때의 통찰은 고통스럽고 불완전하다.
- **알베도**: 반복적 체험과 성찰 속에서 통찰은 정화되며, 내담자는 자신의 경험을 보다 분명하게 이해한다.
- **시트리니타스**: 통찰이 새로운 빛 속에서 떠오르며, 내담자의 삶 전체를 새롭게 조망하게 한다.
- **루베도**: 통찰이 단순한 이해를 넘어, 자기(Self) 경험으로 통합될 때, 비로소 진정한 변환이 완성된다.

이 흐름은 통찰이 단번에 완성되는 것이 아니라, 변환의 과정 속에서 점차 깊어지는 여정임을 보여준다.

5) 임상 사례

(1) 지적 통찰의 한계

한 남성 내담자는 "나는 늘 아버지의 인정을 받으려 애썼다"는 사실을 통찰했다. 그러나 그는 여전히 상사에게 과도하게 순응하며, 불안에 시달렸다. 통찰은 있었지만, 정서적 체험과 새로운 행동 변화가 뒤따르지 못했기 때문이다.

(2) 체험적 통찰의 변환

한 여성 내담자는 모래상자 속에서 무너진 집을 반복해 만들었다. 시간이 지나며 그녀는 울면서 "이건 바로 제 집이에요. 아직도 무너져 있어요."라고 말했다. 이때 그녀는 단순한 이해가 아니라, 상징을 통한 체험적 통찰을 얻었다. 이후 그녀는 실제 삶에서 자신의 집을 새롭게 꾸미는 변화를 시작했다.

6) 치료사의 역할

통찰의 의미와 한계를 고려할 때, 치료사의 역할은 단순히 내담자에게 해석을 제공하는 것이 아니다. 치료사는 통찰이 단순한 지적 이해에 머물지 않고, 정서적 · 체험적 수준에서 통합되도록 돕는다. 이를 위해 치료사는 다음과 같은 태도를 가져야 한다.

- **기다림**: 통찰이 내담자에게 스스로 체험될 때까지 기다린다.
- **공명**: 내담자의 통찰이 삶 속에서 울려 퍼질 수 있도록 함께 공명한다.

- **통합 지원**: 통찰이 내담자의 행동과 관계 속에서 실현될 수 있도록 지지한다.

7) 결론: 통찰은 시작일 뿐

상징을 통한 통찰은 임상에서 강력한 치유적 의미를 지니지만, 동시에 그 자체로 충분하지 않다. 통찰은 무의식의 내용을 의식화하는 출발점일 뿐이며, 그것이 반복적 체험과 삶의 맥락 속에서 통합될 때, 비로소 자기(Self)를 향한 변환으로 이어진다.

따라서 치료사는 통찰을 궁극적 도착점이 아니라, 변환을 여는 문으로 이해해야 한다. 내담자가 상징과 함께 머무르며 통찰을 체험적·존재적으로 살아낼 수 있도록 동행할 때, 진정한 치유가 이루어진다.

4. 상징 해석과 통찰의 치료적 함의

1) 상징과 통찰이 임상에서 갖는 위상

분석심리학적 관점에서 모래상자치료는 상징을 통해 무의식이 드러나고, 그것이 의식과 대화하면서 통찰과 변환을 이루는 장(場)이다. 따라서 상징 해석과 통찰은 단순히 이론적 과정이 아니라, 치료가 실제로 작동하는 핵심 기제라 할 수 있다. 그러나 그 의미는 단순한 '깨달음'에 그치지 않고, 내담자의 정서, 관계, 삶의 맥락 전체에 걸쳐 다양한 치료적 함의를 가진다.

2) 상징 해석과 통찰의 다섯 가지 치료적 기능

(1) 자기치유적 과정 촉진

상징은 무의식이 자기(Self)를 향해 나아가는 치유적 메시지다. 내담자가 상징을 체험하고 통찰을 얻는 순간, 그는 자신의 문제를 외부에서 '치료받는' 것이 아니라, 내면에서 스스로 치유해 가는 자원을 발견한다.

사례: 한 아동이 매번 모래 속에 다리를 놓으면서 "이건 내가 가야 할 길"이라고 말했다. 이 통찰은 단순히 문제 인식을 넘어, 스스로 길을 찾을 수 있다는 내적 힘을 자각하게 했다.

(2) 감정적 정화와 수용

통찰은 억눌린 감정이 의식으로 떠올라 수용될 수 있도록 돕는다. 상징은 말로 표현되지 않는 감정을 담아내고, 통찰은 그것을 언어화하며 정화의 과정을 가능케 한다.

사례: 무너진 집을 반복적으로 만들던 여성 내담자가 "이건 제 집이에요. 아직 무너져 있어요."라고 말했을 때, 그녀는 처음으로 자신의 상실감을 눈물과 함께 수용했다.

(3) 관계적 패턴의 재구성

상징 해석과 통찰은 내담자가 무의식적으로 반복하는 대인관계 패턴을 자각하게 한다. 이 자각은 동일한 패턴을 무비판적으로 재연하지 않고, 새로운 방식으로 관계를 맺을 수 있게 한다.

사례: 모래상자 속에서 늘 '왕과 여왕'을 배치하던 내담자는, 통찰을 통해 자신의 부모 이상화와 의존적 패턴을 깨달았다. 이후 그는 치료사와의 관계에서도 점차 독립성을 회복할 수 있었다.

(4) 문화·집단적 차원과의 연결

상징은 개인을 넘어 집단무의식과 연결된다. 통찰은 내담자가 자신의 경험을 더 큰 인류적 이야기 속에서 재구성하도록 돕는다. 이 연결은 고립감을 줄이고, 삶의 의미와 목적을 확장한다.

사례: 한 내담자가 모래상자 속에 '용'과 '영웅'을 반복적으로 만들었을 때, 그는 단순한 개인적 갈등을 넘어, 자신이 '용과 싸우는 인류적 서사' 속에 있다는 감각을 경험했다.

(5) 자기(Self) 경험과 삶의 통합

상징과 통찰의 궁극적 치료적 기능은 내담자가 자기(Self)를 경험하고 삶을 통합하는 것이다. 통찰은 단순한 문제 해결을 넘어, 존재 전체의 방향성과 의미를 회복한다.

사례: 모래상자 중심에 만다라를 만든 내담자는 "이건 제 안의 중심 같아요."라고 고백했다. 이는 자기(Self)와의 만남이자 삶의 통합 경험이었다.

3) 상징 해석과 통찰의 치료적 한계와 주의점

앞서 언급했듯이 통찰은 만능이 아니다. 오히려 통찰이 치료를 방해하는 경우도 있다.

- **지적 통찰에 머물기**: 머리로 이해하지만, 정서적 · 체험적으로 변화를 경험하지 못하는 경우.
- **방어적 통찰**: 통찰을 이용해 감정 대면을 회피하는 경우.
- **치료사의 과도한 해석**: 치료사가 성급하게 의미를 부여할 때, 내담자의 자발적 체험이 차단됨.
- **시간의 문제**: 통찰은 순간적이지만, 변환은 시간과 반복적 경험을 요구한다.

따라서 치료사는 통찰을 '끝'이 아니라 '시작'으로 이해해야 한다.

4) 치료사에게 주는 함의

상징 해석과 통찰의 치료적 기능은 치료사에게도 적용된다. 치료사는 내담자의 상징 앞에서 자신의 그림자와 무의식을 마주하게 되며, 통찰을 통해 자기(Self)와 연결된다. 이는 치료사의 존재 자체가 변환되는 계기가 된다.

상징 해석과 통찰의 치료적 함의는 전문가 훈련 과정에서도 중요하다. 훈련생들은 상징을 단순히 해석하는 기술을 배우는 것이 아니라, 상징 앞에서 기다림, 공명, 통합의 태도를 훈련해야 한다. 이는 곧 자기 성찰과 자기실현의 일부다.

5) 결론

상징 해석과 통찰은 모래상자치료에서 단순한 해석 행위가 아니라, 치유의 핵심 기제다. 그것은 내담자의 자기치유적 과정을 촉진하고, 감정의 수용과 정화를 가능하게 하며, 관계와 삶의 의미를 새롭게 재구성하도록 돕는다. 그러나 동시에 통찰은 한계를 지니며, 체험과 통합을 통해서만 변환으로 이어진다.

따라서 치료사는 상징 해석과 통찰을 결과가 아닌 여정으로 이해해야 한다. 내담자와 함께 상징 앞에 머물며, 통찰이 자기(Self)와의 만남으로 통합되도록 동행할 때, 모래상자치료는 진정한 변환의 장이 된다.

5. 상징과 통찰을 통한 치료사의 자기 변환

1) 치료사도 변환의 여정에 선다

임상 현장에서 상징 해석과 통찰은 내담자만을 위한 과정이 아니다. 모래상자치료의 상징적 장면 속에서 치료사 역시 무의식과 마주하며 자기

(Self) 변환의 여정을 걷는다. 융은 “치료사는 자신이 다루는 재료와 함께 변화하지 않으면 안 된다”(Jung, 1954/1966, p. 171)라고 말한 바 있다. 이는 상징 해석과 통찰이 치료사에게도 내적 변화를 요구한다는 의미다.

치료사는 내담자의 상징을 단순히 관찰하는 자리에 있지 않다. 그 상징은 치료사 안에서도 울림을 일으키며, 때로는 그림자를 자극하고, 때로는 새로운 통찰을 불러일으킨다. 따라서 상징과 통찰의 작업은 내담자와 치료사가 함께 변환되는 상호적 과정이다.

2) 상징이 치료사에게 던지는 도전

(1) 그림자의 대면

내담자가 만든 상징은 치료사 안의 억눌린 그림자를 자극한다. 예컨대 내담자가 모래상자에 공격적 장면을 반복할 때, 치료사는 불편함이나 두려움을 경험할 수 있다. 이는 단순한 역전이가 아니라, 치료사 자신의 그림자가 상징을 통해 드러나는 순간이다.

(2) 자기(Self)와의 만남

상징은 치료사에게도 자기(Self) 경험을 열어준다. 내담자가 만든 만다라, 빛, 집과 같은 중심적 상징은 치료사에게도 존재의 중심을 환기한다. 치료사는 내담자의 작업을 지켜보면서, 자기 자신이 삶의 어떤 자리에서 서 있는지를 되돌아보게 된다.

(3) 존재의 불확실성 견디기

상징은 본질적으로 불확정적이다. 치료사는 내담자의 질문에 즉답하지 못할 때 무력감을 경험한다. 그러나 바로 그 무력감은 치료사 자신의 존재적 성찰을 불러일으킨다. 상징 해석의 과정은 치료사로 하여금 알 수 없음과 머무는 능력을 훈련하게 한다.

3) 치료사의 변환이 임상에 미치는 영향

(1) 존재로서의 치료

상징을 통해 자기(Self)를 경험한 치료사는 더 이상 기술적 개입에만 의존하지 않는다. 그는 존재 자체로 치유적 공간을 형성한다. 내담자는 치료사의 해석보다 그의 현존에서 더 큰 안정감을 얻는다.

(2) 공감의 깊이 확장

치료사가 자신의 그림자를 수용할 때, 내담자의 그림자와도 더 깊이 공감할 수 있다. 치료사가 내적 혼돈을 두려워하지 않을 때, 내담자도 자신의 혼돈을 견딜 수 있게 된다.

(3) 상호 변환적 관계

치료사가 변환될 때, 치료 관계 전체가 상호적 변환의 장으로 확장된다. 내담자와 치료사는 함께 상징 앞에 서며, 서로의 무의식이 공명하는 가운데 공동의 치유적 여정을 살아간다.

전문가 훈련에서 치료사의 자기 변환은 필수적이다. 칼프(D. Kalff, 1980, p. 158)는 “치료사가 자신의 무의식과 대면하지 않으면, 내담자의 무의식을 감당할 수 없다”고 강조했다. 따라서 훈련생은 상징 해석을 단순한 기술 훈련이 아니라, 자기 성찰과 개성화 과정으로 경험해야 한다.

4) 결론: 상징은 치료사의 연금술

상징 해석과 통찰은 내담자의 치유뿐 아니라, 치료사의 변환을 이끈다. 치료사는 내담자의 상징 속에서 자신의 그림자와 마주하고, 자기(Self)와 만나며, 존재로서 성숙한다. 이 과정은 단순한 기술 습득이 아니라, 연금술적 변환이다.

결국 치료사는 해석자가 아니라, 상징 앞에 함께 서는 동반자이며, 동시에 자기(Self)의 여정을 걷는 연금술사다. 내담자와 치료사가 함께 상징을 바라볼 때, 양쪽 모두의 삶은 새로운 의미와 빛 속으로 들어간다.

IV. [치료사 성찰] 상징을 통해 드러나는 나의 얼굴은 무엇인가?

1. 치료사의 거울로서의 상징

임상 장면에서 내담자가 만든 상징은 치료사에게 단순한 관찰 대상이 아니다. 그것은 치료사 자신의 무의식을 비추는 거울이기도 하다. 내담자가 피규어들이 내담자의 심리적 현실을 넘어 치료사의 내면 깊은 울림을 자극한다. 치료사는 이때 그 반응을 역전이(countertransference)의 혼란으로만 보지 않고, 자기 성찰의 문으로 삼아야 한다.

2. 연금술적 자기 작업

연금술사들이 실험실의 불 앞에서 자신 또한 정련되었듯, 치료사는 내담자의 상징을 다루는 과정에서 자기(Self)의 작업을 동시에 살아간다. 니그레도의 어둠은 치료사 자신의 혼돈과 맞닿아 있고, 알베도의 정화는 내담자와 함께하는 성찰 속에서 치료사 자신을 깨끗하게 한다. 시트리니타스의 빛은 내담자만이 아니라 치료사 안에서도 떠오르며, 루베도의 통합은 결국 "내담자와 치료사 모두가 변화하는 순간"으로 완성된다.

3. 임상적 성찰의 질문들

치료사가 자기 성찰을 실천한다는 것은 다음과 같은 질문 앞에 서는 것이다.

나는 내담자의 침묵 앞에서 무엇을 느끼는가?
내담자의 분노가 내 안의 어떤 상처를 건드리는가?
내담자가 상징을 통해 드러내는 자기(Self)의 빛은 나에게 어떤 울림을 주는가?

이 질문들은 단순한 자기 점검이 아니라, 치료사가 자기(Self)와의 대화를 이어가는 연금술적 성찰의 도구다.

4. 결론: 성찰은 연금술의 불길

치료사의 성찰은 임상기술을 넘어 존재의 깊이를 빚어낸다. 자기 성찰을 통해 치료사는 내담자의 상징을 있는 그대로 바라볼 수 있는 겸손을 배우며, 동시에 자기(Self)와의 만남을 심화한다. 결국 치료사의 성찰은 연금술의 불길처럼, 내담자와 치료사 모두를 함께 정련하고 변화시키는 치유의 장을 완성한다.

제10장 요약 — 연금술적 상징과 자기 인식

이 장은 연금술적 상징을 통해 드러나는 자기(Self)의 인식과 임상적 통찰을 다룬다.

먼저, 연금술과 자기 인식의 관계를 조망하면서, 연금술의 대작업(Opus Magnum)이 단순한 금속 변환이 아니라 인간 심리의 변환을 상징한다는 점을 밝힌다. 니그레도(혼돈), 알베도(정화), 시트리니타스(통찰), 루베도(통합)의 단계는 곧 무의식과 의식의 대화 과정을 반영하며, 자기(Self)의 완성을 향한 여정과 평행한다.

이어, 연금술적 상징이 무의식의 언어로서 어떻게 드러나는지를 탐구한다. 녹색 사자, 왕과 왕비의 합일, 철학자의 돌 같은 상징은 원형(archetype)의 힘을 지니며, 내담자의 임상 장면에서 반복적으로 출현한다. 모래상자치료에서는 괴물, 다리, 태양, 아이와 같은 이미지들이 무의식의 깊은 구조를 드러내며, 이는 단순한 개인적 은유가 아니라 집단무의식의 계시로 이해된다.

세 번째로, 임상에서의 상징 해석은 '알아내는 것'이 아니라 '함께 바라보는 것'이라는 태도의 중요성을 강조한다. 치료사는 상징을 확정적으로 해석하기보다, 내담자가 그 상징과 머물며 의미를 스스로 발견할 수 있도록 돕는 증인(witness)으로 서야 한다.

마지막으로, 치료사의 성찰이 연금술적 자기 작업과 연결됨을 밝힌다. 내담자의 상징은 치료사의 무의식에도 파문을 일으키며, 치료사는 이를 역전이로만 이해하지 않고 자기 성찰의 계기로 삼아야 한다. 치료사가 자기(Self)와의 대화를 지속할 때, 임상은 내담자와 치료사 모두를 변환하는 연금술의 불길이 된다.

핵심 메시지

연금술은 심리적 변환의 은유이다.
금속의 변환은 곧 인간 영혼이 자기(Self)를 향해 나아가는 치유의 드라마다.

상징은 무의식의 언어이다.
모래상자 속 상징들은 내담자의 영혼이 자기(Self)를 향해 가는 발자취이며, 치료사는 이를 경청하는 증인이 된다.

해석보다 동행이 우선이다.
치료사는 상징을 해석하는 자가 아니라, 내담자가 상징을 체험적으로 살아내도록 지지하는 동반자다.

치료사의 성찰은 필수적이다.
내담자의 상징은 치료사의 그림자와 무의식을 자극하며, 성찰 없는 치료사는 임상을 왜곡할 수 있다.

임상은 연금술의 장(場)이다.
내담자와 치료사가 함께 머무는 모래상자는 혼돈에서 통합으로, 어둠에서 빛으로 이끄는 연금술적 용광로이다.

제11장

루베도의 불꽃:
전체성의 통합과 치유의 완성

Ⅰ. 루베도(Rubedo)의 붉은 빛 탄생

1. 루베도의 상징적 의미 — 붉음의 단계

연금술의 마지막 단계인 루베도(Rubedo)는 문자 그대로 "붉음"을 뜻한다. 연금술사들은 이 단계를 금속이 최종적으로 정련되어 철학자의 돌(Lapis Philosophorum)에 도달하는 순간으로 보았다. 중세 문헌에는 "적색 황금(aurum rubrum)"이라는 표현이 자주 등장하는데, 이는 단순히 물질적 금속의 변화를 넘어, 영적 · 심리적 완성을 의미한다(Jung, 1944/1968, p. 357).

연금술의 과정은 대체로 네 가지 색깔의 상징적 순환으로 표현되었다.

- **니그레도**(Nigredo): 검은색, 혼돈과 해체, 죽음.
- **알베도**(Albedo): 흰색, 정화와 정리, 영적 빛의 출현.
- **시트리니타스**(Citrinitas): 황금빛, 새로운 통찰과 의식의 성숙.
- **루베도**(Rubedo): 붉음, 통합과 완성, 생명력의 탄생.

이 마지막 단계에서 붉은 빛은 단순한 색깔이 아니라, 성숙한 의식의 열기와 삶의 에너지를 상징한다. 연금술사에게 붉음은 물질의 불멸성, 영혼의 정련, 인간 존재의 최종 목적을 드러내는 상징적 표식이었다.

2. 심리학적 의미 — 자기(Self)의 실현

융은 루베도를 자기(Self)의 실현을 상징하는 심리학적 은유로 재해석했다. 자기(Self)는 의식과 무의식 전체를 포괄하는 중심으로, 인간 존재의 총체성과 궁극적 통합을 나타낸다(Jung, 1951/1959, p. 161).

루베도는 자기실현의 최종적 성취이자 새로운 출발이다. 이 단계에서 자아(Ego)는 더 이상 자기(Self)를 지배하려 하지 않고, 오히려 그 질서와 중심성에 자신을 맡긴다. 자기(Self)는 무의식적 그림자와 의식적 인격, 아니마/아니무스의 대립을 초월하여, 삶 전체를 통합하는 중심으로 드러난다.

치료적으로 말하자면, 루베도는 내담자가 단순히 증상을 해소하는 데 머무르지 않고, 자신의 삶의 의미와 목적을 새롭게 재구성하는 단계이다. 이는 단순한 임상적 "종결"이 아니라, 존재론적 새로운 삶의 시작이다.

3. 전체성의 상징적 이미지

루베도의 단계에서 반복적으로 나타나는 상징들은 전체성(wholeness)과 완성(completion)을 표현한다. 주요한 상징들은 다음과 같다.

- **만다라**(Mandala): 중심과 주변이 조화롭게 배열된 원형 구조. 융은 이를 자기(Self)의 가장 전형적인 상징으로 보았다.
- **붉은 태양**: 성숙한 의식의 빛, 완성된 생명력. 붉은색은 열정과 에너지, 삶의 불꽃을 의미한다.
- **왕과 왕비의 합일**: 남성과 여성, 의식과 무의식이 통합된 왕권의 상징. Coniunctio의 최종 완성이다.
- **철학자의 돌**(Lapis Philosophorum): 불멸성과 완전성, 모든 변화의 최종 결실. 자기(Self)의 상징.
- **신성한 아이**(Puer Aeternus): 새로운 탄생과 가능성, 자기(Self)의 산출물로서의 재생.

이 상징들은 문화와 시대를 초월해 반복적으로 나타나며, 무의식이 인간 정신의 성숙을 표현하는 보편적 언어임을 보여준다(Edinger, 1995, p. 242).

4. 임상 장면 속 루베도

모래상자치료에서 루베도의 단계는 다음과 같이 관찰된다.

- **중심적 배치**: 내담자가 마지막 세션에서 만다라 형태, 원형 구조, 균형 잡힌 공간을 구성한다.
- **빨강과 금빛의 등장**: 피규어나 장식에서 붉은색과 황금빛이 부각된다. 이는 에너지와 통합을 상징한다.
- **아이와 가족의 상징**: 내담자가 가족, 아이, 공동체 피규어를 중심에 배치하며, 삶의 관계적 통합을 표현한다.
- **자연의 회복**: 숲, 정원, 태양, 빛이 드러나며, 생명과 재생의 상징을 형성한다.

무의식이 내담자의 심리적 회복을 스스로 드러내는 순간이다

임상가 입장에서 중요한 점은, 루베도의 상징은 해석으로 이끌어지는 것이 아니라 자발적으로 나타나는 완성의 표현이라는 점이다. 따라서 치료사는 이를 억지로 설명하지 않고, 내담자가 경험을 통해 통합을 체험할 수 있도록 동반한다.

5. 루베도의 치료학적 의미

루베도는 '치료 종결'을 넘어, 내담자의 존재론적 변환을 드러낸다. 주요한 치료학적 의미는 다음과 같다.

- **자기의 중심성 회복**: 내담자가 삶의 외부 조건이 아니라, 자기(Self)의 중심에서 출발해 살아가는 힘을 회복한다.
- **관계적 통합**: 내담자가 타인과의 관계에서 균형과 화해를 경험한다. 이는 대인관계적 갈등을 넘어, 공동체 속 자기 자리를 찾는 것이다.

- **영적 통합**: 루베도의 상징은 종종 영적 체험과 맞닿아 있다. 내담자는 자신의 존재가 더 큰 질서 속에 속해 있음을 느끼며, 삶의 의미를 재발견한다.
- **새로운 시작**: 치료적 종결은 끝이 아니라 새로운 삶의 출발이다. 루베도는 하나의 완성이면서 동시에 다시 시작되는 순환적 구조를 지닌다.

6. 사례적 이해

한 성인 여성 내담자는 수년간의 치료를 마무리하는 마지막 세션에서, 모래상자 중앙에 붉은 태양을 배치하고 그 주위를 가족과 동물 피규어로 원형 구조를 만들었다. 그는 이렇게 표현했다.

"이제는 제 안에서 싸우던 것들이 조금은 화해한 것 같아요. 저는 더 이상 혼자가 아니라, 제 안에 많은 것들과 함께 있습니다."

이 사례는 루베도의 전체성 상징이 무의식 속에서 자발적으로 드러난 구체적 예이다. 중요한 점은 내담자가 "화해"라는 단어를 사용하며, 무의식적 갈등이 단순히 사라진 것이 아니라 새로운 질서로 재구성되었음을 보여준다는 것이다.

또 다른 사례에서, 한 청소년 내담자는 치료 말기에 모래상자 중심에 붉은 꽃을 놓고 그 주변에 학교와 친구 피규어를 배열했다. 이 상징은 단순한 "사회 적응"의 표현이 아니라, 자기(Self)가 관계와 배움 속에서 새롭게 뿌리내리는 재생의 루베도 경험을 나타낸다.

7. 루베도와 치료사의 성찰

루베도의 경험은 내담자에게만 일어나는 것이 아니다. 치료사 또한 내담자의 루베도 과정을 목격하면서, 자신의 무의식과 공명하게 된다.

치료사가 "이제는 완성되었다"는 내담자의 표현 속에서 느끼는 감정은 단순한 공감이 아니라, 치료사 자신의 자기(Self) 경험일 수 있다. 이는 치료 관계가 단순히 일방적 변화가 아니라, 치료사와 내담자가 함께 참여하는 상호적 연금술임을 보여준다.

치료사는 루베도의 순간에 "치료사가 만든 결과"가 아니라 "무의식의 자기치유적 힘이 드러난 사건"임을 인식해야 한다.

8. 루베도의 현대적 의의

루베도는 오늘날 심리치료의 맥락에서도 중요한 함의를 갖는다. 현대 사회는 분열, 소외, 단절의 경험으로 가득 차 있다. 루베도의 상징은 이러한 시대적 혼돈 속에서 통합과 의미의 회복을 가능하게 하는 심리학적 자원이다.

특히 모래상자치료는 루베도의 경험을 가시화하는 장을 제공한다. 내담자가 무의식적 상징을 통해 자기(Self)의 중심과 만날 때, 그는 단순히 증상을 극복하는 것이 아니라, 존재 전체가 다시 살아나는 경험을 하게 된다.

9. 결론 — 루베도는 존재의 새로운 탄생

루베도는 단순히 연금술의 마지막 단계가 아니라, 인간 정신의 궁극적 변환과 통합을 상징한다.

- 니그레도의 혼돈을 견디고,
- 알베도의 정화를 거쳐,
- 시트리니타스의 통찰을 통과한 후,
- 루베도에서 자기(Self)는 붉은 빛으로 드러난다.

임상 장면에서 루베도는 내담자가 "나는 이제 하나의 전체로서 살아갈 준비가 되었다"고 말할 수 있는 순간이다. 그리고 치료사는 그 자리에 증인으로 서서, 내담자와 함께 새로운 탄생의 불꽃을 지켜본다.

결국 루베도는 치료적 종결의 또 다른 이름이며, 동시에 삶의 새로운 시작이다.

II. 루베도 상징의 만다라

1. 전체성의 원형: 만다라의 보편성

만다라(mandala)는 산스크리트어로 '원(circle)', '중심(center)'을 뜻하며, 종교적·영적 전통에서 널리 발견되는 보편적 도상이다. 불교와 힌두교에서 만다라는 우주의 질서와 신성한 중심을 표현하는 도구로 사용되었고, 기독교 미술에서도 원형의 제단 장식이나 성상 구조 속에서 동일한 패턴이 반복적으로 나타난다.

융은 이러한 만다라를 단순한 종교적 상징이 아니라, 집단무의식 속에서 스스로 생성되는 보편적 상징으로 이해했다. 그는 만다라가 꿈, 환상, 예술, 그리고 치료적 작업 속에서 자발적으로 출현한다고 보았다. 특히 위기나 혼란의 시기에 무의식은 만다라 이미지를 통해 분열된 정신을 회복하고자 하는 자기(Self)의 의도를 드러낸다고 설명했다(Jung, 1950/1972, p. 356).

즉, 만다라는 개인의 심리적 경험을 넘어, 인류 정신의 전체성을 담는 상징적 언어라 할 수 있다.

2. 구조적 의미: 중심과 원

만다라의 가장 본질적인 구조는 중심과 그것을 둘러싼 원형 배열이다. 중심은 자기(Self)를, 주변의 대칭적 구조는 의식과 무의식, 남성과 여성, 빛과 어둠, 삶과 죽음 등 서로 대립하는 요소들의 통합을 상징한다.

- **중심**(Center): 존재의 근원, 변하지 않는 자기(Self)의 자리를 나타낸다.
- **원**(Circle): 전체성, 균형, 우주적 질서를 상징한다.
- **사방 구조**(Quaternity): 만다라에 자주 나타나는 4방위의 배열은, 인간 경험의 총체성과 세계의 보편적 균형을 나타낸다.

융은 이를 "무의식이 스스로 질서를 세우는 상징적 기제"라고 불렀다(Jung, 1950/1972, p. 358). 만다라는 단순히 그림 속 패턴이 아니라, 혼돈 속에서 질서를 찾으려는 무의식의 자율적 노력을 담고 있는 것이다.

3. 임상 장면 속 만다라

모래상자치료에서 만다라는 자발적으로 출현한다. 내담자가 특별한 의도 없이 피규어를 배치하다가 원형 구조를 만들거나, 중심에 상징적 대상을 놓고 사방으로 대칭을 이루는 장면이 나타난다. 이는 내담자의 의식적 계획이 아니라, 자기(Self)의 무의식적 자기조직화 기능이 드러나는 것이다.

- **중심 배치**: 태양, 불, 성스러운 아이, 나무 등을 모래상자의 중심에 두는 경우.
- **사방 배열**: 동물, 사람, 상징물들을 네 방향으로 배치하여 균형감을

만드는 경우.

- **원형 구조**: 돌, 꽃, 집, 인물 등을 원형으로 둘러 배열하며 중심을 보호하거나 강조하는 경우.

이러한 만다라적 배치는 내담자가 심리적 균형과 중심성을 회복해 가고 있음을 시사한다.

4. 사례적 이해

- **사례 1: 청소년 내담자의 태양 만다라**
  한 청소년 내담자는 치료의 마지막 세션에서 모래상자 중앙에 태양 모양의 피규어를 두고, 주변에 네 방향으로 동물들을 배치했다. 그는 "이제는 길을 잃지 않을 것 같다"고 말했다. 이 장면은 무의식이 만다라 이미지를 통해 내적 질서와 통합을 드러낸 전형적인 예였다.
- **사례 2: 성인 여성의 '원형 정원'**
  한 성인 여성 내담자는 반복적으로 무너지는 관계 경험으로 치료를 받았다. 어느 날 그녀는 모래상자에 돌과 꽃을 원형으로 둘러 배열하고, 중심에 집을 두었다. 이 구조는 그녀가 삶의 혼돈 속에서도 "내 안의 중심"을 찾고 있음을 보여주었으며, 이후 그녀는 관계에서 자신을 잃지 않고 경계를 지키는 힘을 회복했다.
- **사례 3: 아동의 '원 속의 아이'**
  한 아동은 모래상자 한가운데에 작은 아이 피규어를 두고, 주변에 원형으로 나무를 배치했다. 이는 무의식이 상처 입은 자기(self)를 보호하고자 하는 상징적 표현으로 이해되었다. 이후 이 아동은 점차 불안이 줄어들고 안정감을 경험하기 시작했다.

5. 임상적 의미

만다라의 출현은 단순히 아름다운 배치가 아니라, 심리적 변환과 통합의 신호이다. 임상적 의미는 다음과 같다.

- **통합의 지표**: 만다라는 내담자가 무의식적으로 전체성을 향해 나아가고 있음을 보여준다.
- **종결의 상징**: 치료 말기에 만다라가 나타날 때, 이는 개성화 과정이 일정한 성취에 도달했음을 시사한다.
- **자기(Self) 경험**: 만다라는 내담자가 자기(Self)를 직접적으로 체험할 수 있는 상징적 장이다.
- **보호와 안정**: 만다라는 불안과 혼돈 속에서도 내담자가 스스로 균형을 찾고자 하는 무의식의 자율적 노력을 표현한다.

6. 결론

만다라는 연금술적 상징이자 심리학적 전체성의 원형이다. 모래상자치료 속에서 자발적으로 출현하는 만다라는, 내담자가 자기(Self)와 접촉하며 분열된 삶의 조각들을 하나로 통합해 가고 있음을 보여준다. 전문가에게 있어 만다라의 임상적 의미를 인식하는 것은, 내담자의 개성화 과정을 이해하는 핵심 열쇠라 할 수 있다.

Ⅲ. 루베도 단계의 상징적 통합

1. 루베도의 상징적 질서

루베도(Rubedo)는 연금술의 최종적 변환 단계로, 앞선 니그레도(혼돈과 해체), 알베도(정화와 재탄생), 시트리니타스(통찰과 성숙)의 과정을 통과한 후 도달한다. 이 단계의 특징은 붉은 빛으로 상징되는데, 이는 단순한 색채가 아니라, 삶의 에너지와 성숙한 의식의 불꽃을 의미한다.

융은 루베도를 자기(Self)의 실현, 즉 개성화(individuation)의 최종적 성취로 보았다(Jung, 1944/1968, p. 357). 이 단계에서 무의식과 의식, 남성과 여성, 빛과 어둠은 하나의 질서 속에서 결합되며, 분열된 삶의 조각들이 전체성(wholeness)으로 통합된다.

2. 루베도의 핵심 상징들

루베도의 상징은 문화와 시대를 넘어 반복적으로 출현하며, 무의식이 완성을 드러내는 보편적 언어로 기능한다.

- **붉은 태양**: 성숙한 생명력, 내적 에너지의 완성. 종종 치료의 마지막 단계에서 나타나며, 새로운 삶의 방향성을 상징한다.
- **철학자의 돌**(Lapis Philosophorum): 연금술사의 궁극적 목표이자, 자기(Self)의 가장 전형적인 은유. 불멸성과 통합을 상징한다.
- **신성한 아이**(Puer Aeternus): 새로운 시작과 창조성, 자기(Self)로부터 산출된 새로운 가능성.
- **왕과 왕비의 합일**(Coniunctio): 대립된 원리(남성/여성, 의식/무의식)의 결합이 하나의 질서 속에서 통합되는 이미지.
- **만다라**(Mandala): 중심과 원이 조화를 이루는 구조로, 전체성을 드러내는 가장 보편적인 도상.

이러한 상징들은 개별적으로 존재하지 않고, 루베도의 장(場) 속에서 서로 연결되어 하나의 상징적 질서를 형성한다.

3. 임상 장면 속 상징적 통합

모래상자치료에서 루베도의 상징은 내담자의 마지막 작업이나 치료 종결기에 자주 나타난다. 예를 들어:

- 한 내담자가 마지막 세션에서 모래상자 중앙에 붉은 태양을 배치하고, 주변에 가족 피규어를 원형으로 두른 경우 → 이는 내담자의 내적 질서 회복과 관계적 통합을 드러낸다.
- 또 다른 내담자가 철학자의 돌을 연상시키는 원형의 붉은 돌을 모래 위에 놓고, 그 주위에 동물과 나무를 조화롭게 배열한 경우 → 이는 자기(Self) 중심의 새로운 질서 출현을 상징한다.
- 아동 내담자가 작은 아이 피규어를 중심에 두고, 그 주변을 금빛 장식과 꽃으로 감싼 경우 → 이는 신성한 아이의 이미지로서, 자기(Self)로부터 탄생한 새로운 가능성을 보여준다.

이러한 상징적 구조는 모두 내담자의 무의식이 스스로 균형을 회복하고, 통합의 질서를 형성하는 과정이다(Kalff, 1980, p. 177).

4. 치료사와 루베도의 증인됨

루베도의 순간은 치료사에게도 중요한 의미를 가진다. 내담자가 상징적으로 전체성을 경험하는 순간, 치료사는 그것이 자신의 "치료적 성과"가 아니라, 무의식의 자기치유적 기능이 드러난 사건임을 인식해야 한다.

치료사의 역할은 증인과 동반자이다. 치료사는 내담자가 루베도의 상징을 스스로 체험할 수 있도록 지켜보고 지지하며, 그 순간의 에너지가 내담자의 삶 속에서 새로운 출발로 이어지도록 돕는다.

5. 결론: 루베도는 전체성의 축제

루베도는 단순한 치료 종결이 아니라, 심리적 · 영적 전체성의 축제이다. 붉은 태양, 철학자의 돌, 신성한 아이, 왕과 왕비의 합일, 만다라와 같은 상징들이 하나의 질서로 모일 때, 내담자는 자기(Self)와의 깊은 만남을 경험한다.

이 경험은 “끝”이 아니라 “새로운 시작”이다. 루베도의 붉음은 존재의 불꽃, 삶의 에너지, 전체성의 빛을 드러내며, 내담자가 자기(Self)의 중심에서 살아갈 수 있도록 인도한다.

IV. 루베도 참여의 존재적 성찰

1. 임상가는 루베도의 ‘참여자’이다.

내담자가 루베도의 상징을 경험하는 순간, 임상가는 단순한 관찰자가 아니라 함께 참여하는 동반자가 된다. 치료 장면은 언제나 쌍방향적이며, 내담자가 무의식의 붉은 빛을 드러낼 때, 치료사 역시 자신의 무의식과 공명한다. 이 과정은 역전이(countertransference)의 차원을 넘어, 치유적 장(healing field) 속에서 양자가 함께 변환되는 경험이다(Jung, 1946/1966, p. 171).

2. 루베도와 치료사의 자기 성찰

루베도의 순간은 임상가에게 깊은 자기 성찰을 요구한다. 내담자의 전체성 경험 앞에서 치료사는 질문을 받는다.

- 나는 내 삶의 어디에서 아직 분열과 혼돈에 머물러 있는가?

- 내 안의 Self는 어떻게 드러나고 있는가?
- 나는 내담자의 루베도 경험을 "임상적 성과"로 환원하지 않고, 하나의 신비로 존중할 수 있는가?

이 질문은 치료사에게 자신의 개성화 과정을 환기시킨다. 임상가는 내담자의 루베도 체험을 목격하며, 동시에 자기 자신도 루베도의 불꽃에 참여하는 것이다.

3. 연금술적 공명: 임상가의 내적 루베도

연금술적 사고에 따르면, 물질의 변환 과정은 실험실의 물질뿐 아니라 연금술사 자신을 변화시킨다. 마찬가지로, 내담자의 루베도 경험은 치료사의 내적 루베도를 촉발한다.

- **니그레도의 자각**: 내담자의 혼돈을 지켜보며, 치료사는 자신의 그림자와 마주한다.
- **알베도의 정화**: 내담자의 정화 과정 속에서, 치료사 역시 자신의 감정 반응을 성찰한다.
- **시트리니타스의 통찰**: 내담자의 통합 상징 앞에서, 치료사는 새로운 임상적 · 존재적 통찰을 얻는다.
- **루베도의 참여**: 내담자가 자기(Self)를 경험하는 순간, 치료사 역시 자기(Self)와의 새로운 연결을 체험한다.

이러한 상호 공명은 치료 장면을 단순한 치료적 절차가 아닌 연금술적 상호 변환의 장으로 바꾼다.

4. 사례적 이해

한 임상가는 오랜 치료 과정을 마무리하는 내담자가 모래상자 중앙에 붉은 태양을 두고, 가족과 동물들을 원형으로 배치하는 장면을 목격했다. 그 순간 그는 설명할 수 없는 눈물을 흘렸다. "내담자가 치유되었다"는 기쁨 때문만이 아니라, 자신의 내면에도 새로운 질서가 자리 잡고 있음을 체험했기 때문이었다.

이 사례는 루베도가 내담자의 성취일 뿐 아니라, 치료사에게도 참여와 변환을 요구하는 사건임을 보여준다.

5. 임상가의 존재론적 훈련

루베도는 기술적 해석이나 임상적 기법으로 다가갈 수 있는 영역이 아니다. 오히려 이는 임상가의 존재론적 훈련(ontological training)을 요구한다.

- **겸손**: 루베도는 치료사의 공로가 아니라, 무의식의 자기치유적 힘이 드러난 사건임을 인정하는 태도.
- **현존**: 내담자의 전체성 경험 앞에서, 해석하지 않고 그 순간을 있는 그대로 지켜보는 힘.
- **자기 성찰**: 내담자의 루베도 경험을 거울로 삼아, 자기 자신의 Self 여정을 돌아보는 용기.

이러한 훈련 속에서 임상가는 단순한 전문가(professional)가 아니라, 연금술적 동반자(alchemical companion)로 성숙한다.

6. 결론: 루베도의 증인, 루베도의 동행자

루베도의 경험은 내담자만의 것이 아니다. 치료사는 그 순간의 증인(witness)이자 동시에 동행자(companion)로 서 있다. 내담자가 자기(Self)의 빛을 경험하는 순간, 치료사 또한 자기(Self)와의 연결을 새롭게 체험하며, 두 존재는 상호적 변환의 장 속에서 만난다.

따라서 루베도는 치료 종결의 순간을 넘어, 내담자와 치료사 모두가 새로운 탄생의 불꽃을 함께 체험하는 자리다. 이는 분석심리학적 치료가 단순히 병리 치유가 아니라, 존재의 변환을 나누는 연금술적 여정임을 보여준다.

V. [치료사 성찰] 루베도의 불꽃 앞에 선 나는 누구인가?

1. 루베도에 선 나는 누구인가?

루베도의 순간은 내담자의 완성의 체험인 동시에, 치료사 자신에게도 내적 거울이 된다. 전문가로서 우리는 종종 내담자의 변화를 성취로 보지만, 루베도의 상징은 우리에게 질문을 던진다.

1) 나는 내담자의 전체성 경험을 어떻게 바라보는가?

- 임상적 성과로 해석하는가, 아니면 존재적 신비로 존중하는가?

2) 내 안의 루베도는 어디에 있는가?

- 내 삶 속에서 아직 통합되지 않은 분열은 무엇인가?
- 내가 "붉은 빛의 탄생"을 경험했던 순간은 언제였는가?

3) 나는 증인인가, 해석자인가?

- 내담자의 완성 앞에서 서둘러 의미를 설명하려 하지 않고, 단순히 지켜볼 수 있는가?
- 나는 그 순간을 함께 살아낼 수 있는가?

4) 루베도의 상징이 내게 불러일으키는 감정은 무엇인가?

- 붉은 태양, 철학자의 돌, 신성한 아이, 만다라… 이 상징들이 내 안에서 울릴 때, 나는 무엇을 느끼는가?
- 그것은 나의 자기(Self)와 어떤 대화를 시작하게 하는가?

2. 전문가를 위한 성찰 활동 제안

- **저널링**: 최근 임상에서 경험한 "루베도의 순간"을 떠올려 적어본다. 그 순간 내담자가 말하지 않았지만 상징으로 드러낸 메시지는 무엇이었는가? 나는 어떻게 반응했는가?
- **만다라 그리기**: 직접 붉은 색과 황금빛을 중심으로 한 만다라를 그려본다. 그림 속에서 나타난 중심과 색채는 내 안의 어떤 상태를 보여주는가?
- **동료 슈퍼비전에서 나누기**: 루베도의 상징적 순간을 경험했을 때의 감정을 동료들과 나눈다. 내가 혼자 보지 못한 나의 내적 반응을 공동체의 거울을 통해 성찰할 수 있다.

3. 결론적 성찰

루베도는 내담자만의 완성이 아니라, 치료사의 자기(Self)도 함께 시험하는 순간이다. 전문가로서 우리는 내담자의 루베도를 '임상적 '종결'로만 보지 않고, 나 자신에게 주어진 자기 성찰의 초대로 받아들일 때, 치료와 존재는 진정한 연금술적 여정이 된다.

제11장 요약 — 루베도의 불꽃

이 장은 연금술적 상징이 단순한 고대의 신비적 은유가 아니라, 인간 정신의 심리학적 구조와 자기(Self)의 여정에 깊이 연결되어 있음을 탐구하였다.

- 연금술과 자기 인식: 연금술은 납에서 금으로의 물질적 변화를 넘어, 인간이 혼돈 속에서 자기(Self)의 통합으로 나아가는 여정을 상징한다. 임상가는 내담자의 상징을 해석하는 동시에, 자신의 무의식을 정련하며 자기 인식의 길을 걷는다.
- 무의식의 드러남과 상징: 무의식은 직접 드러나지 않고 상징을 통해 표현된다. 녹색 사자, 왕과 왕비의 합일, 철학자의 돌과 같은 연금술의 상징은 집단무의식의 보편적 구조를 드러내며, 모래상자치료 속에서도 반복적으로 출현한다.
- 임상에서의 상징 해석: 상징은 고정된 해석의 대상이 아니라, 내담자와 함께 살아내는 체험의 장이다. 치료사는 해석자가 아니라 동반자와 증인으로서 상징의 자기치유적 기능이 발현되도록 지켜본다.
- 루베도의 통합: 루베도는 연금술의 최종 단계이자 개성화 과정의 완성으로, 자기(Self)의 실현을 뜻한다. 붉은 태양, 철학자의 돌, 만다라, 신성한 아이는 전체성과 새로운 탄생을 드러내는 상징들이다. 임상에서는 종결기에 이러한 상징들이 자발적으로 출현하며, 내담자가 "하나의 전체로 살아갈 준비"를 마쳤음을 보여준다.
- 임상가의 성찰과 참여: 루베도는 내담자의 경험이면서 동시에 치료사의 성찰을 요구한다. 치료사는 무의식의 치유적 힘이 드러나는 순간을 겸손하게 지켜보며, 자기(Self)의 여정에 참여하는 연금술적 동반자로 서게 된다.

핵심 메시지

연금술적 상징은 내담자의 무의식과 의식을 잇는 다리이자, 임상가 자신의 자기(Self) 성찰을 촉발하는 거울이다. 루베도의 붉은 빛은 내담자와 치료사가 함께 경험하는 전체성의 탄생이며, 치료는 해석이 아니라 동반의 여정이다.

제4부

치료사의 연금술 여정: 존재, 윤리, 정체성

제12장

치료사의 정련: 감정과 상징의 용광로

Ⅰ. 상징적 동반자에서 존재적 촉진자로

1. 치료사는 해석자가 아닌 공간의 창조자다

모래상자치료에서 치료사는 단순한 관찰자나 해석자가 아니다. 그는 상징이 자라날 수 있도록 심리적 열과 침묵의 공간을 유지하는 존재적 동반자이다. 그러나 진정한 정련은, 그가 단지 상징을 수용하는 자를 넘어서, 존재 그 자체로써 내담자의 변화 과정을 촉진하는 구조로 기능하게 될 때 완성된다.

융(Jung)은 다음과 같이 말한다:

> "상징은 단지 해석되어야 하는 대상이 아니다. 그것은 존재의 언어이며, 분석가는 그 언어를 함께 살아내는 자다."
>
> — C. G. Jung, CW 16, para. 530

2. 상징적 동반자: 해석 이전의 함께-존재

상징적 동반자란, 상징이 자생적으로 떠오를 수 있도록 심리적 공간을 비워내고 지켜주는 존재이다. 이때 치료사는 다음과 같은 태도를 지닌다:

특성	설명	임상 내 기능
침묵	상징이 주도권을 가지도록 말의 개입 최소화	해석 대신 경청의 확장
공명	내담자의 정서 흐름에 반응하되, 감정적 흡수는 회피	역전이의 감각화 및 반영
존중	상징의 자율성과 무의식의 리듬 신뢰	해석 지연, 반복 허용

이 구조는 칼프(Kalff)가 말한 "심층 무의식이 움직일 수 있는 정서적 용기와 공간적 질서"와 연결된다. 치료사가 이러한 상태를 유지할 수 있을 때, 내담자의 상징은 방해받지 않고 자기 고유의 흐름을 찾을 수 있다.

3. 존재적 촉진자: 상징의 리듬과 의미의 점화자

치료사가 '존재적 촉진자'로 변모하는 시점은, 그가 더 이상 '기다리는 자'에 머무르지 않고, 존재 그 자체로써 공간의 온도와 구조를 변화시키는 임상적 질을 갖출 때 시작된다. 이는 다음과 같은 특성을 내포한다:

존재적 구조	의미	치료사의 기능
자기 중심성	감정과 상징을 자기 내부에 담을 수 있음	감정적 탈중심화 방지
타자의 고통과의 간극 유지	'동일시'가 아닌 '함께 있음'의 구조화	공간의 심리적 균형 유지
상징의 에너지화	정서적/신체적 공명을 통해 상징을 점화	의미화의 촉진자로 기능
존재적 발화	해석이 아닌 존재의 질을 통해 상징 반응 유도	언어 이전의 언어 실현

이러한 전환은 치료사가 감정적 투사나 구원 욕구를 정련한 이후에만 가능하며, 루베도(Rubedo) 단계의 치료사가 갖추는 자기-타자-상징의 통합 구조와 관련된다.

4. 사례 분석: 존재의 질이 상징을 이끄는 순간

사례: 13세 내담자

내담자는 부모의 반복적 이혼과 감정적 소외를 경험한 후, 모래상자에 매번 '무너진 다리'와 '헤어진 가족'을 반복해서 배치하였다. 치료사는 그 상징을 설명하거나 재해석하지 않고, 9회기 동안 묵묵히 지켜보며, 단 하나의 질문만 반복했다:

"이 구조를 어떻게 지켜보시나요?"

10회기, 내담자는 처음으로 '다리를 건너는 인물'을 등장시켰고, 이후 "이제는 뭔가 다시 만들어도 괜찮을 것 같다"고 말했다.

여기서 중요한 것은 치료사의 해석이 아니라, 존재의 온도와 기다림의 질이 상징 구조에 변화를 이끌었다는 점이다. 치료사는 의미를 제안한 것이 아니라, 존재의 구조를 통해 상징이 스스로 재정렬될 수 있는 심리 공간을 마련한 것이다.

5. 해석을 넘어서: 존재로 말하는 언어

존재적 촉진자에게는 말보다 더 깊은 언어가 있다. 융(Jung)은 이를 "상징이 해석되지 않으면서도 이해되는 상태"라 하였고, 비온(Bion)은 "기억이나 욕구없이 존재하는 상태"라 하였다. 이 상태에서 치료사는 다음과 같은 방식으로 상징의 창조를 이끈다:

- **분석 이전의 직관**: 해석하려 하지 않고 감각의 층위에서 느끼기
- **언어 이후의 반응**: 내담자의 언어를 따라가지 않고, 공간 전체의 반응 감지
- **상징의 전이 감각화**: 모래 위 배치의 정서 흐름에 대한 몸의 반응 인식
- **의미 이전의 기다림**: 상징이 말을 찾기 전, 충분한 침묵의 공간 유지

이 언어는 불을 밝히는 언어이며, 존재의 발화이다. 내담자는 이를 통해 '상징이 해석되지 않고 존재할 수 있음'을 느끼며, 자기(Self)의 상징을 안전하게 정렬시킬 수 있다.

6. 결론: 존재적 촉진자는 상징의 불을 담는 그릇이다

치료사의 정련은 기술의 축적이 아니라, 존재의 깊이와 중심성의 확장이다. 그는 해석하는 자에서 상징을 점화하는 자, 존재의 구조로서 심리공간을 촉진하는 자로 변화한다. 치료사는 말하지 않고도 말하며, 움직이지 않고도 관계하고, 기다림을 통해 변화의 불을 켠다.

> "치유는 기술이 아니라, 존재의 구조이다."
>
> — C. G. Jung, CW 14, para. 196

이제 치료사는 상징적 동반자를 넘어, 존재로 상징을 일깨우는 촉진자로 정련된다. 그리고 그 존재 그 자체가, 치료의 가장 깊은 언어가 된다.

II. 감정의 열기와 상징의 탄생

1. 감정은 상징을 빚는 불이다

모래상자 위에 올라오는 상징은 정적인 이미지가 아니다. 그것은 내담자의 무의식이 감정의 열기 속에서 굳어지고 식으며 형성된 심리적 응축물이다. 이 열기는 종종 치료사에게도 감정적으로 전이되며, 두 무의식 간에 일종의 '정서적 융합로'가 형성된다. 융(Jung)은 이 상태를 다음과 같이 표현했다:

"상징은 무의식의 불이 만들어낸 형상이며, 그 불은 감정이라는 에너지에서 솟아오른다."

— C. G. Jung, CW 9ii, para. 189

2. 감정의 열기란 무엇인가?

감정(affect)은 융(Jung)에게 단순한 심리 반응이 아니라, 무의식의 에너지 표현이며, 상징이 태어나는 동력이다. 감정의 열기는 다음과 같은 심리적 특성을 가진다:

감정의 양상	설명	상징적 기능
비조절적 정동	설명 불가능한 폭발적 감정	심층 상징의 출현 조건 형성
혼합 정서	분노, 공포, 슬픔의 동시성	상징의 다층적 구조 촉진
반복 감정	특정 상황에서 재현되는 감정 회로	상징의 응집 및 고착 구조화

이러한 감정은 모래상자에서 다음과 같은 방식으로 표현된다:

- **강박적 피겨 배치**: 감정의 회로가 외화되는 시각적 반복
- **정서적 색채**: 강렬한 대비색(빨강, 검정), 무채색 사용
- **무너짐-재건-무너짐의 패턴**: 감정의 해체와 재통합의 상징적 표현

칼프(Kalff)는 이를 "상징이 태어나기 전, 감정이 먼저 불처럼 무의식을 가열하는 시기"라 하였으며, 이 감정의 용광로야말로 상징이 점화되는 초기 조건이라고 보았다.

3. 상징은 감정을 담는 그릇이다

상징은 감정을 해소하는 수단이 아니라, 감정을 구조화하여 의식이 받아들일 수 있는 심리적 언어로 전환하는 형식이다. 감정은 그대로일 경우 '폭발'하거나 '은폐'되지만, 상징 안에서는 다음과 같은 방식으로 '의미화' 된다:

감정 상태	상징 표현	심리적 전환
분노	화산, 전사, 불길	자기 경계 회복, 에너지 재통합
공포	동굴, 어둠, 괴물	보호 욕구 표출, 회피에서 직면으로
슬픔	눈물 피겨, 비, 무너진 집	상실의 애도, 감정의 이동
사랑-그리움	연결된 손, 다리, 집	타자와의 통합 욕망의 재구성

즉, 상징은 감정의 '이해'가 아니라, 감정의 재배치와 변환을 위한 그릇이며, 융(Jung)이 말한 "상징은 감정의 심층 구조를 내면이 감당할 수 있게 재조정하는 심리적 기제"(CW 8, para. 305)라는 정의는 이 기능을 잘 보여준다.

4. 치료사의 역할: 열기를 견디는 자, 그릇이 되는 자

감정이 상징으로 태어나기 위해서는 그 감정의 열기가 비판받지 않고, 침묵 속에서 정제될 수 있는 심리적 공간이 필요하다. 이 공간은 치료사의 해석이 아니라, 존재의 자세와 감정적 공명이 창조한다.

치료사는 다음과 같은 방식으로 이 과정을 촉진한다:

역할	태도	상징적 효과
정서의 도가니	개입하지 않되, 압도되지 않고 견디기	내담자 감정의 자율화
공명적 수용자	자기 반응 인식하되, 동일시하지 않기	감정의 객관화
침묵의 공간	상징이 나타나기까지 서두르지 않기	의미의 자생적 생성

비온(Bion)은 이를 "치유는 감정을 다루는 기술이 아니라, 감정이 스스로 형태를 취할 수 있는 공간을 지키는 힘"이라 하였으며, 이는 모래상자 치료의 가장 깊은 미학과도 일치한다.

5. 사례: 감정이 상징으로 전환되는 순간

사례: 27세 여성

내담자는 세 차례의 세션에서 동일한 붉은 벽돌로 둘러싸인 공간을 만들고, 그 안에 울고 있는 피겨를 놓았다. 그 안에서 그녀는 아무 말도 하지 않았고, 치료사 역시 질문이나 해석 없이 그 공간을 함께 지켰다. 4회기, 그녀는 벽돌 안을 반쯤 허물고, 그 자리에 촛불 피겨를 놓으며 말했다.

"여기가 이제 좀 따뜻해졌어요. 누군가와 같이 있을 수 있을 것 같아요."

이 장면은 감정의 고착 구조(붉은 벽돌)와 외로움(피겨)이 해석 없이도 공간과 시간이 주어졌을 때, 상징적 전환(불, 열기, 타자와의 관계 회복)으로 이어지는 정제의 예이다.

6. 결론: 감정은 상징을 빚는 심리적 불이다

감정은 해소되어야 할 것이 아니다. 그것은 무의식이 상징을 낳기 위해 사용하는 심리적 열이며, 그 열을 견디는 치료사의 존재야말로 상징의 탄생을 가능케 한다. 해석이 아닌 침묵, 반응이 아닌 존재, 기술이 아닌 정서적 그릇이 있을 때, 무의식은 감정을 조형력 있는 상징으로 변화시킨다.

> "무의식은 감정의 불을 빌려 상징이라는 언어를 말한다. 그 언어를 듣기 위해 선 불 가까이에 앉을 수 있어야 한다."
>
> — C. G. Jung, CW 9i, para. 110

치료사는 감정의 불 옆에서 상징이 익어가는 과정을 지켜보는 자이다. 그리고 그가 존재함으로써, 상징은 태어난다.

모래상자에서는 무언의 반복 배치, 조형 후의 침묵, 치료사의 개입 없는 응시 등이 이 침묵의 구조를 형성한다.

III. 침묵과 발화의 상징 언어

1. 상징은 언제 말을 시작하는가?

모래상자 위에 놓인 상징은 처음부터 말이 있는 것이 아니다. 대부분은 감정의 열기를 거쳐 형상으로 존재하다가, 어느 시점에서 내면적 변환과 감정적 통합이 이루어졌을 때, 비로소 말을 시작한다. 그러나 이 말은 언어로서의 말이 아니라, 존재로서의 발화이며, 해석이 아닌 '상징적 언어화'의 사건이다.

융(Jung)은 이를 "무의식이 자기 존재를 드러내는 방식이며, 가장 깊은 의미에서의 '말하기'"라고 하였다(CW 14, para. 177).

2. 침묵은 무의식의 자궁이다

분석심리학에서 침묵은 '없음'이나 '정지'가 아니다. 그것은 심리적 발효의 시간이며, 무의식이 상징을 빚는 자궁과도 같은 심리 공간이다. 융(Jung)은 "침묵은 가장 정교한 해석이며, 상징이 말할 수 있을 때까지 기다릴 수 있는 공간"이라고 하였다(CW 16, para. 483).

침묵의 기능	의미	임상적 구조
정서의 안정화	감정이 해소되지 않고 응축되는 시간	상징적 통합 전 단계
해석의 보류	무의식의 리듬에 맞춘 내면적 기다림	자생적 상징 형성 가능
공명적 용기	불확실성을 견디는 치료사의 태도	발화를 위한 신뢰 기반

모래상자에서는 무언의 반복 배치, 조형 후의 침묵, 치료사의 개입 없는 응시 등이 이 침묵의 구조를 형성한다.

3. 상징의 발화: 말이 되는 순간

'상징의 발화'란, 무의식에서 형성된 이미지가 내면의 인식과 감정의 통합을 거쳐 의미를 담은 표현으로 바뀌는 순간을 말한다. 이는 단순한 설명이 아니라, 자기(Self)의 구성 요소가 의식에 '들리도록' 말하는 사건이다.

표현 방식	사례	내면 구조
명명	“이건 나의 방패예요.”	자기 보호의 의미화
서사 연결	“이 인형은 저 인형을 지키고 있었던 것 같아요.”	감정과 상징의 통합
존재 진술	“이게 나예요.”	자기 동일성과 상징의 합치

이러한 발화는 감정이 상징 안에서 응축되고, 그것이 다시 언어로 조직되었을 때 나타나는 현상이며, 치유가 시작되는 심리적 ‘두 번째 탄생’이라고 할 수 있다.

4. 치료사의 역할: 발화를 지지하는 존재

이 발화는 강요되어서는 안 되며, 그 가능성이 싹틀 수 있도록 신뢰의 필드를 조성하는 것이 치료사의 역할이다. 이는 기술이 아닌 존재의 태도이며, 치료사는 다음과 같은 방식으로 작용한다:

기능	설명	임상적 효과
공간 유지	해석 없이 머물기	상징의 안전한 자리 확보
침묵 수용	말하지 않는 시간 존중	자기 감각에 집중하는 내담자의 흐름 유지
반영적 공명	언어적 해석 대신 정서적 반응 반영	발화 전의 긴장 완화

융(Jung)은 이를 “상징이 말할 수 있을 때까지 해석하지 않는 용기”라고 표현하였으며, 이는 무의식의 자율성을 존중하는 분석가의 존재적 윤리와도 연결된다.

5. 사례: 침묵을 지나 상징이 말을 시작한 순간

사례: 9세 아동

아동은 초기 세션에서 말을 거의 하지 않고, 동일한 구조—깊은 구멍과 그 옆에 누운 인형—만을 반복했다. 치료사는 매 회기, 해석 없이 다음과 같은 말만 반복하였다:

"이 공간 안에 네가 만들어낸 것이 있어요."

8회기, 아동은 구멍에 작은 동물 피겨를 넣고 그 위에 '돌'을 놓더니 조용히 말했다:

"이제 이 아이는 아파도 괜찮아요. 안 무너질 거예요."

이 진술은 단순한 언어 표현이 아니라, 침묵 속에서 정제된 정동이 상징의 구조 안에서 응축되고, 그것이 자기 중심성과 연결되어 '자기 언어'로 발화된 사건이다. 이는 내담자의 상처가 해소되었기 때문이 아니라, 이해되지 않아도 괜찮은 '존재의 공간'에서 충분히 머무를 수 있었기 때문에 가능해진 변화이다.

6. 결론: 상징이 말할 수 있을 때, 치유는 시작된다

상징은 말을 통해 치유되는 것이 아니라, 자신의 의미를 '가지게 되었을 때' 스스로 치유를 일으킨다. 이 의미화는 해석이 아니라, 침묵과 공명, 감정과 존재의 리듬이 만들어낸다.

> "상징이 침묵을 지나 말을 시작할 때, 내면의 세계는 비로소 자기 자신을 향해 걸어간다."
>
> — C. G. Jung, CW 14, para. 182

치료사는 이 걸음을 기다리는 자이며, 상징이 말을 찾을 때까지 존재로 그 옆에 머무는 자이다. 그리고 그 존재야말로, 내담자의 상징이 '말'이 되는 길을 밝히는 등불이 된다.

Ⅳ. 자기 통합과 존재의 재정렬

1. 정렬의 끝은 통합이 아닌, 새로운 존재 구조다

루베도(Rubedo), 즉 붉음의 단계는 변화의 종결이 아닌, 존재의 재정렬이 이루어지는 새로운 시작점이다. 치료사는 상징을 반영하고 감정을 견디는 시간을 통과하며, 해석이나 개입 이전의 '존재로 머무는 능력'을 중심으로 한 내면적 구조를 얻게 된다.

융(Jung)은 이를 "치유자의 중심이 자기(Self)와 정렬되는 순간, 그는 단지 돕는 자가 아니라 '존재 그 자체로 공간을 여는 자'가 된다"고 하였다(CW 14, para. 190).

2. 자기 통합이란 무엇인가: 감정 – 상징 – 의식의 조율

자기(Self)의 통합은 감정, 상징, 무의식의 리듬이 치료사의 의식 구조 내에서 하나의 조율된 형태로 자리 잡는 것을 의미한다. 이는 다음과 같은 심리 구조를 따른다:

통합 차원	핵심 요소	임상적 특징
감정적 통합	감정의 자각 + 공명적 거리 두기	정서적 반응의 자율성
상징적 통합	반복 상징에 대한 자기 해석	존재적 태도 변화
존재적 통합	자기 동일성 회복 + 공간 창출력	무의식의 자율성 존중

이 세 가지 축이 통합될 때, 치료사는 더 이상 상징을 해석하려 하지 않으며, 감정을 피하거나 덮지 않는다. 그는 그 감정과 상징을 거쳐 자기 존재가 재정렬되는 것을 스스로 목격한 자가 된다.

3. 존재의 재정렬: 다시 세워지는 중심축

존재의 재정렬은 다음과 같은 심리적 '재구성'의 구조를 가진다:

- **과잉 동일시 → 공명으로의 이동**: 내담자의 감정과 자신의 상처를 분리하며, 감정적 경계를 회복
- **기능 중심 → 존재 중심**: 도와야 한다는 기능적 강박에서 벗어나, 침묵과 기다림 속 중심화
- **해석 중심 → 상징의 수용자**: 상징이 말할 수 있는 조건을 유지하며, 자기 해석 충동을 이완

이 구조는 융(Jung)이 언급한 "분석가의 자기 중심성은 해석의 정확성이 아닌, 상징을 비출 수 있는 투명성에서 비롯된다"(CW 14, para. 173)는 통찰을 임상적으로 실현한 상태라 할 수 있다.

4. 임상 사례: 존재의 중심으로 돌아간 치료사

사례: 성인 남성

내담자는 반복되는 분노와 통제 불능의 감정을 주제로 모래 위에 여러 차례 '폭발', '불', '무너진 건물'을 배치했다. 치료사는 초기에는 이 장면들에 대해 해석하거나 개입하고자 했지만, 반복되는 피로와 감정 고갈 이후, 세션 중 자기 감각에 집중하는 명상을 도입하였다.

7회기, 치료사는 침묵과 중심 회복을 통해 단지 내담자의 배치를 '지켜보는 자'로 머물렀고, 내담자는 그날 처음으로 말하였다:

"처음으로 이걸 부수고 싶지 않았어요. 그 안에 뭔가가 있거든요."

이 발언은 치료사의 내면 중심 회복이 상징의 자기화와 내담자의 존재 전환을 촉진하는 구조로 작용했음을 보여준다. 이는 존재의 정렬이 임상적 전이와 공간 구조 전체에 변화를 일으킨 사례이다.

5. 윤리적 존재로서의 치료사: 자기-타자-세계의 연결성 회복

정련 이후의 치료사는 다음과 같은 존재적 윤리 구조를 갖는다:

존재적 요소	실천 양상	효과
자기의 정렬	감정적 자각과 경계 회복	회기 내 안정성 증가
상징의 자율성 존중	의미 강요 없음	자생적 치유 촉진
관계의 순환적 시간 감각	변화의 속도를 강제하지 않음	치유 리듬에 대한 신뢰 회복

이 윤리는 융(Jung)이 말한 "존재의 윤리, 즉 침묵과 기다림을 책임지는 능력"(CW 14, para. 195)과 맞닿아 있으며, 치료사 내면의 통합이 단지 정서적 회복이 아니라, 심리적 치유의 구조를 가능케 하는 실존적 토대임을

의미한다.

6. 결론: 존재의 중심을 회복한 자만이 공간을 지킨다

정련의 마지막은 자기 실현이 아니라, 존재의 중심을 회복하고 다시 임상 공간에 들어설 수 있는 능력의 회복이다. 치료사는 기능적 역할자가 아니라, 무의식의 상징이 자율적으로 머물 수 있는 공간을 유지하는 존재이며, 그 존재성 자체가 상징의 재탄생을 촉진하는 그릇이 된다.

> "치료사는 분석가가 아니다. 그는 정제된 존재로서, 내담자의 변환에 참여하는 상징적 공간이다."
>
> — C. G. Jung, CW 14, para. 198

V. [치료사 성찰] 나는 용광로를 통과하며 어떻게 변모하는가?

"나는 해석자가 아니라, 존재적 촉진자로 설 수 있는가?"
"내담자의 감정의 불길을 두려움 없이 함께 견디고 있는가?"
"상징이 침묵 속에서 스스로 발화하도록 기다릴 수 있는가?"
"나는 내 안의 용광로를 지나며, 존재 중심의 정렬을 이루고 있는가?"

치료사의 길은 단순히 기법을 배우는 여정이 아니라, 존재 자체가 정련되는 변환(alchemical transformation)의 과정이다. 모래상자치료에서 치료사는 내담자의 상징과 감정이 뿜어내는 심리적 열기 속에 머무르며, 그 불길이 자신을 태우고 재구성하는 체험을 겪는다. 이 과정에서 치료사는 해석자의 위치를 넘어, 존재적 촉진자로 변화한다.

1. 상징적 동반자에서 존재적 촉진자로

초기 단계에서 치료사는 내담자의 상징을 해석하거나 이해하려는 유혹을 경험한다. 그러나 모래상자치료의 본질은 상징을 설명하는 것이 아니라, 상징이 스스로 말하도록 지켜내는 것이다. 상징은 언어로 환원될 수 없는 심리적 진실을 담고 있으며, 치료사가 이를 조급하게 해석하면 그 자율성이 손상된다.

치료사는 점차 상징을 해석하는 자가 아니라, 존재로서 함께 머무는 동반자로 서게 된다. 이때 치료사의 태도는 해석적 기술에서 존재적 촉진으로 전환된다. 상징이 빛나도록, 내담자의 무의식이 안전하게 드러나도록, 치료사는 그 자리를 단단히 지켜야 한다.

2. 감정의 용광로와 상징의 불

내담자가 드러내는 감정은 단순한 정서적 반응이 아니다. 그것은 상징을 빚어내는 심리적 불(psyche's fire)이다. 분노, 두려움, 슬픔 같은 감정은 무의식의 깊은 층에서 올라와 상징적 형상으로 응결된다. 치료사가 이 열기를 함께 견딜 때, 감정은 단순히 폭발하거나 소멸되지 않고, 상징적 형상으로 정제된다.

치료사는 내담자의 감정을 조절하거나 회피하기보다, 그 감정의 중심에 머물러야 한다. 그렇게 할 때 감정은 단순한 반응이 아니라 상징을 낳는 도가니로 작동하며, 무의식의 심상이 의식의 장으로 태어난다.

3. 침묵에서 발화로 — 상징의 윤리

상징은 즉각적으로 말하지 않는다. 그것은 오랜 침묵 속에서 빚어지고, 때가 되면 발화된다. 치료사의 과제는 침묵을 성급히 깨뜨리지 않고, 상징이 스스로 발화할 수 있는 시간을 존중하는 것이다.

이때 치료사는 언어적 해석보다 존재의 윤리를 수행한다. 즉, 상징을 기다려주고, 내담자가 감정의 심연을 지나 자기 언어를 발견하도록 촉진한다. 상징이 발화되는 순간은 단순한 표현이 아니라, 무의식이 의식과 만나는 변환의 순간이다. 치료사는 그 자리에 함께 서며, 상징의 윤리를 지켜내는 증인이 된다.

4. 치료사의 정련과 존재 중심성

감정 - 상징 - 침묵 - 발화의 과정을 함께 통과한 치료사는 결국 자기 자신도 정련된다. 내담자의 불길 속에서 치료사는 자신이 피하고 싶었던 그림자와 대면하고, 존재의 중심을 재정렬한다.

이 정련은 단순한 기술적 성숙이 아니라, 존재론적 변환(ontological transformation)이다. 치료사는 상징과 감정의 용광로를 통과하며 자기 통합(self-integration)을 이루고, 존재 중심성에 뿌리를 내린다. 그 순간 치료사는 더 이상 기법의 전달자가 아니라, 존재 자체로 치유를 촉진하는 연금술적 동반자가 된다.

제12장 요약 — 치료사의 정렬

치료사의 정렬 — 상징과 감정의 용광로를 통과한 존재 변화

이 장은 치료사가 감정과 상징의 심리적 열기를 통과하면서 '존재 중심의 정렬'을 이루는 연금술적 변환 과정을 네 개의 절로 구성하여 서술한다. 치료사는 내담자의 상징을 해석하기보다, 감정적 용광로를 견디고 상징이 말할 수 있도록 공간을 지키는 존재적 촉진자로 변화한다.

Ⅰ절에서는 치료사가 상징적 동반자에서 존재적 촉진자로 변화하는 과정을 다루며, 해석이 아닌 존재로서 상징을 지지하는 임상적 태도의 전환을 설명한다.

Ⅱ절에서는 감정의 열기가 단지 정서적 반응이 아닌, 상징을 빚는 심리적 불로서 작용함을 분석하며, 그 감정이 어떻게 상징의 탄생으로 이어지는지를 기술한다.

Ⅲ절에서는 상징이 '침묵'의 시간을 지나 '발화'에 이르기까지의 심리적 구조를 설명하며, 치료사가 이를 촉진하기 위해 수행해야 할 존재의 윤리를 조명한다.

Ⅳ절에서는 이러한 감정-상징-침묵-발화의 과정을 통합한 치료사의 정렬된 구조가 어떻게 실현되며, 치료사가 자기 통합과 존재 중심성을 회복하는 과정을 설명한다.

핵심 정리표

절	핵심 주제	주요 내용 요약
1	상징적 동반자에서 존재적 촉진자로	해석 중심에서 존재 중심으로. 치료사의 개입이 아닌 '머무름'의 임상적 가치.
2	감정의 열기와 상징의 탄생	감정은 상징을 빚는 심리적 용광로. 정동–형상–의미화의 전환 구조 설명.
3	침묵과 발화: 상징이 말하기까지	상징은 침묵을 통과해 발화된다. 치료사의 역할은 기다림과 존재의 그릇 유지.
4	자기 통합과 존재의 재정렬	감정, 상징, 자기의 통합을 통한 존재 구조의 변화. 치료사의 중심성 회복.

핵심 메시지

치료사의 정련은 해석에서 존재로의 전환이며, 감정을 상징의 불로 이해하고, 침묵을 지키는 윤리를 배우며, 결국 자기 존재가 정제되는 과정이다. 모래상자치료에서 진정한 치유는 내담자만이 아니라, 치료사 자신도 함께 변환되는 상호적 연금술임을 잊지 말아야 한다.

제13장

치료사의 여정:
존재와 윤리의 통합

Ⅰ. 치료사의 존재론적 성숙

1. 치료사의 길은 단순한 '기술'의 길이 아니다

모래상자치료에서 치료사의 성장은 단순히 기법을 연마하는 데 있지 않다. 내담자의 상징을 이해하고, 임상적 개입을 적절히 수행하는 것은 중요하지만, 그것만으로는 충분하지 않다. 치료사의 존재 자체가 치유의 장이 되지 않는다면, 모래상자 안에서 일어나는 무의식의 흐름은 온전히 펼쳐질 수 없다.

치료사는 기술을 넘어, 자기(Self)와 화해하며 존재론적 성숙을 이루어야 한다.

2. 연금술과 존재의 성숙

연금술의 최종 단계인 루베도는 물질의 완성이자 존재의 성숙을 상징한다. 이는 단순히 물리적 변환이 아니라, 존재 전체가 새로운 질서로 통합되는 과정이다.

- 연금술사가 철학자의 돌을 통해 금속을 변환하려 했던 것처럼,
- 치료사는 자기 작업을 통해 자기(Self)의 성숙을 이루고, 그 존재로 내담자를 맞이한다.

에딩거(Edinger, 1995)는 이를 "자기(Self)의 현현(顯現)"이라 부르며, 치료사의 내적 성숙이 곧 임상의 깊이를 결정한다고 강조했다.

3. 철학적 사유와 치료사의 성숙

1) 플라톤의 동굴의 비유

플라톤은 인간이 동굴 속 그림자에 속박된 존재라고 보았다. 철학자는 동굴 밖의 태양(진리)을 향해 나아가야 한다고 말했다.

치료사의 자기 작업 역시 마찬가지다. 그는 자신의 그림자와 무의식적 환상을 직면하고, 그것을 넘어 더 큰 빛(Self) 향해 나아가야 한다. 내담자를 동굴 밖으로 이끌기 위해, 치료사 자신이 먼저 그 길을 걸어야 한다.

2) 아리스토텔레스의 에너게이아(energeia)

아리스토텔레스는 존재의 목적을 잠재성(dynamis)이 현실성(energeia)으로 발현하는 과정에서 찾았다.

치료사에게 이는 중요한 통찰이다. 자기 작업은 잠재된 자기(Self)의 가능성을 현실화하는 과정이며, 이는 내담자에게도 그대로 전달된다. 즉, 치료사의 성숙은 내담자의 성숙을 촉발하는 에너지가 된다.

3) 마르틴 부버의 나-너 관계

부버는 진정한 만남은 '나-그것'의 도구적 관계가 아니라, '나-너'의 인격적 만남에서 이루어진다고 했다.

모래상자치료에서 치료사의 성숙은 내담자를 '치료의 대상'이 아닌, 존재적 파트너로 만날 수 있는 능력이다. 치료사의 성장은 곧 관계의 윤리로 드러난다.

4) 임상에서 드러나는 존재의 성숙

치료사의 존재론적 성숙은 임상 장면에서 미묘하지만 분명하게 드러난다.

- **침묵을 견디는 힘**: 내담자의 침묵 앞에서 불안을 조급한 해석으로 메우지 않고, 함께 머물 수 있는 힘.
- **투사의 회수**: 내담자가 던지는 구원자 · 심판자의 투사를 그대로 반응하지 않고, 내담자가 그것을 자기(Self)로 돌려주도록 돕는 태도.
- **현존의 깊이**: 내담자가 치유되는 것은 치료사의 '말'이 아니라, 그의 존재 전체가 뿜어내는 현존(presence)의 깊이에서 비롯된다.

4. 사례적 이해

한 치료사는 오랫동안 분노와 불신을 드러내는 내담자와 관계를 지속하면서, 처음에는 강한 방어와 무력감을 느꼈다. 그러나 자기 작업을 통해 그는 내 안의 그림자와 대면했고, 점차 내담자의 분노를 개인적 공격으로 느끼지 않게 되었다. 그때부터 내담자는 서서히 신뢰를 보이기 시작했고, 결국 깊은 자기(Self)의 경험을 말할 수 있었다.

이 사례는 치료사의 존재론적 성숙이 어떻게 내담자에게 치유적 장을 열어주는지를 보여준다.

5. 결론: 존재의 성숙은 연금술의 열매

치료사의 존재론적 성숙은 단순한 직업적 능력이 아니라, 연금술적 자기 변환의 열매이다.

- 그는 자신의 니그레도(혼돈)를 직면하고, 알베도(정화)를 거쳐, 시트리니타스(통찰)를 얻는다.

- 마침내 루베도의 붉은 빛 속에서 자기(Self)와 합일하며, 그 존재로 내담자를 맞이한다.

이때 치료사는 더 이상 '기술자'가 아니라, 자기(Self)의 현존으로 빛나는 동반자가 된다.

II. 윤리와 자기(Self) 작업

1. 윤리: 단순한 규범을 넘어

윤리(Ethics)는 흔히 '지켜야 할 규칙'이나 '행동 강령'으로만 이해되기 쉽다. 하지만 치료사의 윤리는 단순히 외부 규범의 준수를 의미하지 않는다.

윤리는 자기(Self)와의 진실한 대화에서 비롯된 존재적 태도이다.

치료사는 내담자 앞에서 "무엇을 해야 하는가" 이전에, "나는 누구로 서 있는가"를 물어야 한다.

따라서 윤리는 기술적 · 법적 수준을 넘어, 치료사의 자기 작업과 긴밀히 연결된다.

2. 철학적 토대와 윤리

1) 칸트의 도덕 철학

칸트는 도덕적 행위는 외부 규범이 아니라 자율적 이성에서 비롯된다고 보았다.

치료사의 윤리 역시 단순한 규정 준수가 아니라, 자기(Self)와의 자율적 합의에서 나온다.

"나는 내담자를 수단으로 대하는가, 아니면 목적으로 존중하는가?"라는 칸트의 질문은 치료 현장에서 여전히 유효하다.

2) 레비나스의 타자 윤리

레비나스는 윤리의 근원을 타자의 얼굴에서 찾았다. 타자의 얼굴 앞에서 인간은 본질적으로 책임을 진다고 했다.

치료사의 윤리 역시 내담자의 '얼굴'에서 출발한다.

내담자의 고통 앞에서 치료사는 규칙 때문이 아니라, 존재적 응답으로서 책임을 진다.

3) 아리스토텔레스의 덕 윤리

아리스토텔레스는 덕을 실천적 지혜(phronesis)에서 보았다. 덕은 이론이 아니라 습관화된 삶의 태도다.

치료사의 윤리 또한 단순한 지식이 아니라, 반복된 자기 성찰과 실천을 통해 길러진 습관이다.

이는 결국 치료사의 존재 방식으로 드러난다.

3. 자기(Self) 작업과 윤리의 긴밀한 연결

치료사가 자기작업을 게을리하면, 무의식의 그림자가 임상 장면에 침투해 내담자를 해칠 수 있다.

- **예시**: 내담자의 의존을 치료사가 무의식적 구원자 욕구로 받아들여 과잉 개입할 때.
- **예시**: 내담자의 분노가 치료사의 그림자를 자극해 방어적 대응이 나올 때.

자기(Self) 작업은 단순한 자기 관리가 아니라, 윤리적 책임의 기초이다.

4. 임상 실제에서 드러나는 윤리와 자기 작업

- **경계 설정**: 내담자와의 관계에서 적절한 거리와 경계를 지키는 것은 기술이 아니라 자기(Self) 성찰의 결과다.
- **투사의 자각**: 내담자가 던진 구원자 · 심판자 이미지에 무의식적으로 반응하지 않고, 그것을 내담자의 자기(Self) 여정으로 돌려주는 것.
- **침묵의 존중**: 내담자가 침묵할 때 불안을 견디며, '해결해야 한다'는 조급함을 내려놓는 것.
- **존재적 현존**: 윤리적 태도는 결국 치료사의 현존(presence)로 드러난다. 내담자는 치료사의 내적 성숙을 감지하며 신뢰한다.

5. 사례적 이해

사례 1: 한 훈련생 치료사는 내담자의 의존적 태도에 압도되어, 자꾸 "이렇게 하세요"라는 지시를 주었다. 슈퍼비전에서 그는 이것이 자신의 "인정 욕구"와 연결된 그림자임을 자각했다. 이후 그는 지시를 줄이는 대신, 내담자가 스스로 선택할 수 있도록 기다렸다. 이는 자기(Self) 작업이 윤리적 태도로 이어진 사례였다.

사례 2: 다른 치료사는 내담자의 과도한 이상화 앞에서 무의식적으로 뿌듯함을 느꼈다. 그러나 저널링을 통해 그것이 자신의 "구원자 콤플렉스"임을 깨달았다. 이 성찰 이후 그는 내담자의 이상화를 겸허히 돌려주며, 내담자가 자기(Self)를 신뢰할 수 있도록 길을 열어 주었다.

6. 윤리와 자기 작업의 상호성

윤리는 외부 규범에서 출발하는 것이 아니라, 자기(Self) 작업에서 길러진 내적 성숙에서 비롯된다.

자기 작업은 개인적 성찰에 머무르지 않고, 내담자를 존중하는 윤리적 실천으로 구체화된다.

두 차원은 서로를 보완하며, 궁극적으로 치료사의 존재를 연금술적 성숙의 자리로 이끈다.

7. 결론: 윤리는 자기(Self)의 빛

윤리는 치료사의 자기(Self) 작업이 외부로 드러나는 방식이다.

내적 성찰이 없다면 윤리는 형식적 규칙에 머무른다.

자기(Self) 작업을 통해 정련된 존재라야, 진정으로 내담자를 존중하는 윤리를 살아낼 수 있다.

따라서 치료사의 윤리는 단순한 규정이 아니라, 자기(Self)의 빛이 관계 속에서 드러나는 현상이다.

Ⅲ. 공동체적 치유자로서의 치료사

1. 개인을 넘어, 공동체로

모래상자치료는 본질적으로 개인의 무의식과 의식의 만남을 다루지만, 그 과정에서 일어난 변환은 결코 개인에게만 머무르지 않는다. 내담자의 변환은 그의 가족, 사회적 관계, 나아가 문화적 맥락 속에 파문처럼 번진다.

따라서 치료사는 단순히 개인의 증상을 치유하는 전문가가 아니라, 공동체의 상징적 변화를 촉진하는 치유자로 자리한다.

2. 공동체적 상징과 모래상자

모래상자 속에서 반복적으로 등장하는 상징들은 종종 개인적 차원을 넘어, 공동체적 · 문화적 차원을 반영한다.

- **전쟁, 붕괴된 도시**: 사회적 갈등과 분열.
- **다리, 길**: 세대 · 문화 · 관계의 연결에 대한 집단적 열망.
- **숲, 정원, 강**: 생태적 치유와 회복에 대한 무의식적 소망.

이때 치료사는 내담자가 표현한 상징을 개인 내적 서사로만 국한하지 않고, 공동체의 상징적 언어로도 읽어낼 수 있어야 한다.

3. 철학적 시각에서 본 공동체적 치유

1) 아리스토텔레스의 '폴리스' 개념

아리스토텔레스는 인간을 "정치적(공동체적) 동물"이라 했다. 인간은 홀로 존재할 수 없으며, 공동체 안에서만 자기 목적을 완성한다.

치료사 역시 내담자를 개인으로만 보는 것이 아니라, 공동체 속에서 살아가는 존재로 바라봐야 한다.

2) 부버의 '나-너'에서 '우리'로

부버는 진정한 만남이 '나-너 관계'에서 발생한다고 했지만, 그 관계가 확장될 때 공동체적 '우리'가 형성된다.

치료사는 내담자와의 깊은 만남을 통해, 그 경험이 내담자의 가족·사회적 관계로 확장되도록 돕는다.

3) 레비나스의 '타자성의 무한성'

레비나스는 타자에 대한 책임이 무한하다고 보았다. 치료사의 존재는 내담자 한 사람을 넘어, 타자의 타자에게도 파급력을 미친다. 이는 치료사의 윤리가 공동체적 책임으로 확장됨을 의미한다.

4. 임상적 장면에서 드러나는 공동체 치유

사례 1: 한 내담자는 모래상자에서 반복적으로 파괴된 도시와 다리를 만들었다. 종결 시점에 그는 다리를 복원하고 사람들을 이동시키는 장면을 배치했다. 이 경험 이후 그는 가족 내 갈등을 화해로 이끄는 중재자의 역할을 자발적으로 감당하기 시작했다. 그의 변환은 개인적 치유를 넘어, 가족 공동체의 화해로 이어졌다.

사례 2: 한 아동 내담자는 숲의 나무들이 다 쓰러지는 장면을 반복했다. 그러나 치료 후반에는 숲을 회복시키고, 동물들이 다시 모이는 장면을 배치했다. 이는 아동의 불안 감소뿐 아니라, 가족 내에서 생태적 삶의 방식에 대한 새로운 대화를 촉발했다.

모래상자의 상징은 개인을 넘어 가족·문화적 무의식의 메시지가 될 수 있다.

5. 치료사의 공동체적 역할

- **상징의 해석자**: 내담자가 표현한 상징을 공동체적 맥락에서도 이해하며, 의미의 폭을 넓힌다.
- **관계의 다리**: 내담자가 새로운 관계 방식을 가족·사회에 적용하도록 돕는다.
- **문화적 치유자**: 사회적 갈등과 상처를 치유하는 상징적 자리를 마련한다.
- **생태적 실천가**: 모래상자의 자연 상징을 통해, 인간과 자연의 화해를 촉진한다.

6. 한국모래상자치료의 맥락

한국 사회는 급격한 근대화와 분단, 세대 간 단절 등 집단적 무의식의 상처를 안고 있다.

내담자가 배치하는 전쟁·분열의 상징은 단순한 개인의 기억이 아니라, 민족적·문화적 무의식의 표출일 수 있다.

한국모래상자치료사는 개인 치유를 넘어서, 이러한 역사적·문화적 맥락을 성찰하며, 공동체적 치유의 가능성을 모색해야 한다.

7. 결론: 공동체의 연금술사

치료사는 단순히 개인의 심리를 다루는 전문가가 아니다. 그는 상징을 통해 공동체의 무의식과 대화하며, 개인적 치유를 공동체적 변환으로 확장하는 연금술사다.

연금술사가 납을 금으로 바꾸려 했듯, 치료사는 개인적 고통을 공동체적 의미로 전환하며, 사회 전체에 치유의 가능성을 심는다.

IV. 연금술 여정의 내적 변환에서 세계로

1. 연금술의 변환은 개인에 머물지 않는다

연금술은 본래 실험실 안에서 금속을 변환하는 작업이었지만, 그 상징적 의미는 훨씬 더 크다.

- **내적 차원**: 개인의 무의식과 의식의 변환, 자기(Self)와의 합일.
- **관계적 차원**: 타자와의 만남 속에서의 윤리적 책임.
- **세계적 차원**: 사회 · 문화 · 자연과 맺는 관계에서의 변환.

따라서 치료사의 자기 작업은 내담자를 위한 개인적 성숙에 그치지 않고, 세계와의 관계를 새롭게 빚는 연금술적 길로 확장된다.

2. 철학적 관점에서 본 세계와 자기(Self)

1) 칼 야스퍼스 — 포괄자(Umgreifende)

야스퍼스는 인간 존재가 언제나 포괄자(umgreifende)와 관계 속에 있다고 보았다. 인간은 자기 자신을 넘어선 더 큰 전체와의 만남 속에서 의미를 발견한다.

치료사의 자기 작업은 단순히 내적 성찰에 머무르지 않고, 세계와의 관계에서 자기(Self)를 확장하는 과정이다.

2) 하이데거 — 세계-내-존재(Dasein)

하이데거는 인간을 '세계-내-존재'로 규정했다. 인간은 고립된 자아가 아니라, 언제나 세계 속에서 이해되고 해석된다.

치료사의 자기 변환은 곧 세계 안에서의 존재 방식을 바꾸는 일이다. 즉, 내적 연금술은 치료사의 '세계-내-존재'를 새롭게 구성한다.

3) 틸리히 — 궁극적 관심(Ultimate Concern)

틸리히는 인간 존재가 본질적으로 궁극적 관심을 향한다고 보았다. 치료사의 자기 변환은 삶을 단순한 직업이 아니라, 궁극적 의미를 향한 영적 여정으로 이해하게 만든다.

3. 연금술적 자기(Self) 변환과 세계적 실천

1) 사회적 실천

치료사는 내담자의 치유에 머물지 않고, 사회 속에서 치유적 상징을 만들어내야 한다.

- 상징 해석을 통해 사회적 갈등을 조망
- 내담자의 경험을 통해 드러난 집단적 상처를 공동체 차원에서 성찰.

2) 문화적 실천

한국모래상자치료는 서구의 분석심리학과 동양의 철학·영성을 잇는 독창적 길을 걷고 있다.

한국 사회의 역사적 상처(분단, 산업화, 세대 갈등)를 상징적 언어로 풀어내며 문화적 무의식과 대화하는 치유의 장을 마련한다.

3) 생태적 실천

모래상자 속에 반복적으로 등장하는 숲, 강, 동물은 인간의 내면뿐 아니라, 자연과의 관계를 상징한다.

치료사의 자기 작업이 깊어질수록, 그는 인간과 자연의 화해라는 더 큰 연금술적 과제와 연결된다.

4. 사례적 이해

사례 1: 사회적 차원

한 내담자는 모래상자에서 반복적으로 분열된 도시와 전쟁 장면을 만들었다. 치료사는 이를 개인적 불안으로만 보지 않고, 한국 사회의 역사적 상처와도 연결해 해석했다. 내담자는 자신의 불안을 공동체와 연결지으면서, 사회 참여 활동에 나서게 되었다. - 개인적 치유가 사회적 치유로 확장된 사례.

사례 2: 생태적 차원

한 아동 내담자는 숲이 파괴되는 장면을 꾸준히 만들었다가, 마지막 세션에서 숲을 회복하고 동물이 돌아오는 장면을 배치했다. 치료사는 이를 가족 갈등의 회복으로 해석했지만, 동시에 자연과 생태에 대한 무의식적 메시지로도 읽었다. 이는 가족뿐 아니라 생태 감수성의 회복으로 이어졌다.

5. 치료사의 연금술적 책임

연금술의 언어로 말하자면, 치료사는 단순한 개인적 연금술사가 아니라, 세계적 연금술사이다.

그는 내담자와 함께 니그레도(혼돈)를 통과하고, 알베도(정화), 시트리니타스(통찰), 루베도(통합)를 경험한다.

그러나 그 여정은 치료실을 넘어, 사회 · 문화 · 자연 속에서 다시 살아내야 한다.

치료사의 존재 방식 자체가 세계에 대한 응답이 된다.

6. 결론: 세계 속의 연금술사

연금술은 더 이상 실험실의 작업이 아니다. 그것은 인간과 세계를 잇는 변환의 은유이다.

치료사의 내적 변환은 곧 세계와의 새로운 관계로 이어지며, 그는 개인을 넘어 공동체와 세계의 치유적 상징을 빚어내는 사람이 된다.

치료사는 이렇게 묻는다.

"나는 내적 연금술을 어떻게 세계 속에서 살아내고 있는가?"

이 질문은 치료사의 자기(Self) 작업을 넘어, 사회와 문화, 그리고 자연을 향한 실천적 윤리의 불씨가 된다.

V. [치료사 성찰] 나는 어떤 길을 남기고자 하는가?

1. 치료사의 길은 흔적을 남긴다

치료사의 여정은 단순히 내담자 한 사람의 변화에 머무르지 않는다. 내가 내담자와 만나는 방식, 내가 세상과 관계 맺는 태도는 결국 하나의 흔적이 되어 남는다. 그 흔적은 말보다 오래, 눈에 보이지 않는 방식으로 사람들의 마음과 공동체에 새겨진다.

2. 나는 어떤 흔적을 남기고 싶은가

나는 내담자에게 "누군가가 나를 있는 그대로 받아주었다"는 경험을 남기고 있는가?

나는 동료와 제자에게 "치료사의 길은 기술이 아니라 존재의 길"이라는 진실을 전하고 있는가?

나는 세상 속에서 "치유는 가능하다, 인간은 변환될 수 있다"는 희망의 흔적을 새기고 있는가?

3. 연금술사의 흔적

연금술사는 납을 금으로 바꾸려 했지만, 진정한 연금술은 존재를 변환하는 길이었다. 치료사 역시 마찬가지다.

내가 내담자와의 만남에서 어둠을 빛으로, 혼돈을 의미로, 고통을 성숙으로 변환할 때, 그것이 곧 내가 남기는 길이다.

그 길은 화려한 기념비가 아니라, 조용히 이어지는 빛의 흔적이다.

4. 철학적 성찰 — "나의 길은 어디로 이어지는가?"

플라톤이 말한 '동굴 밖의 태양'을 향한 길은, 치료사에게는 자기(Self)와의 더 깊은 합일을 의미한다.

부버의 '나-너' 관계는, 치료사가 남기는 길이 진정한 만남의 관계적 흔적임을 일깨운다.

레비나스가 강조한 '타자의 얼굴'은, 내가 남기는 길이 타자에 대한 무한한 책임과 연결되어 있음을 보여준다.

5. 성찰 질문

나는 내 존재로써 내담자에게 어떤 흔적을 남기고 있는가?

나는 동료와 제자, 가족과 공동체 안에서 어떤 빛을 비추고 있는가?

나는 내 삶이 끝날 때, "나는 치유와 성숙의 길을 걸었다"라고 말할 수 있는가?

6. 결론: 내가 남기는 길은 나의 존재다

치료사의 길은 완성된 금빛 돌이나 화려한 성취가 아니다. 그것은 매일의 세션 속에서, 매 순간의 성찰 속에서, 내가 어떤 존재로 서 있었는가라는 흔적으로 남는다.

나는 오늘도 묻는다.

"나는 어떤 길을 남기고자 하는가?"

이 물음이야말로 나의 나침반이며, 내가 끝까지 놓지 않을 연금술적 불씨다.

제13장 요약 — 치료사의 여정

이 장은 모래상자치료사의 자기 작업이 어떻게 존재론적 성숙과 윤리적 실천, 그리고 공동체적 · 세계적 책임으로 확장되는지를 다룬다. 치료사는 단순한 임상 기술자가 아니라, 연금술적 변환을 삶과 세계 속에서 살아내는 존재임을 강조한다.

1. 치료사의 존재론적 성숙

치료사의 성장은 기법을 넘어 존재 그 자체가 치유적 장이 되는 과정이다.
플라톤(동굴의 비유), 아리스토텔레스(에너게이아), 부버(나-너 관계)의 사유는 치료사의 성숙을 철학적으로 뒷받침한다.
치료사의 현존은 침묵을 견디는 힘, 투사를 회수하는 태도, 존재의 깊이에서 드러난다.

2. 윤리와 자기(Self) 작업

윤리는 단순한 규범이 아니라, 자기(Self) 작업에서 비롯된 존재적 태도이다.
칸트의 자율성, 레비나스의 타자 윤리, 아리스토텔레스의 덕 윤리가 치료사의 윤리를 뒷받침한다.
치료사가 자기 성찰을 게을리하면 그림자가 임상에 개입하지만, 자기(Self) 작업은 곧 윤리적 책임의 기초가 된다.

3. 공동체적 치유자로서의 치료사

내담자의 변환은 개인에 그치지 않고 가족, 사회, 문화에 파급된다.
모래상자 속 상징은 공동체적 · 집단적 무의식의 메시지이기도 하다.
치료사는 공동체적 치유자, 관계의 다리, 문화적 · 생태적 실천가로 서야 한다.
한국 사회의 역사적 상처(분단 · 세대 갈등 등)는 모래상자치료의 공동체적 치유 과제로 연결된다.

4. 연금술적 길: 내적 변환에서 세계로

연금술의 변환은 개인에 머물지 않고 세계와의 관계로 확장된다.
야스퍼스(포괄자), 하이데거(세계-내-존재), 틸리히(궁극적 관심)의 철학은 치료사의 변환이 곧 세계적 실천임을 강조한다.
치료사는 사회적 갈등, 문화적 상처, 생태적 위기와도 대화하며 세계적 연금술사로 살아간다.

5. [치료사 성찰] 나는 어떤 길을 남기고자 하는가?

치료사의 길은 기술이 아니라, 존재의 흔적으로 남는다.
플라톤, 부버, 레비나스의 사유는 "치료사의 흔적은 타자와 세계를 향한 책임"임을 일깨운다.

성찰 질문:

나는 내담자와 공동체에 어떤 흔적을 남기고 있는가?
나는 내 삶의 끝에서 "치유와 성숙의 길을 걸었다"라고 말할 수 있는가?

핵심 메시지

치료사의 자기 작업은 단순한 개인적 성찰이 아니라, 윤리적 · 철학적 · 공동체적 책임으로 확장된다.
연금술적 변환은 내적 여정을 넘어, 세계와의 관계를 새롭게 구성하는 길이다.
치료사는 내담자의 동반자이자, 공동체와 세계 속에서 빛의 흔적을 남기는 연금술사적 존재이다.

제14장

한국모래상자치료: 하나의 전통으로

Ⅰ. 한국모래상자치료의 출현

모래치료의 역사는 크게 두 가지 흐름으로 전개되어 왔다. 하나는 도라 칼프(Dora Kalff)가 창시한 모래놀이치료(sandplay therapy)이며, 다른 하나는 한국적 맥락 속에서 발전한 모래상자치료(sandtray therapy)이다.

도라 칼프(Dora Kalff)가 창시한 모래놀이치료(sandplay therapy)는 융의 분석심리학에 기초하여, 내담자가 모래상자 속에서 자유롭게 상징을 전개함으로써 무의식과 의식을 연결하고 개성화(individuation)의 과정을 촉진하는 것을 목적으로 하였다(Kalff, 1980/2003). 칼프 전통의 치료사는 해석이나 지시를 최소화하며, 무의식의 자율성과 상징의 자기치유적 힘을 존중하는 태도를 견지하였다. 그러나 시간이 흐르면서 임상 현장의 요구는 보다 복합적이고 다양해졌다. 발달장애 아동, 외상 경험자, 애착 손상, 신경학적 결손을 지닌 내담자들은 단순히 분석심리학의 언어만으로는 충분히 설명하거나 개입하기 어려운 영역을 드러내었다. 내담자들이 표현하는 상징 속에는 존재론적 질문, 관계적 역동, 문화적 맥락이 함께 작동하고 있었던 것이다. 이로 인해 한국의 김경희(2005, 2018)는 모래놀이치료의 전통을 넘어, 다른 심리학 이론과 신경과학적 지식을 적극적으로 통합하게 되었다.

따라서 한국모래상자치료는 칼프의 전통을 계승하면서도, 이를 넘어선 존재 · 관계 · 문화적 확장을 통해 새로운 정체성을 확립하게 되었다. 이 과정에서 모래상자는 단순한 심리적 도구가 아니라, 연금술의 도가니(alembic)로서 심리적 · 영적 변환이 일어나는 장(場)으로 이해된다.

1. 모래놀이치료: 분석심리학적 전통

도라 칼프의 모래놀이치료는 철저히 융의 분석심리학에 기초하였다. 그녀는 모래상자를 "자유롭고 보호된 공간(free and protected space)"으로 규정하면서, 내담자가 무의식의 심상을 상징적 형상으로 표현하도록 이끌었다(Kalff, 1980). 치료사는 해석자가 아니라 동반자로서, 무의식의 자율적 자기조절을 신뢰하며 기다림의 태도를 취한다.

칼프의 치료에서 모래상자는 내담자의 무의식적 내용이 투사되는 무대였으며, 그 중심 목표는 개성화 과정이었다(Jung, 1951/1959). 자아는 무의식의 상징을 통합하는 과정을 통해 확장되며, 점차 자기(Self)와의 합일을 향해 나아간다. 따라서 모래놀이치료는 분석심리학적 접근만으로도 충분히 자아의 확장과 의식화를 이룰 수 있다는 신념에 바탕을 두고 있었다.

2. 자아의 확장과 의식화: 임상적 필요성

그러나 임상 현장에서는 무의식의 자율성만으로는 충분하지 않은 경우가 많았다. 내담자들은 단순히 상징을 체험하는 데서 멈추지 않고, 그 상징을 삶과 관계 속에서 의미화하는 과정을 필요로 했다. 이를 위해 치료사는 무의식의 상징뿐 아니라, 내담자의 존재론적 질문(나는 누구인가?), 관계적 갈등(나는 타인과 어떻게 맺고 있는가?), 문화적 배경(나는 어떤 공동체 속에서 살아왔는가?)을 고려해야 했다.

이러한 필요는 모래상자치료가 분석심리학적 전통을 넘어 다학제적·문화적 심리이론을 수용하게 된 중요한 계기가 되었다.

1) 존재론적 확장

한국모래상자치료는 내담자가 단순히 증상 완화를 넘어 존재 자체를 탐색하도록 돕는다.

이는 노자의 『도덕경』에서 말하는 무위(無爲)와 존재의 철학, 그리고 한국인의 정서적 기반과 맞닿아 있다.

모래상자는 "내가 어떻게 존재하는가"라는 질문을 던지는 장이 된다.

2) 관계론적 확장

인간은 관계 속에서 변환된다. 위니컷(Winnicott)의 "충분히 좋은 어머니(good-enough mother)", 비온(Bion)의 "컨테이너(container)", 부버(Buber)의 "나-너(I-Thou)" 관계는 모래상자 안에서 치료사-내담자, 내담자-상징물 간의 관계적 역동을 설명하는 중요한 틀이다.

모래상자치료는 내담자가 상징과의 관계, 치료사와의 관계를 통해 자아를 확장하도록 한다.

3) 문화론적 확장

한국인의 정(情), 한(恨), 공동체적 유대는 내담자의 무의식적 상징 속에 반영된다.

모래상자치료는 이러한 문화적 무의식을 치유의 자원으로 활용하며, 서구 개인주의적 접근과 차별성을 가진다.

II. 한국모래상자치료의 전개

1. 이론적 기반의 확장

전통적 모래놀이치료가 융의 분석심리학에 집중되었다면, 한국의 모래 작업은 대상관계이론(object relations theory), 애착이론(attachment theory), 신경생리학적 연구 등을 포괄적으로 수용한다. 예컨대, 외상 아동의 상징 표현은 단순한 무의식의 보상 기제로만 이해될 수 없으며, 초기 애착 경험의 단절이나 신경계의 과도한 각성 상태와도 연결된다(Schore, 2012). 따라서 치료사는 융 심리학적 상징 해석뿐 아니라, 발달 · 관계 · 신경생리학적 이해를 바탕으로 다층적 개입을 시도할 수 있다.

2. 치료사의 태도 변화

칼프의 모래놀이치료에서는 치료사의 비개입성이 강조되었다. 그러나 현대 임상에서는 내담자의 발달 수준이나 증상의 특수성에 따라 치료사의 개입이 필수적인 경우가 많다. 예를 들어, 외상 아동은 심리적 안전감을 확보하기 위해 치료사의 구조화된 개입을 필요로 하며, 신경학적 문제를 가진 내담자는 감각 · 운동 활동을 촉진하는 방식으로 모래상자를 활용할 수 있다. 이처럼 현대의 치료사는 상징을 단순히 지켜보는 자리를 넘어, 관계적 동반자이자 개입적 촉진자의 역할을 수행한다. 이는 이미 전통적 모래놀이치료의 범주를 넘어선다.

3. 학문적 정체성의 문제

이러한 변화 속에서도 "여전히 모래놀이치료라 부를 수 있는가?"라는 질문이 제기된다. 만약 모래놀이치료라는 명칭을 고수한다면, 칼프 전통의 분석심리학적 순수성을 희석시키는 위험을 피하기 어렵다. 반면 모래상자치료라는 명칭은, 분석심리학을 뿌리로 삼으면서도 현대 임상의 다양한 이론적 자원을 수용하고, 치료사의 적극적 개입을 정당화할 수 있는 학문적 포괄성을 제공한다. 특히 한국의 임상 현장에서는 모래상자치료라는 이름 아래, 존재론적 · 관계적 철학을 토대로 독자적인 정체성을 확립해왔다(김경희 2022). 이는 단순한 이론 차용이 아니라, 한국적 임상문화와 집단적 무의식의 맥락에서 형성된 고유한 전통이다.

4. 결론

현대의 모래작업은 단순히 도라 칼프의 모래놀이치료의 확장이 아니다. 그것은 임상 현장의 필요와 시대적 흐름 속에서 재구성된 새로운 치료 패러다임이다. 대상관계이론, 애착이론, 신경생리학 등 다양한 학문적 기반이 결합하고, 치료사의 역할이 단순한 관찰자를 넘어 동반자 · 촉진자로 변화했으며, 임상 적용 범위가 발달장애 · 외상 · 신경학적 손상까지 확대되었다. 이러한 점에서 현대의 모래작업을 여전히 "모래놀이치료"라 부르는 것은 한계가 있으며, 오히려 "모래상자치료"로 규정하는 것이 타당하다. 이는 분석심리학적 뿌리를 존중하면서도 시대적 요구와 임상적 다양성을 포괄하는 개념으로, 한국모래상자치료의 독창성을 학문적으로 확립하는 데 중요한 의미를 지닌다.

Ⅲ. 한국모래상자치료의 연금술

한국모래상자치료의 핵심적 전환은 모래상자를 연금술의 도가니(alembic)로 이해하는 것이다. 연금술에서 도가니는 원질료(prima materia)가 정련되어 새로운 질서로 변환되는 공간이다(Jung, 1944/1970; Edinger, 1994). 모래상자 역시 내담자의 혼돈이 새로운 통찰과 질서로 변환되는 상징적 변환의 장이다. 이 관점은 칼프의 모래놀이치료가 무의식의 자율성에 기초한 치유 과정을 강조한 것과 달리, 상징의 변환 과정을 연금술의 단계와 대응시키며 임상적 의미를 더욱 구체화한다.

연금술의 변환 단계(니그레도-알베도-시트리니타스-루베도, 7단계 원리)는 모래상자치료의 임상 과정과 긴밀하게 연결된다.

- **니그레도**(흑화): 혼돈, 해체, 절망의 단계
- **알베도**(백화): 정화, 새로움, 희망의 등장
- **시트리니타스**(황화): 통찰, 분별, 방향 찾기
- **루베도**(적화): 통합, 사랑, 전체성의 성취

이러한 구조는 내담자의 여정을 이해하는 상징적 지도(symbolic map)로 기능하며, 임상적 개입의 길잡이가 된다. 따라서 모래상자치료(sandtray therapy)는 단순한 용어상의 차별이 아니라, 이론적 확장의 결과라 할 수 있다.

- **모래놀이치료**: 분석심리학 전통을 유지, 무의식의 자율적 상징화를 강조.
- **모래상자치료**: 분석심리학적 기초 위에 존재론 · 관계론 · 문화론 · 연금술적 상징론을 통합하여 내담자의 자아 확장과 의식화를 촉진.

이로써 모래상자치료는 단순히 "칼프식 전통의 변환판"이 아니라, 한국적 철학과 문화, 다학제적 심리이론을 반영한 새로운 학문적 정체성을 형성하였다.

정리하면 모래놀이치료는 분석심리학적 접근을 바탕으로 한 전통적 방법이다. 모래상자치료는 그 기반 위에 존재 · 관계 · 문화 이론을 접목하고, 연금술적 도가니라는 모래상자의 상징성을 강조함으로써 자아의 확장과 자기(Self)의 실현을 더 폭넓고 심층적으로 설명할 수 있게 되었다. 즉, 모래상자치료는 창조적 치료방법으로 확장된 산물이다.

IV. 한국모래상자치료의 정체성

1. 모래상자의 신비: 눈에 보이지 않는 치유의 장

모래상자치료의 본질은 그 신비적 공간성에 있다. 작은 상자 안의 모래는 단순한 재료가 아니라, 무의식과 의식이 만나는 중개 공간이며, 상징이 생생하게 태어나는 원초적 자궁(womb)이다. 내담자가 모래를 만지고 형상을 만들며 피규어를 배치할 때, 언어 이전의 깊은 심상이 드러난다. 이 과정은 논리와 설명을 초월하는 체험적 치유를 가능하게 한다. 모래상자는 판도라의 상자처럼 무한한 가능성과 위험을 동시에 품지만, 치료사의 안전한 동행 속에서 그것은 치유의 성배(grail)로 변한다.

2. 자아의 성장과 자기(Self)의 실현

모래상자치료는 단순히 자아의 적응적 기능을 강화하는 데 머물지 않는다. 내담자가 모래 위에서 만나는 상징들은 무의식의 깊은 층위에서 자기(Self)의 목소리를 불러온다. 이때 자아는 무의식적 심상과 대면하면서 새로운 확장을 경험한다. 즉, 자아의 성장(ego development)은 자기(Self)의 실현 과정과 맞물려 있으며, 둘은 서로 분리되지 않고 상호작용 속에서 하나의 길을 연다. 융(Jung, 1951/1959)은 개성화(individuation)를 자기(Self)가 중심이 되어 자아를 포함하는 구조적 재정렬이라 보았는데, 모래상자치료는 바로 이러한 과정을 상징과 체험을 통해 구체적으로 이끌어낸다.

3. 자아와 자기의 합일: 전체성의 회복

무의식의 심상이 모래 위에 드러나고, 그것이 의식적으로 인식될 때, 내담자는 자아와 자기의 합일(coniunctio)을 경험한다. 이는 단순한 통찰이 아니라, 존재 전체의 변환(ontological transformation)이다. 모래상자 속의 상징들은 서로 대립되는 요소(빛과 어둠, 남성과 여성, 생명과 죽음)를 한 자리에 불러들이며, 그 대극의 화해 속에서 전체성이 탄생한다. 연금술에서 납이 금으로 변환되듯, 인간의 내적 분열은 상징적 변환을 거쳐 온전함(wholeness)으로 재구성된다(Edinger, 1994, p. 107).

4. 한국적 맥락의 전체성: 관계적 · 문화적 치유

한국모래상자치료는 전체성을 단지 개인 내부의 심리적 성취로만 이해하지 않는다. 한국 문화에서 중요한 정(情)과 관계 중심성은 자아-자기의 통합을 '관계적 전체성'으로 확장시킨다. 다시 말해, 내담자는 자기 내부의 분열을 치유하는 동시에, 가족 · 공동체 · 문화적 맥락 속에서 새로운 의미망을 형성한다. 이는 한국모래상자치료의 독창성이며, 개인적 치유와 공동체적 치유를 잇는 다리 역할을 한다.

5. 모래상자치료의 정체성: 자아와 자기의 변증법

결국, 모래상자치료의 정체성은 자아의 실현과 자기(Self)의 실현을 동시에 추구하는 데 있다. 자아는 자기의 중심을 향해 확장되고, 자기는 자아를 품으며 전체성을 드러낸다. 이 변증법적 운동 속에서 내담자는 삶의 고통을 단순히 '해결'하는 차원을 넘어, 존재 자체의 새로운 형식을 경험한다. 모래상자치료는 언어가 닿지 못하는 깊은 곳에서 일어나는 신비로운 치유이며, 그 치유는 자아와 자기의 만남 속에서 새로운 존재로의 탄생으로 이어진다.

정리하면, 모래상자치료는 자아의 성장에 머무르지 않고, 자기(Self)의 실현을 포함하는 전체적 치유를 지향한다. 모래상자의 신비로운 장은 무의식과 의식을 잇는 다리이며, 자아와 자기의 합일 속에서 존재의 변환이 이루어진다. 한국적 맥락에서는 이 전체성이 개인을 넘어 관계적·문화적 치유로 확장되며, 모래상자치료의 고유한 정체성을 형성한다.

V. 한국모래상자치료의 사례

1. 아동 사례: 모두 쓰러지고 싸우는 동물들과 넘어진 나무 그리고 다시 살아나고 세워진 나무

10세 남아는 부모의 갈등 속에서 불안을 호소하며 치료에 왔다. 초기 모래상자에서는 과 넘어진 나무들을 흩뿌려 놓았다. 모두 쓰러지고 싸우는 동물들은 아동의 불안정한 자아 구조를 상징했고, 넘어진 나무들은 '자기(Self)의 단절된 조각'을 드러냈다.

중기 세션에서 아이는 벽을 차근차근 다시 쌓기 시작했고, 안쪽에 작은 집과 나무, 동물을 배치했다. 건물이 '보호의 공간'으로 변모하면서, 자아는 자기를 품는 그릇으로 확장되었다. 마지막 세션에서는 건물이 온전히 세워진 채, 중앙에 가족 인형을 함께 배치하며 "이제 안전해요"라고 표현했다. 이는 자아가 자기와의 합일 속에서 전체성을 회복하는 순간이었다.

2. 성인 사례: 어둠의 용과 빛의 돌

30대 여성 내담자는 깊은 자기비난과 우울감을 호소했다. 초기 모래상자에는 검은 용 피규어가 상자를 지배하듯 놓여 있었다. 이는 무의식의 파괴적 그림자 요소로, 자아를 압도하는 자기 혐오와 불안을 상징했다.
치료가 진행되면서 내담자는 용 옆에 작은 빛나는 돌을 두었다. 이후 돌은 점차 커지며 상자의 중앙에 자리했고, 용은 돌 주위를 지키듯 서 있는 모습으로 재배치되었다. 마지막 세션에서 내담자는 "이 돌이 저예요. 용이 무섭지만 저를 지켜주는 것 같아요"라고 말했다. 이 장면은 자아가 그림자와 화해하며 자기(Self)의 빛을 받아들이는 과정, 즉 자아-자기의 합일을 통한 변환의 체험이었다.

3. 집단 사례: 다리 놓기와 공동의 성배

청소년 집단 모래상자치료에서, 다섯 명의 참여자는 각각 다른 구역에서 작업을 시작했다. 한쪽은 숲과 동물들, 다른 쪽은 전쟁터와 무너진 탑, 또 다른 곳은 호수와 배를 배치했다. 처음에는 각자의 영역이 단절되어 있었지만, 중반 세션에서 한 학생이 모래 위에 다리를 놓자 다른 학생들이 합류해 다리 위에 성배 모양의 컵을 두었다.
이 순간 집단은 서로를 바라보며 "이건 우리가 같이 지켜야 할 거예요"라고 합의했다. 개인적 자아가 고립된 상태에서, 상징적 다리와 성배를 중심으로 집단적 자기가 탄생하는 장면이었다. 이는 한국모래상자치료의 관계적 · 문화적 정체성을 보여주는 사례로, 개인의 자아-자기 통합이 공동체적 전체성으로 확장되는 과정을 잘 드러낸다.

Ⅵ. 한국모래상자치료: 하나의 전통으로

모래놀이치료는 분석심리학적 전통을 충실히 계승하여 무의식의 상징화를 강조한다. 그러나 한국모래상자치료는 그 전통을 넘어, 존재론적 · 관계론적 · 문화론적 확장과 연금술적 상징을 통합함으로써 새로운 정체성을 확립하였다.

이러한 확장은 모래상자치료를 단순한 변환판이 아닌, 한국적 문화와 철학을 담은 창조적 학문적 전통으로 자리매김하게 한다. 따라서 모래상자치료는 분석심리학적 뿌리를 지니면서도, 더 넓은 이론적 틀 속에서 자아와 자기의 실현을 통합하는 존재론적 치유의 길이라 할 수 있다.

Ⅶ. [치료사 성찰]: 나는 내 치료실 안에서 어떤 전통을 이어가고 있는가?

"나는 내 치료실 안에서 어떤 전통을 이어가고 있는가?"라는 질문은 한국모래상자치료의 정체성을 고민하는 치료사에게 중요한 성찰이 된다. 나는 칼프의 모래놀이치료가 강조한 무의식의 자율성을 존중하면서도, 내담자가 안고 오는 발달적 과제와 신경생리학적 손상, 관계적 상처를 무시할 수 없다. 내 앞의 내담자는 단순한 상징적 존재가 아니라, 삶의 역사와 문화적 맥락을 품은 한 인간이기 때문이다.

따라서 치료사는 무의식의 상징을 지켜보는 관찰자를 넘어, 관계적 동반자이자 개입적 촉진자로 서 있어야 한다. 모래상자는 여전히 연금술의 도가니처럼 신비로운 치유의 장이지만, 그 안에서 일어나는 상징적 변환은 내담자와 치료사의 관계, 그리고 문화적 배경과 함께 어우러질 때 비로소 온전한 치유로 이어진다. 나는 이 사실을 기억하며, 내 치료실의 모래상자가 단순한 기법이 아닌 존재론적 동행의 공간임을 자각한다.

제14장 요약 — 한국모래상자치료

이 장은 한국모래상자치료가 어떻게 모래놀이치료의 전통을 계승하면서도, 시대적 요구와 임상적 필요 속에서 새로운 정체성을 확립했는지를 다룬다.

1. 출현에서는 칼프의 모래놀이치료가 분석심리학에 기초했음을 확인하고, 그러나 한국 임상에서 발달 · 관계 · 문화적 확장을 요구하는 새로운 흐름이 나타났음을 설명하였다.
2. 전개에서는 대상관계이론, 애착이론, 신경생리학적 이해 등 다학문적 이론의 통합과 치료사의 태도 변화, 그리고 '모래상자치료'라는 새로운 학문적 정체성이 등장하는 과정을 다루었다.
3. 연금술의 도가니로서의 모래상자에서는 모래상자를 심리적·영적 변환이 일어나는 상징적 공간으로 이해하며, 연금술의 단계와 임상 과정을 연결하였다.
4. 자아와 자기의 통합에서는 모래상자치료가 단순한 자아 발달을 넘어 자기(Self)의 실현과 존재론적 변환을 가능하게 함을 논의하였다. 한국적 맥락에서 이러한 전체성은 개인적 치유를 넘어 관계적 · 문화적 치유로 확장된다.
5. 임상 적용 사례에서는 아동, 성인, 집단 사례를 통해 모래상자치료가 자아와 자기의 합일, 그리고 공동체적 치유로 이어지는 과정을 보여주었다.
   마지막으로, 한국모래상자치료는 단순한 변환판이 아니라, 문화와 철학, 다학문적 심리이론을 통합한 새로운 학문적 전통으로 자리매김했음을 강조하였다.

핵심 메시지

한국모래상자치료는 칼프의 분석심리학적 전통을 이어받되, 존재 · 관계 · 문화 이론을 통합하고, 연금술의 도가니라는 상징 속에서 자아와 자기의 합일을 지향하는 독창적 치유 방법이다.

그것은 신비로운 공간성을 지니며,
자아와 자기의 통합을 통해 전체성을 회복하고,
한국적 관계성과 문화 속에서 개인적 치유를 공동체적 치유로 확장한다.

참고문헌

강미정(2011). 『퍼스의 기호학과 미술사』. 파주: 이학사.
국립현대미술관(2003). 『볼프강 라이프, 통로-이행』. 서울: 디자인사이.
김경용(1994). 『기호학이란 무엇인가』. 서울: 민음사.
김선희(2012). 『과학기술과 인간 정체성: 인간, 자아, 젠더』. 서울: 아카넷.
김성호(2016). 『현대미술의 시공간과 존재의 미학』. 서울: 사문난적.
김융희(2000). 『예술, 세계와의 주술적 소통』. 서울: 책세상.
박영수(2012). 『색채의 상징, 색채의 심리』. 서울: 살림.
박일우(2019). 『시각 기호학』. 서울: 북코리아.
곽노순(2002). 『꿈꾸는자, 창조주의 부분이 되리라』. 서울: 정신세계사.
김경희(2005). 『상징과 판타지』. 고양: 양서원.
______(2005). 『종이아이』. 서울: 동문사.
______(2014). 모래상자치료의 연금술. 『한국모래상자치료학회 학술대회 발표집』, 기조강연.
______(2021). 연금술과 신성한 아이. 『한국모래상자치료학회 학술대회 발표집』, 기조강연.
______(2021). 연금술 변환단계의 상징적 의미에 관한 연구. 『한국모래상자치료학회지』, 11, 2-19.
______(2021). 소쇄원의 공간상징에 관한 연구. 『한국모래상자치료학회지』, 11, 46-68.
______(2022). 『모래상자치료의 연금술. 상징』. 정년퇴임기념.
______(2025). 『모래상자치료사 -연금술 여정의 임상 실습 가이드-』. 서울: 동문사.
______(2025). 한국모래상자치료의 씨앗에서 성배까지: 감사, 화합, 비전. 한국모래상자치료학회 20주년 기념 학술대회 기조강연
김경희, 이희자(2005). 『모래상자놀이치료』. 고양: 양서원.
김경희, 김수경, 김재옥, 송순, 오지아, 윤행란, 이미나, 이복순, 정경숙, 조미영, 주현주(2018). 『모래상자치료입문』. 서울: 박영story.
김병화 역(2007). 잭 트레이시. 『상징이야기』. 서울: 도솔.
김성민(2001). 『분석심리학과 기독교』. 서울: 학지사.
김열규(1996). 한국문화상징편찬위원회: 한국문화상징사전 1, 두산 동아, 서울.
안드레아 아로마티코(성기완 역, 1998). 『연금술』. 서울: 시공디스커버리.
이균형(2002). 『깨달음의 여행인가, 광인의 꿈인가?』. 서울: 정신세계사.

이부영(1998). 『분석심리학』. 서울: 일조각.
이윤기 역(1994). 『진쿠퍼, 그림으로 보는 세계문화 상징 사전』. 서울: 까치.
정재승(2002). 『판타지는 없다, 오직 실재만 있을 뿐』. 서울: 정신세계사.
최승자 역(1998). 『데이비드 폰테너, 상징의 비밀』. 파주: 문학동네.

Abraham, L. (1998). *A Dictionary of Alchemical Imagery*. Cambridge, UK, and NY.
Alexander, V. D. (2010). 『예술 사회학』 (최샛별, 한준, 김은하, 역). 서울: 살림.
Aristotle. (1984). *The complete works of Aristotle: The revised Oxford translation* (J. Barnes, Ed.). Princeton, NJ: Princeton University Press.
Arnheim, R. (2004). 『시각적 사고』 (김정오, 역). 서울: 이화여자대학교출판부.
__________ (2017). 『엔트로피와 예술』 (오용록, 역). 서울: 전파과학사.
Bachelard, G. (1982/1982). 『대지와 의지의 몽상』 (민희식, 역). 서울: 삼성출판사.
__________ (1948/2002). 『대지와 휴식의 몽상』 (정영란, 역). 파주: 문학동네.
__________ (1957/2003). 『공간의 시학』 (곽광수, 역). 서울: 동문선.
__________ (1938/2007). 『불의 정신분석』 (김병욱, 역). 파주: 이학사.
__________ (1943/2007). 『몽상의 시학』 (김용관, 역). 서울: 동문선.
__________ (1942/2020). 『물과 꿈: 물질적 상상력에 관한 에세이』 (김병욱, 역). 파주: 이학사.
Barnett, J. E., & Johnson, W. B. (2008). Ethical and professional issues in psychotherapy supervision. *American Journal of Psychotherapy, 62*(2), 131-150.
Bernoulli, R. (1985). *Spiritual Development as Reflected in Alchemy and Related disciplines; from Spiritual disciplines;* Papers from the Eranos Yearbooks, edited by Joseph Campbell. N.Y.
Bion, W. R. (1962). *Learning from experience*. London: Heinemann.
__________ (1970). *Attention and interpretation*. London: Tavistock.
Bollas, C. (1987). *The shadow of the object: Psychoanalysis of the unthought known.* New York, NY: Columbia University Press.
Bradway, K. (1991). The first sandplay session. *Journal of Sandplay Therapy, 1*(1), 15-28.
__________ (1997). Stages of the sandplay process. *Journal of Sandplay Therapy, 6*(1), 3-15.
Bradway, K., & McCoard, J. (1997). *Sandplay: Silent Workshop of the Psyche.* Routledge.
Bryson, N. (1995/1995). 『기호학과 시각예술(Visual Culture and the Semiotics of

Images)』 (김유헌, 양은희, 역). 서울: 시각과언어.

Buber, M. (1958). *I and Thou*. New York: Scribner.

Campbell, J. (1964). *The masks of God: Occidental mythology*. New York: Viking Press.

Capra, F. (1979). 『현대 물리학과 동양사상』 (김용정, 이성범, 역). 서울: 범양사.

________ (1998). 『생명의 그물』 (김용정, 김동광, 역). 서울: 범양사.

Carson, R. (2011). 『침묵의 봄』 (김은령, 역,). 서울: 에코리브르.

Carroll, N. (1999/2019). 『예술 철학: 현대적 입문』 (이윤일, 역). 서울: 도서출판.

Case, C., & Dalley, T. (2014). *The Handbook of Play Therapy*. Routledge.

Cassirer, E. (2002). 『인문학의 구조 내에서 상징형식 개념 외』 (오향미, 역). 서울: 책세상.

__________ (2012). 『상징, 신화, 문화』 (신철민, 역). 서울: 아카넷.

__________ (2019). 『상징형식의 철학』 (박찬국, 역). 서울: 아카넷.

Cooper, J. C. (1994). 『그림으로 보는 세계 문화 상징 사전』 (이윤기, 역). 서울: 까치.

Corey, G., Corey, M. S., & Callanan, P. (2015). *Issues and ethics in the helping professions*. Belmont, CA: Cengage Learning.

Dieckmann, H. (1991). Transference and training analysis. *Journal of Analytical Psychology, 36*(4), 409–422.

de Botton, A. (2011). 『불안』 (정영목, 역). 서울: 은행나무.

Deleuze, G. (1997). 『프루스트와 기호들』 (서동욱, 이충민, 역). 서울: 민음사.

Diamond, I., & Orenstein, G. F. (Eds.). (1990/1999). 『세상 다시 짜기: 에코페미니즘의 등장』 (정현경, 황혜숙, 역). 서울: 이화여자대학교 출판부.

Durand, G. (1997). 『상상력의 과학과 철학』 (진형준, 역). 서울: 살림.

_________ (2007). 『상상계의 인류학적 구조들』 (진형준, 역). 파주: 문학동네.

Eco, U. (2009a). 『일반 기호학 이론』 (김운찬, 역). 파주: 열린책들.

_______ (2009b). 『해석의 한계』 (김광현, 역). 파주: 열린책들.

_______ (2009c). 『기호-개념의 역사』 (김광현, 역). 파주: 열린책들.

Edinger, E. F. (1994). *Anatomy of the Psyche: Alchemical Symbolism in Psychotherapy*. Open Court, pp. 1-45.

____________ (1996). *The Mysterium lectures: An exploration of the soul's journey through the alchemical process*. Inner City Books.

Eliade, M. (1957/1991). *The sacred and the profane: The nature of religion*. San Diego, CA: Harcourt

_________ (1978). *The forge and the crucible: The origins and structures of alchemy*.

University of Chicago Press.

_________ (1959/2005). *Rites and symbols of initiation.* Putnam, CT: Spring Publications.

Estés, C. P. (1995). The role of initiation in therapeutic training. *Spring: A Journal of Archetype and Culture, 57*, 145-160.

__________ (1992). *Women Who Run With the Wolves: Myths and Stories of the Wild Woman Archetype*. Ballantine Books.

Farber, B. A. (2003). Patient-therapist boundary issues: An integrative review. *Journal of Clinical Psychology, 59*(5), 589-600.

___________ (2006). *Self-disclosure in psychotherapy*. New York, NY: Guilford Press.

Fitzgerald, E. H., &d McKinney, J. P. (1970). *Developmental Psychology*. The dorsey press.

Fontana, D. (1993). *A Visual Key to Dreams and Their Meanings*. Duncan Baird Publishers.

_________ (2010/2010). 『상징의 비밀』 (공민희, 역). Duncan baird Publishers.

Fordham, M. (1953). *New developments in analytical psychology*. London: Routledge.

__________ (1974). Notes on the transference. *Journal of Analytical Psychology, 19*(3), 196-211.

Freud, S. (1912/1958). The dynamics of transference. *Standard Edition of the Complete Psychological Works of Sigmund Freud* (Vol. 12). London: Hogarth Press.

_______ (1953-1974). *The standard edition of the complete psychological works of Sigmund Freud* (J. Strachey, Trans. & Ed.). London: Hogarth Press.

Goethe, J. W. von. (2003). 『색채론』 (장희창, 역). 서울: 민음사.

Gombrich, E. H. (2016). 『예술과 환영: 회화적 재현의 심리학적 연구』 (차미례, 역). 파주: 열화당.

Goodman, N. (1968/1998). 『예술의 언어: 기호의 이론에 대한 접근 (Languages of Art: An Approach to a Theory of Symbols)』 (이은진, 역). 서울: 학문사.

Hauskeller, M. (2018). 『화이트헤드의 유기체 철학 입문』 (양우석, 역). 대전: 상생.

Heimann, P. (1950). On counter-transference. *International Journal of Psycho-Analysis, 31*, 81-84.

Heisenberg, W. (2016). 『부분과 전체』 (유영미, 역). 파주: 서커스.

Heller, E. (2002). 『색의 유혹Ⅰ』 (이영희, 역, 문은배 감수). 서울: 예담.

Henderson, J. L., & Dyane, N. S. (2003). *Transformation of the Psyche the Symbolic Alchemy of the Splendor Solis*. NY http://en.wikipedia.org/wiki/Ouroboros

Heidegger, M. (1962). *Being and time* (J. Macquarrie & E. Robinson, Trans.). New York: Harper & Row. (Original work published 1927)

Heimann, P. (1950). On counter-transference. *International Journal of Psycho-Analysis, 31*, 81-84.

Hesse, H. (2011). 『데미안』 (이지영, 역). 서울: 보성출판사.

Hillman, J. (1975). *Re-visioning psychology*. New York, NY: Harper & Row.

_________ (1979). *The dream and the underworld*. New York, NY: Harper & Row.

Homeyer, L. E., & Sweeney, D. S. (2017). 『모래상자치료』 (정경숙, 우주영 외, 역). *Sandtray Therapy: A Step-by-Step Manual for Psychotherapists of Diverse Orientations*. Routledge.

Hope, J. (1997) *Secret Language of the Soul: A visual Guide to the Spiritual World*. Duncan Baird Publishers.

Husserl, E. (1931). *Ideas: General introduction to pure phenomenology* (W. R. Boyce Gibson, Trans.). London: Allen & Unwin. (Original work published 1913)

Jacobi, J. (1959/1974). *Complex/archetype/symbol in the psychology of C. G. Jung*. Princeton, NJ: Princeton University Press.

Jo, J., & Kim, K. (2018). A case study on sandtray therapy for anxiety and self-concept of children at community child centers. *Journal of Sandtray Therapy*, 8(1), 36-43.

Jonas, H. (1994). 『책임의 원칙: 기술시대의 생태학적 윤리』 (이진우, 역). 서울: 서광사.

Jooyoung, W. (2023). Attachment Trauma and the Therapeutic Implications of *Temenos* in Sandtray Therapy. *Journal of Sandtray Therapy*, 15.

Jordan, J. V. (2010). *Relational-cultural therapy*. Washington, DC: American Psychological Association.

Jung, C. G. (1951/1959). *Aion: Researches into the Phenomenology of the Self*. (Collected Works, Vol. 9ii). Princeton: Princeton University Press.

__________ (1954/2005). 『인간과 문화』 (융 저작 번역위원회, 역). 서울: 솔.

__________ (1954/2001). 『정신요법의 기본문제』 (융 저작 번역위원회, 역). 서울: 솔.

__________ (1954/1966). The Development of Personality (R. F. C. Hull, Trans.). In *Two Essays on Analytical Psychology* (2nd ed., Vol. 17 of *The Collected Works of C. G. Jung*). Princeton, NJ: Princeton University Press. (Original work published 1954)

__________ (1956/2003). 『인간의 상과 신의 상』 (융 저작 번역위원회, 역). 서울: 솔.

__________ (1956/2005). 『상징과 리비도』 (융 저작 번역위원회, 역). 서울: 솔.

__________ (1959). *The Archetypes and the Collective Unconscious* (2nd ed.). Princeton, NJ: Princeton University Press.

__________ (1959/2016). 『아이온』 (김세영, 정명진, 역). 서울: 부글.

__________ (1959/2003). 『인격과 전이』 (융 저작 번역위원회, 역). 서울: 솔.

__________ (1959/2004). 『꿈에 나타난 개성화 과정의 상징』 (융 저작 번역위원회, 역). 서울: 솔.

__________ (1960/2002). 『원형과 무의식』 (융 저작 번역위원회, 역). 서울: 솔.

__________ (1961/2007). 『기억, 꿈, 사상』 (조성기, 역). 서울: 김영사.

__________ (1963/2004). 『연금술에서 본 구원의 관념』 (융 저작 번역위원회, 역). 서울: 솔.

__________ (1963/2023). 『심리학과 연금술』 (정명진, 역). 서울: 부글.

__________ (1963/2017). 『융합의 신비』 (김세영, 정명진, 역). 서울: 부글.

__________ (1963/2004). 『연금술에서 본 구원의 상징』 (한국융연구원, 역). 서울: 솔.

__________ (1964/2000). 『인간과 무의식의 상징』 (이부영 외, 역). 서울: 집문당.

__________ (2020). 『존재와 상징』 (설영환, 역). 서울: 글로벌 콘텐츠.

Jung, C. G., & Pauli, W. E. (2015). 『자연의 해석과 정신』 (이창일, 역). 서울: 연암서가.

Kalff, D. M. (1980/2012). 『도라 칼프의 모래놀이: 융심리학적 치유법』 (이보섭, 역). 서울: 학지사.

Kalsched, D. (1996). *The Inner World of Trauma: Archetypal Defenses of the Personal Spirit*. London: Routledge.

Kramer, G. (2017). *The Handbook of Sandtray Therapy*. Routledge.

Kandinsky, W. (2020). 『예술에서의 정신적인 것에 대하여』 (권영필, 역). 파주: 열화당.

Kohn, E. (2018). 『숲은 생각한다』 (차은정, 역). 고양: 사월의책.

Kuhn, T. S. (1999). 『과학혁명의 구조』 (김명자, 홍성욱, 역). 서울: 까치.

Langer, S. K. (2016). 『예술이란 무엇인가』 (박용숙, 역). 서울: 문예출판사.

Lowenfeld, M. (1979). *The World Technique*. London: George Allen & Unwin.

Loske, A. (2020). 『색의 역사』 (조원호, 조한혁, 역). 서울: 미술문화.

Lovelock, J. (1992). 『가이아의 시대: 살아있는 우리 지구의 전기』 (홍욱희, 역). 고양: 범양사.

__________ (2004). 『가이아-살아있는 생명체로서의 지구』 (홍욱희, 역). 서울: 갈라

파고스.

__________ (2008). 『가이아의 복수-가이아이론의 창시자가 경고하는 인류 최악의 위기와 그 처방전』 (이한음, 역). 서울: 세종서적.

McAfee, N. (2007). 『줄리아 크리스테바: 철학, 문학, 예술의 경계에서』 (B. S. Lee, 역). 서울: LP.

McNamee, M. (2018). *Symbolism and Healing in Sandplay Therapy*. Routledge.

Neumann, E. (1954). *The Origins and History of Consciousness*. Princeton, NJ: Princeton University Press.

Ovid. (2005). 『변신 이야기』 (천병희, 역). 파주: 숲.

Ogden, T. H. (1994). *Subjects of analysis*. Northvale, NJ: Jason Aronson.

Pastoureau, M., & Simonet, D. (2020). 『색의 인문학』 (고봉만, 역). 서울: 미술문화.

Peirce, C. S. (2006). 『퍼스의 기호사상』 (김성도, 편역). 서울: 민음사.

__________ (2008). 『퍼스의 기호학』 (J. Hoopes, 엮음; 김동식, 이유선, 역). 서울: 나남.

Peterson, J. (2021). 『질서 너머』 (김한명, 역). 서울: 웅진지식하우스.

Pearson, M., & Wilson, H. (2001). *Sandplay & Symbol Work: Emotional Healing and Personal Development with Children, Adolescents and Adults*. Melbourne: Acer Press.

Pénzes, M. (2016). The use of sandplay therapy in psychological practice. *Journal of Psychology and Psychotherapy, 6*(4), 1-6.

Plato. (1997). *Plato: Complete works* (J. M. Cooper & D. S. Hutchinson, Eds.). Indianapolis: Hackett Publishing.

_____ (2000). *Republic* (G. M. A. Grube, Trans., Rev. C. D. C. Reeve). Indianapolis: Hackett Publishing.

_____ (2019). 『티마이오스』 (김유석, 역). 서울: 아카넷.

_____ (ca. 380 BCE). *The Republic*. (Translated in various editions).

Plotinus. (3rd century CE). *The Enneads*.

Rogers, C. (1961). *On becoming a person: A therapist's view of psychotherapy*. Houghton Mifflin.

Sartre, J. P. (1956). *Being and nothingness: An essay on phenomenological ontology* (H. E. Barnes, Trans.). New York: Philosophical Library. (Original work published 1943)

Samuels, A. (1985). *Jung and the post-Jungians*. London: Routledge.

__________ (1985). Jung and the concept of the self. *Journal of Analytical Psychology, 30*(1), 39-52.

__________ (1986). Archetypal symbolism and the analytic process. *Journal of Analytical Psychology, 31*(1), 1-19.

Schaverien, J. (2000). *Sandplay Therapy: A Guide for Creative Therapists*. Routledge.

Singer, T. (1995). The cultural complex and archetypal defenses of the collective. *Journal of Jungian Theory and Practice, 1*(2), 19-34.

Singer, J. (1994). *Boundaries of the Soul: The Practice of Jung's Psychology*. Anchor Books.

Stein, M. (1993). Alchemy and healing symbolism. *Journal of Analytical Psychology, 38*(2), 123-138.

________ (1998). *Transformation: Emergence of the Self.* Chiron Publications.

________ (1998/2015). 『융의 영혼의 지도』 (김창한, 역). 서울: 문예출판사.

Stern, D. (2004). *The Present Moment in Psychotherapy and Everyday Life*. Norton, pp. 88-95.

Sweeney, D. S. (1997). *Counseling Children through the World of Play*. Wheaton, IL: Crossway.

Symington, N. (1996). The therapist's unconscious and clinical practice. *Journal of Analytical Psychology, 41*(2), 237-251.

Taleb, N. N. (2013/2013). 『안티프래질: 혼돈으로부터 얻는 이득』 (안세민, 역). 서울: 와이즈베리.

Turner, B. A. (2005/2009). 『모래놀이치료 핸드북』 (김태련 외, 공역). 서울: 학지사

Ulanov, A. (2001). *The Healing Imagination*. Paulist Press.

von Franz, M. L. (1980). *Alchemy: An Introduction to the Symbolism and the Psychology*. Inner City Books, p. 247.

______________ (1980). *Alchemical Active Imagination*. Irving, TX: Spring Publications.

______________ (1996). *Archetypal Dimensions of the Psyche*. Boston, MA: Shambhala.

Weinrib, E. L. (1983). *Images of the Self: The Sandplay Therapy Process*. Boston: Sigo Press.

Wilber, K. (1990). 『현대 물리학과 신비주의』 (박병철 외, 역). 서울: 고려원미디어.

Winnicott, D. W. (1965). *The Maturational Processes and the Facilitating Environment*. London: Hogarth Press.

______________ (1971/2005). *Playing and Reality*. London: Routledge.

부록

치료사 성찰 모음 — 연금술 여정의 질문

제1장. 모래상자치료의 연금술: 영혼을 빚는 도가니

나의 임상은 어떤 연금술인가?

제2장. 모래상자치료실의 상징성: 성소와 성배

나는 내 치료실의 모래상자를 어떤 성배로 경험하고 있는가?

제3장. 모래상자치료의 상징: 자연의 언어와 원소의 비밀

나는 어떤 상징에 이끌리는가?

제4장. 상징과 무의식의 언어: 영혼의 심층지도

나는 무의식의 언어를 어떻게 듣고 있는가?

제5장. 모래상자치료의 장: 첫 세션, 신비의 문

나는 치료의 첫 만남에서 무엇을 준비하는가?

제6장. 모래상자치료실의 상징물: 무의식의 인형극장

나는 어떤 공간과 상징을 준비하는가?

제7장. 연금술의 문: 세션 속 흐름과 상징의 변환

나는 세션 속 흐름을 어떻게 지켜보는가?

제8장. 관계와 투사·전이: 영혼의 거울

나는 관계의 연금술을 어떻게 살아내는가?

제9장. 경험과 통합의 장: 임상가의 변환

나는 실습 과정에서 어떻게 변환되는가?

제10장. 연금술적 상징과 자기 인식: 무의식의 거울

상징을 통해 드러나는 나의 얼굴은 무엇인가?

제11장. 루베도의 불꽃: 전체성의 통합과 치유의 완성

루베도의 불꽃 앞에 선 나는 누구인가?

제12장. 치료사의 정련: 감정과 상징의 용광로

나는 용광로를 통과하며 어떻게 변모하는가?

제13장. 치료사의 여정: 존재와 윤리의 통합

나는 어떤 길을 남기고자 하는가?

제14장. 한국모래상자치료: 하나의 전통으로

나는 내 치료실 안에서 어떤 전통을 이어가고 있는가?

에필로그 — 작은 상자, 끝나지 않는 여정

작은 모래상자 안에서 우리는 낯선 세계를 만났습니다.
때로는 혼돈과 어둠이었고, 때로는 빛과 새로운 질서였습니다.
그곳에서 흙과 물, 돌과 피규어들이 침묵 속에 말을 걸어왔습니다.
치료사는 그 곁에서 오래 서 있었습니다.
말보다 먼저 울리는 심장의 박동을 듣고,
침묵 속에서 피어나는 무의식의 언어를 배우며,
뜨거운 감정의 용광로인 모래상자를 통과하여,
존재로만 남아 동행하는 법을 익혔습니다.
연금술의 여정은 결코 빠른 길이 아닙니다.
그러나 모래알 하나하나에 스며든 시간은
결국 우리를 '상징'에서 '변환'으로, 그리고 '존재'로 이끌었습니다.
이 책을 덮는 순간, 당신에게 묻습니다.
당신은 지금 어디쯤 서 있습니까?
그리고 어떤 상징이 당신을 부르고 있습니까?
모래상자치료는 끝나는 작업이 아니라,
늘 다시 시작되는 여정입니다.
삶의 여정과 치료사의 길 또한 하나의 연금술이며,
그 불꽃은 당신의 몸과 마음속에서 계속 이어질 것입니다.
작은 상자가 곧 성배가 되고,
모래의 언어가 곧 존재의 언어가 될 때,
우리는 알게 됩니다.
– 치유란 곧, 상징을 살아내는 삶이라는 것을……

찾아보기

본문색인

갈등적 상호작용 _ 189
감정과 정화 _ 70
감정의 열기 _ 283
감정의 용광로 _ 294
개방성 _ 237
개성화 _ 32, 48, 94, 321
개성화 과정 _ 20, 33
개인무의식 _ 24, 88
개인적 역전이 _ 188
거울 _ 252
겸손 _ 270
경청 _ 114
공간 _ 118
공간 상징 _ 126
공간적 구조 _ 142
공기 _ 70
공동체적 상징 _ 308
공명 _ 114, 226
공명적 상호작용 _ 189
관계 _ 175, 197
관계론적 확장 _ 323
관계성 _ 238
관계의 다리 _ 126
관계의 통합과 자기 _ 194
관계적 치유 _ 101
관계적 태도의 윤리 _ 113
관찰의 기능 _ 130
교육적 방법론 _ 208
궁극적 관심 _ 312
구원의 그릇 _ 47
그림자 _ 26, 39, 91, 96, 196
그림자 교육 _ 206
그림자의 대면 _ 212
근원적 언어 _ 68
긍정적 전이 _ 182
긍정적 투사 _ 176

나-너 관계 _ 302, 308
내담자 유발 역전이 _ 189
내적 루베도 _ 269
내적 반대성 _ 26, 92
내적 변환 _ 225
내적 연금술 _ 78
내적 자원 _ 210
니그레도 _ 21, 35, 52, 153, 161, 193, 208, 209, 213, 226, 240, 244, 257, 326

대극의 원리 _ 28
대상관계이론 _ 324
덕 윤리 _ 305
도가니 _ 35, 37, 116
도덕 철학 _ 304
도상 _ 18
동반자 _ 75, 114
등장 _ 159

루베도 _ 21, 35, 52, 154, 162, 194, 208, 210, 213, 226, 241, 244, 257, 259, 290, 326
루베도 단계 _ 265
루베도의 동행자 _ 271
루베도의 상징 _ 266
루베도의 증인 _ 271

마음의 구조 _ 23, 87
만다라 _ 262
모래 _ 67
모래놀이치료 _ 322, 326
모래상자 _ 35, 37, 48, 51, 58, 62, 90, 116, 308

모래상자 공간 _ 122, 125
모래상자 세션 _ 151, 157, 163
모래상자치료 _ 34, 74, 177, 185, 326
모래상자치료 실습 _ 201
모래상자치료실 _ 45
모호한 전이 _ 182
묘사 _ 238
무의식 _ 31, 84, 142, 175, 177, 195, 230
무의식의 거울 _ 179
무의식의 드라마 _ 143
무의식의 발화 _ 141
무의식의 언어 _ 19, 102, 127, 137, 139
무의식의 외현화 _ 181
무의식의 자궁 _ 287
무의식의 창 _ 232
무의식의 투사 _ 20
문화론적 확장 _ 323
문화적 실천 _ 312
물 _ 70

반복 _ 159
반복적 선택 _ 140
발화 _ 286, 295
배치 _ 142, 159
백화 _ 52, 326
변환 _ 39, 159
변환과 에너지 _ 70
변환의 도가니 _ 47
변환의 성배 _ 54
변환의 장 _ 219
변환적 경험 _ 202
변환적 상호작용 _ 190
보상성 _ 29
보완성 _ 29
보편성 _ 67, 74, 262
부분적 투사 _ 176
부정적 전이 _ 182
부정적 투사 _ 176
분석심리학 _ 19, 22, 32, 83
불 _ 70
붉은 완성 _ 162

사례 _ 36, 38, 54, 75, 164, 184, 207, 210, 236, 260, 264, 280, 285, 289, 306, 313, 329
사방 구조 _ 263
사회적 가면 _ 25, 91
사회적 실천 _ 312
삼위일체 _ 59
상징 _ 18, 40, 69, 72, 74, 83, 85, 159, 205, 258, 284
상징 해석 _ 233, 237, 246
상징성 _ 18, 51, 67
상징의 발화 _ 287
상징의 본질 _ 233
상징의 불 _ 294
상징의 윤리 _ 295
상징의 자율성 _ 37
상징의 장 _ 87
상징의 흐름 _ 158, 160
상징적 공명 _ 77
상징적 구조 _ 122
상징적 동반자 _ 279, 294
상징적 변환 _ 51
상징적 전환 _ 179
상징적 지도 _ 326
상징적 체험 _ 206, 211
상징적 치유 _ 38
상징적 통합 _ 265
상징적 행위의 촉진 _ 130
상징적 흐름 _ 164
상호 변환 _ 194
상호 투사 _ 176
생태적 실천 _ 313
선택 _ 141
성배 _ 46, 47, 49, 50, 54, 58, 61
성서 _ 49, 58, 61
성소 _ 45, 61

성적 전이 _ 183
성전 _ 61
성찰 _ 253, 261
성찰 질문 _ 41, 78, 104, 131, 146, 168, 196, 218, 316
세계-내-존재 _ 72, 312
세션 _ 161
시트리니타스 _ 21, 35, 52, 154, 162, 193, 208, 210, 213, 226, 240, 244, 257, 326
실습 _ 202
실험실 _ 163
심리적 방어 _ 139
심리적 장 _ 111
심리치료 _ 21, 72, 161
심리학적 전환 _ 17

아니마 _ 26, 92, 96
아니무스 _ 26, 92, 96
아르케 _ 69
안전의 침묵 _ 129
안정과 형상 _ 69
알베도 _ 21, 35, 52, 153, 162, 193, 208, 209, 213, 226, 240, 244, 257, 326
애착이론 _ 324
억압된 자아 _ 26, 91
언어 _ 126
에난치오드로미 _ 27
에너게이아 _ 302
역전이 _ 179, 187, 191, 231
연금술 _ 17, 21, 34, 52, 78, 192, 225, 301
연금술사 _ 18, 39, 214, 310
연금술의 도가니 _ 192, 195, 325
연금술의 불길 _ 253
연금술의 열매 _ 303
연금술적 공명 _ 269
연금술적 교육 _ 208
연금술적 도가니 _ 51
연금술적 변환 _ 161, 203, 232, 311
연금술적 상징 _ 229
연금술적 존재 _ 214
연금술적 책임 _ 313
연금술적 치유 _ 39
연상 _ 239
영적·상징적 전이 _ 183
예시성 _ 30
완성 _ 159
외적 변환 _ 225
원 _ 263
원소론 _ 69, 71
원질료 _ 17, 20, 34, 325
원형 _ 22, 24, 85, 89, 90, 138
원형의 거울 _ 139
윤리 _ 304
윤리적 존재 _ 292
의식 _ 23, 87, 151
의식의 확장 _ 35
임상 사례 _ 50, 154, 245, 292
임상 실습 _ 201, 203, 204, 212, 215, 219
임상 태도 _ 36
임상 통찰 _ 228
임상적 기능 _ 130
임상적 성찰 _ 253
임상적 의미 _ 265
임상적 태도 _ 234

자기 _ 26, 93
자기 경험 _ 97
자기 변환 _ 249
자기 성찰 _ 212, 215, 241, 268, 270
자기 인식 _ 225, 226, 227
자기 인식의 문 _ 228
자기 작업 _ 252, 304
자기 통합 _ 290, 295
자기실현 _ 202, 257
자아와 자기의 합일 _ 328
자아의 성장 _ 327
자연 _ 72
자연 상징 _ 73

자연 언어 _ 74
자연의 언어 _ 72
자율성 _ 75
잠재성 _ 302
잠재적 공간 _ 119
재경험의 장치 _ 181
적화 _ 52, 326
전문가 훈련 _ 205, 206, 209
전이 _ 179, 180, 185, 186, 187, 191
전이 공간 _ 111
전이와 역전이의 상호작용 _ 187
전이의 기능 _ 130
전체성 _ 258
전체성과 통합 _ 93
전체성의 원형 _ 262
전체성의 축제 _ 268
전환 _ 159
전환적 선택 _ 140
정련 _ 290
정서적 안전 _ 100
정화 _ 21
정화와 분별 _ 193
정화와 빛 _ 162
정화와 재생 _ 35
존재론적 변환 _ 295
존재론적 성숙 _ 301, 303
존재론적 확장 _ 323
존재론적 훈련 _ 270
존재의 성숙 _ 301
존재의 재정렬 _ 291
존재적 만남 _ 100
존재적 촉진자 _ 280, 294
존중의 침묵 _ 129
종결 _ 153, 154, 157
준비 _ 151, 153, 155
중심 _ 263
중심과 전체성 _ 26
증언적 태도 _ 144
증인 _ 75, 99
집단무의식 _ 22, 24, 89

철학자의 그릇 _ 48
첫 세션 _ 111, 128
첫인상 _ 118
체험성 _ 74, 238
치료사 _ 99, 111, 112, 114, 126, 245, 249, 279, 284, 288, 292, 301, 307, 310
치료사 성찰 _ 39, 63, 76, 103, 131, 145, 166, 195, 215, 252, 271, 293, 314, 331
치료사의 변환 _ 214
치료사의 연금술 _ 251
치료사의 자리 _ 117
치료사의 정련 _ 295
치료사의 태도 _ 38, 141, 155, 166, 185
치료적 공간 _ 116
치료적 리듬 _ 160
치료적 태도 _ 115
치유의 용광로 _ 192
치유의 장 _ 327
치유적 드라마 _ 181
침묵 _ 127, 129, 286, 295

타자 윤리 _ 305
타자성의 무한성 _ 309
통찰 _ 241, 246
통찰과 균형 _ 193
통찰과 통합의 황금빛 _ 162
통합 _ 21, 152, 154, 156, 240
통합과 완성 _ 35
통합의 장 _ 204
통합적 성장 _ 101
투사 _ 88, 175, 177

페르소나 _ 25, 91, 95
포괄자 _ 311
폴리스 _ 308
표현 _ 152, 153, 156
표현의 장 _ 100

피규어 _ 137, 145
피규어 배치 _ 142, 144
피규어 선택 _ 139
피규어 진열대 _ 116

한국모래상자치료 _ 310, 321, 324, 325, 327, 328, 331
해석 _ 115, 240
현실성 _ 51
현존 _ 115, 270
호흡과 정신 _ 70
혼돈 _ 21
혼돈과 붕괴 _ 35
혼돈과 충돌 _ 193
혼돈과 해체 _ 161
확대 _ 239
환대의 침묵 _ 129
확장 _ 21
황화 _ 52, 326
흑화 _ 52, 326
흙 _ 69

Albedo _ 35, 153, 162, 209, 213, 226
alchemical vessel _ 192
alchemy _ 17, 209
Anima _ 26, 92, 96
Animus _ 26, 92, 96
archetype _ 22, 85, 89
Arrangement _ 159

Citrinitas _ 35, 154, 162, 210, 213, 226
Collective Unconscious _ 24, 89
Compensation _ 29
Complementation _ 29
Completion _ 159
Consciousness _ 23, 87
countertransference _ 187
crucible _ 37

Dasein _ 72, 312

Emergence _ 159
Enantiodromia _ 27
energeia _ 302
Ethics _ 304
individuation _ 32, 94
insight _ 241

Nigredo _ 35, 153, 161, 209, 213, 226

Ontological training _ 270

Persona _ 25, 91, 95
Personal Unconscious _ 24, 88
presence _ 115
prima materia _ 17, 20
Principle of Opposites _ 28
projection _ 175
Prospection _ 30

resonance _ 226
Rosarium 제19도 _ 59
Rosarium 제20도 _ 60
Rubedo _ 35, 154, 162, 194, 210, 213, 226, 257

Sanctuary _ 45
Sanctus Graal _ 47
sandplay therapy _ 321
sandtray therapy _ 321
Self _ 26, 194
Shadow _ 26, 91, 96, 206
symbolic transformation _ 179

transference _ 180, 187
Transformation _ 159
transitional space _ 111

Ultimate Concern _ 312
umgreifende _ 311

인명색인

도라 칼프(Dora Kalff) _ 137, 321
레비나스 _ 305, 309
마르틴 부버 _ 302, 308
아리스토텔레스 _ 302, 305, 308
위니컷(D. W. Winnicott) _ 11, 119
융(C. G. Jung) _ 23, 161, 175, 206, 229
칸트 _ 304
칼 야스퍼스 _ 311
틸리히 _ 312
플라톤 _ 302
하이데거(M. Heidegger) _ 72, 312

김경희

숙명여자대학교 아동복지학과 학사, 석사, 박사
현) 한국모래상자치료융연구원장
목포대학교 아동학과 교수 정년 퇴임
C. G. Jung Institute in Küsnacht, Switzerland :
Child & Adult Jungian Analyst
State University at New York Albany Visiting Scholar
한국모래상자치료학회 초대회장. 한국아동권리학회장
전남 아동학대 사례판정위원장, 법무부 성폭력 피해 전문심의위원,
APT Play Therapy Course 수료
North Texas University Play Therapy course 수료
P.E.T. 과정 수료. 교육강사
W.G.I. Reality Therapy & Choice Theory Course 수료
W.G.I. Faculty. Instructor & Supervisor
보건복지부 사회복지사
한국아동학회 아동상담전문가
한국상담심리학회 상담심리사 1급. 슈퍼바이져
한국모래상자치료학회 모래상자상담전문가, 교육분석가

주요 저서 및 논문

부모교육. 양서원. 1998.
종이아이. 동문사. 2000.
부모-자녀 놀이치료. 동문사. 2002.
모래상자 놀이치료. 양서원. 2005. (공저)
상징과 판타지. 양서원. 2005.
모래상자치료입문. 박영story. 2018. (공저)
모래상자치료의 연금술-상징. 정년퇴임기념집. 2022.
논문: 개성화의 신비, 모래상자치료의 역사와 비전, 에덴동산의 공간상징, 모래상자치료의 심상과 세계 외 다수.
2015 International Conference on Social Science 우수논문상: Alchemic Transformation of Human Creation.

모래상자치료사의 연금술

상징 · 변환 · 존재

초판 1쇄 인쇄 / 2025년 10월 25일
초판 1쇄 발행 / 2025년 10월 30일

저　자 / 김　경　희
발행인 / 이　중　수
발행처 / 동　문　사

서울특별시 서대문구 홍제원 1길 12
(홍제동 137-8)
Tel: 02)736-3718(대), 736-3710, 3720
Fax: 02)736-3719
등록번호: 1974.04.27 제9-17호
가격: 25,000원

ISBN: 979-11-6328-721-6 (93180)
E-mail: dong736@naver.com
www.dongmunsa.com